Carina Angelina, Stefan Piasecki,
Christiane Schurian-Bremecker (Hg.)

Prostitution heute

Carina Angelina, Stefan Piasecki,
Christiane Schurian-Bremecker (Hg.)

Prostitution heute

Befunde und Perspektiven aus Gesellschaftswissenschaften und Sozialer Arbeit

Tectum Verlag

Carina Angelina, Stefan Piasecki, Christiane Schurian-Bremecker (Hg.)
Prostitution heute. Befunde und Perspektiven aus
Gesellschaftswissenschaften und Sozialer Arbeit
© Tectum – ein Verlag in der Nomos Verlagsgesellschaft, Baden-Baden 2018

ISBN: 978-3-8288-4106-2
E-Book: 978-3-8288-6966-0
ePub: 978-3-8288-6967-7

Druck und Bindung: Docupoint, Barleben
Printed in Germany
Alle Rechte vorbehalten

Besuchen Sie uns im Internet
www.tectum-verlag.de

Bibliografische Informationen der Deutschen Nationalbibliothek
Die Deutsche Nationalbibliothek verzeichnet diese Publikation in der
Deutschen Nationalbibliografie; detaillierte bibliografische Angaben sind
im Internet über http://dnb.d-nb.de abrufbar.

Inhalt

Überblick über die Beiträge　　7

Ein Milieu im Wandel – Zugänge zum Thema Prostitution　　11
Carina Angelina, Lisa Schreiter

Hintergründe, Ursachen und Handlungsmotive　　33
für die Ausübung von Prostitution
Carina Angelina

Prostitution als Spielfeld zur Reproduktion　　57
männlicher Herrschaft
Manuela Schon

„Nutte", „Liebesdienerin" oder „Pretty Woman"?　　75
Kulturelle und mediale Stereotype und das
gesellschaftliche Bild von käuflicher Sexualität
Stefan Piasecki

Der schmale Grat zwischen Forschung und Prostitution.　　95
Empirische Sozialforschung in einem tabuisierten Feld
Christiane Schurian-Bremecker

Sozialarbeiterische Perspektiven im Umgang mit Prostitution　　113
und Prostituierten
Carina Angelina

Sozialarbeiterische Perspektiven im Umgang mit von Gewalt betroffenen Frauen in der Prostitution *Deborah da Silva*	127
Armutsprostitution und sozial(politische) Arbeit *Elvira Niesner, Encarni Ramirez Vega*	155
Rising up to a new life. Talita's 15-year experience supporting women exploited in prostitution, pornography and human trafficking for sexual purposes *Meghan Donevan*	179
Jenseits von Theorie und Wissenschaft – Stimmen und Stimmungen aus der Praxis.	197
Erfahrungen aus der täglichen und praktischen Arbeit im Milieu. Ein Bericht von SOLWODI Augsburg *Soni Unterreithmeier*	198
Unsichtbar in Deutschland? Sexuelle Ausbeutung von Frauen am Beispiel der Arbeit von KARO e.V. *Anna Ciecior, Cathrin Schauer-Kelpin*	209
Autorinnen und Autoren	219

Überblick über die Beiträge

Prostitution heute. Ebenso skandalisiert wie verharmlost ist die Praxis gewerblichen Geschlechtsverkehrs Gegenstand ideologischer Standpunkte und gesellschaftlicher Debatten. Undeutlich bleibt dabei oft, *was* gemeint ist und über *wen* gesprochen wird.

Carina Angelina und *Lisa Schreiter* begründen in ihrem Einführungskapitel „Ein Milieu im Wandel – Zugänge zum Thema Prostitution" und widmen sich der rechtlichen Lage und sozioökonomischen Position von Menschen, die unter Prostitution leiden.

Auf die „Hintergründe, Ursachen und Handlungsmotive für die Ausübung von Prostitution" geht *Carina Angelina* ausführlich ein und verweist auf die Push- und Pull-Faktoren, die als multifaktorielle Prozesse den Einstieg wie auch das Verbleiben in der Prostitution begünstigen. Dabei bezieht sie sich auf diverse nationale und internationale Studien und wissenschaftliche Arbeiten sowie ein selbst geführtes Experteninterview mit einer Sozialarbeiterin einer Fachberatungsstelle.

Aus einer soziologischen Perspektive eruiert *Manuela Schon* die Rolle der Freier im System der Prostitution und bezieht sich hierbei auf dezidierte Aussagen von ihnen in digitalen Freier-/Bewertungsforen. Sie zeigt auf, wie Prostitution als Spielfeld zur Reproduktion männlicher Herrschaft gesehen werden kann und bezieht sich dabei auf die Theorie des französischen Soziologen Pierre Bourdieu.

Stefan Piasecki widmet sich der Frage, welche Auswirkungen mediale „Erregungskurven" auf die öffentliche Akzeptanz von Prostitution haben. „‚Nutte', ‚Liebesdienerin' oder ‚Pretty Woman'? Kulturelle und mediale Stereotype und das gesellschaftliche Bild von käuflicher Sexualität" macht Traditionslinien eines schwierigen Verhältnisses zwischen heimlichem Voyeurismus und oft gleichzeitig zur Schau getragener Verachtung sichtbar und schlägt einen historischen Bogen vom 19. Jh. bis heute.

Empirische Sozialforschung in einem tabuisierten Feld hat *Christiane Schurian-Bremecker* unternommen. „Der schmale Grat zwischen Forschung und Prostitution" verdeutlicht die schwierige Grenzziehung bei beobachtenden und nachfragenden qualitativen Verfahren, die den Forschenden bzw. die Forschende in bisweilen große Nähe und in Konflikt mit dem doch eigentlich distanzierten Forschungsinteresse bringt.

„Sozialarbeiterische Perspektiven im Umgang mit Prostitution und Prostituierten" eröffnen praktische Ansätze des Verstehens von Prostitution und die Folgen hierfür für die Soziale Arbeit. *Carina Angelina* verdeutlicht, welche divergierenden Meinungen hinsichtlich von Prostitution aufeinandertreffen und welche sozialarbeiterischen Haltungen und Handlungen sich daraus ergeben.

Der konkrete Beratungskontext im Bereich der Prostitution wird von drei Beiträgen abgedeckt. *Deborah da Silva* erörtert „Sozialarbeiterische Perspektiven im Umgang mit von Gewalt betroffenen Frauen in der Prostitution". Dabei geht sie zunächst auf die hohe Gewaltbetroffenheit, die Risikofaktoren unterschiedlicher Gewaltkontexte sowie auf die gesundheitlichen und sozialen Folgen ein, um anschließend aufzuzeigen, welche Herausforderungen dies für das sozialarbeiterische Handeln mit sich bringt und wie ein professioneller Umgang mit dieser Zielgruppe aussieht.

Welche sozialarbeiterischen Perspektiven und Maßnahmen erfordert der sensible Kontext von Prostitution und Menschenarbeit? *Elvira Niesner* und *Encarni Ramirez Vega* von der Fachberatungsstelle FIM e. V. verdeutlichen, welche methodischen Ansätze „Armutsprostitution und sozial(politische) Arbeit" erfordert. Sie erörtern, welches Gewicht fachliche Kompetenz und spezifisches Wissen um Ausübungsformen und gesellschaftliche oder individuelle Hintergründe haben.

Meghan Donevan stellt in dem englischsprachigen Artikel „Rising up to a new life" das ganzheitliche und langfriste Ausstiegsprojekt *Talita* aus Schweden vor. Dabei geht sie auf die unterschiedlichen Aspekte wie Traumaverarbeitung, (Aus-)Bildung und Zukunftsplanung ein und unterstreicht dies mit verschiedenen Fallbeispielen aus der Praxis.

„Stimmen und Stimmungen aus der Praxis" prägen dann den abschließenden Schwerpunkt des Buches. Hier berichtet *Soni Unterreithmeier* von der SOLWODI Fachberatungsstelle in Augsburg über die „Erfahrungen aus der täglichen und praktischen Arbeit im Milieu" und mit Menschen, die in diesem leben, arbeiten und oft genug auch leiden. *Cathrin Schauer-Kelpin* und *Anna Ciecior* lassen nicht unerwähnt, wie „Unsichtbar in Deutschland – Sexuelle Ausbeutung von Frauen" häufig ist.

Dieser Sammelband möchte gegenwärtige Strömungen und Auffassungen sichtbar machen und einen Debattenbeitrag leisten, der sowohl Ursachen und Motive von Prostitution heute argumentativ aufbereitet, die Nachfrageseite und ihre Rolle im Prostitutionssystem beleuchtet, den Einfluss medialer Sujets nachzeichnet, die Probleme, die im Rahmen der Feldforschung entstehen, benennt und wichtige sozialarbeiterische Hilfs- und Ausstiegsprogramme vorstellt, die insbesondere in Deutschland und Schweden verfolgt werden, wo hinsichtlich der Thematik sehr konträre Ansätze vorliegen: Während in Deutschland der regulatorische Ansatz vorherrscht, ist Schweden das erste Land, welches dem Abolitionismus (dem sogenannten Sexkauf-Verbot) folgt. Diese sehr unterschiedlichen Ansätze werden ihrerseits in dem Einführungsartikel von *Angelina/Schreiter* und dem Talita-Artikel von *Donevan* dargelegt.

Neben sozialwissenschaftlichen Blickwinkeln und sozialarbeiterischen Interventionsmöglichkeiten bei von Gewalt betroffenen Menschen in der Prostitution stehen vor allem Betroffene im Mittelpunkt, ihre Erfahrungen und die Positionen von Beratungseinrichtungen dazu.

Ein Milieu im Wandel – Zugänge zum Thema Prostitution

Carina Angelina und Lisa Schreiter

Abstract

The following article serves as an introduction to the issue of prostitution and provides an overview of the milieu in Germany. After providing a definition of prostitution and what it consists of, different criteria and the role of free choice in prostitution are examined. Then, fundamentals of the legal framework of prostitution in the Federal Republic of Germany are traced and circumstances of those affected are roughly outlined. The discussion is then carried out further by providing critical views on subcultural developments and profiteers of prostitution.

Begriffsdefinition

Prostitution kann definiert werden als „*Anbieten des eigenen Körpers zur sexuellen Befriedigung anderer Personen gegen materielle Entlohnung*" (Paulus 2016: 5), wobei auch materielle Güter wie beispielsweise Drogen ein Zahlungsmittel darstellen können. Das im Juli 2017 in Kraft getretene Prostituiertenschutzgesetz (ProstSchG) liefert eine weitere rechtliche Begriffsdefinition. Demnach ist unter Prostitution eine „*sexuelle Handlung mindestens einer Person an oder vor mindestens einer anderen unmittelbar anwesenden Person gegen Entgelt oder das Zulassen einer sexuellen Handlung an oder vor der eigenen Person gegen Entgelt*" zu verstehen (Dt. Bundestag 2016a: 2). Aktuell wird Prostitution auch euphemistisch als „Sexarbeit" bezeichnet. Dieser Begriff impliziert, dass Prostitution eine legitime Form von Erwerbstätigkeit darstellt und ihr freiwillig nachgegangen wird (vgl. Jeffreys 2014: 17). Laut Kontos wird „*Prostitution [...] damit auf den marktförmigen Tausch reduziert, normalisiert und aus ihren geschlechtspolitischen Bezügen herausgelöst*" (2009: 9).

Differenzierung nach dem Kriterium der Freiwilligkeit

Prostitution kann in vielfacher Hinsicht als höchst heterogen bezeichnet werden. An dieser Stelle wird versucht, den Begriff anhand der jeweiligen *„Handlungs- und Entscheidungsspielräume"* sowie der *„Arbeitsbedingungen und Arbeitsverhältnisse"* genauer zu beleuchten (BMFSFJ 2005b: 19): Ist von einer selbstbestimmten Entscheidung (Prostitution als gewünschter Beruf oder „Abenteuer") die Rede, wird von „freiwilliger Prostitution" ausgegangen. Hier hat die Person jedoch auch die Wahlmöglichkeit, ihren Lebensunterhalt mit einer anderen Tätigkeit zu verdienen. Im sogenannten grauen Bereich hingegen ist die Wahl einer anderen Tätigkeit enorm eingeschränkt. Aufgrund realer oder selbst empfundener Alternativlosigkeit prostituieren sich die Personen, selbst wenn das nicht wirklich gewollt wird. Aus der Not heraus werden hier zum Teil vielfach unzumutbare Arbeitsbedingungen und gesundheitliche Risiken hingenommen, wie etwa die *„Arbeit ohne Kondom [...] oder die Abgaben an Zuhälter oder Partner [bzw.], die Arbeit unter schlechten räumlichen, zeitlichen, hygienischen oder finanziellen Bedingungen"* (BMFSFJ 2005b: 19f.). Gugel kritisiert den rechtlichen Umgang mit dieser Gruppe, da diese nach der Konzeption des Prostitutionsgesetzes als freiwillige Prostitution angesehen wird (vgl. 2011: 14). Im unfreiwilligen Bereich spricht man von Zwangsprostitution, welche von Ausbeutung sowie Gewalt geprägt ist und in der keinerlei Entscheidungsfreiheit mehr besteht (vgl. BMFSFJ 2005b: 19). Da die Grenzen zwischen diesen Bereichen oft fließend sind, gestaltet sich eine klare Einteilung in der Praxis meist schwierig.

Während die einen die Ansicht vertreten, dass Prostituierung auf die freie Entscheidung der meisten Prostituierten[1] zurückzuführen ist (vgl. Leopold 2005: 24), gehen andere, bspw. einige Vertreter der

---

1   Prostitution ist stark geschlechtsspezifisch determiniert. Um dies sprachlich zu verdeutlichen, wird im vorliegenden Artikel folgendermaßen gegendert: Bei in der Prostitution tätigen Menschen wird ausschließlich die weibliche Form (Prostituierte) verwendet, da Prostitution vorrangig von Frauen ausgeübt wird (siehe Abschnitt „Situation (in) der Prostitution" S. 20).

Kriminalpolizei, davon aus, dass der größere Anteil der Prostituierten nicht selbstbestimmt tätig ist (vgl. Andrick 2012). Die Polizisten Sporer aus Augsburg oder Ubben aus Hamburg schätzen den Anteil derer, die aufgrund unterschiedlichster Zwänge tätig sind, sogar auf bis zu 90 % bzw. 95 % (vgl. Andrick 2012; Sporer 2013: 5).

Laut dem Bundesministerium für Familie, Senioren, Frauen und Jugend (BMFSFJ) befinden sich viele Personen in der Prostitution in einer sozialen und psychischen Situation, *„in der es fraglich ist, ob sie sich wirklich frei und autonom für oder gegen diese Tätigkeit entscheiden können"* (BMFSFJ 2007: 10).

Auch die Frankfurter Fachberatungsstelle FIM für Frauen in der Prostitution betont, dass der Großteil der sich prostituierenden Frauen, die sich

> im Rahmen ihrer begrenzten Möglichkeiten entschieden haben oder dazu entscheiden mussten, im Milieu zu arbeiten, unter extrem erniedrigenden und menschenunwürdigen Bedingungen tätig sind […]. Es handelt sich nicht einfach um einen ausbeuterischen Arbeitsmarkt, sondern um die Verkettung von strukturellen und individuellen Zwangssituationen, die zur Ausweglosigkeit führen (Niesner 2014: 4).

Pickup beurteilt die eingeschränkte Freiwilligkeit von Personen im sogenannten grauen Bereich daher wie folgt: *„Die Freiwilligkeit der Frauen könnte vor diesem strukturellen Hintergrund letztendlich doch als Unfreiwilligkeit gelten, sie setzt dennoch die bewusste Entscheidung voraus"* (1998: 45ff. zit. n. Han 2003: 202).

Da nahezu alle Personen, die sexuelle Handlungen kaufen, Männer sind, wird im vorliegenden Text ausschließlich die männliche Form (Freier) verwendet (siehe Artikel Manuela Schon: 57ff.).
Die Zuschreibung Zuhälter/-in/ bzw. Betreiber/-in wird gegendert, da für diese Personengruppe keine Zahlen vorliegen und bekannt ist, dass sowohl Frauen als auch Männer als Zuhälter/-innen fungieren.

Rechtliche Rahmenbedingungen der Prostitutionsausübung in Deutschland

Die Ausübung, der Kauf sowie die Förderung (z. B. das Betreiben eines Bordells) von Prostitution sind in Deutschland grundsätzlich legal. Das gesetzliche Mindestalter liegt bei 18 Jahren (BMFSFJ 2017a: 2). Gesetzliche Vorgaben, die die Prostitution unmittelbar betreffen, sie beschränken und strafbare Formen definieren, sind in mehreren Gesetzesbüchern zu finden (u. a. Strafgesetzbuch, Ordnungswidrigkeitengesetz, Infektionsschutzgesetz). Die beiden wichtigsten Gesetze, die entscheidenden Einfluss auf die Prostituierten haben und einen rechtlichen Rahmen schaffen, sind das Prostitutionsgesetz (ProstG) und das Prostituiertenschutzgesetz (ProstSchG).

Prostitutionsgesetz (ProstG)

Das am 1. Januar 2002 eingeführte ProstG schafft die wichtigsten rechtlichen Rahmenbedingungen in Bezug auf Prostitution (vgl. BMFSFJ 2007: 4) und gilt als eines der liberalsten Prostitutionsgesetze europaweit (vgl. Kavemann u. Steffan 2013). Der Gesetzgeber wollte mit dem ProstG die Prostitution weder grundsätzlich befürworten noch bekämpfen, sondern Rahmenbedingungen dafür schaffen, dass sich die Situation derjenigen verbessert, die sich freiwillig in der Prostitution befinden und deren Rechte stärken (vgl. BMFSFJ 2007: 7; ebd.: 10). Somit wurde Prostitution rechtlich als selbstbestimmte Entscheidung respektiert, obwohl zugleich betont wurde, dass diese teilweise mit enormen Risiken verbunden ist (vgl. BMFSFJ 2007: 7). Außerdem war es Intention, durch das ProstG die Kriminalität in diesem Milieu zu bekämpfen, bessere Arbeitsbedingungen zu schaffen und den Ausstieg aus der Prostitution zu erleichtern (vgl. BMFSFJ 2007: 7, 81).

Mittels folgender Regelungen sollten diese Ziele erreicht werden:
- Mit der Abschaffung der Sittenwidrigkeit[2] haben Prostituierte laut § 1 ProstG die Möglichkeit, nach erbrachter sexueller Handlung ihren Lohn gerichtlich einzuklagen. Der Vertrag ist einseitig verpflichtend, sodass der Sexkäufer die sexuellen Handlungen nicht einklagen kann.
- Mit der Abschaffung der Strafbarkeit der Förderung von Prostitution wurde die Möglichkeit für ein Beschäftigungsverhältnis geschaffen. Dadurch erhielten Prostituierte auch einen umfassenden Zugang zur Sozialversicherung.
- Mit der Einschränkung des Weisungsrechtes des Arbeitgebers in § 3 ProstG sollte die sexuelle Selbstbestimmung der Prostituierten gewahrt werden (vgl. BMFSFJ 2007: 7, 16, 81; Kavemann u. Steffan 2013; BT-Drs.14/5958 2001: 5).

Die durch die Bundesregierung beauftragte Evaluation des ProstG zeigte diverse Auswirkungen des Gesetzes auf und betonte weiteren Handlungsbedarf:
- Es wurden zwar rechtliche Rahmenbedingungen geschaffen, damit Prostituierte Zugang zu einem Beschäftigungsverhältnis und zu Sozialversicherungsleistungen erlangen, jedoch wurde dies kaum in Anspruch genommen. Nur ein Prozent der Befragten gab an, einen Arbeitsvertrag als Prostituierte zu haben, und nur wenige waren als Prostituierte krankenversichert (vgl. BMFSFJ 2007: 17, 81).
- Es konnten kaum Verbesserungen in Bezug auf die Arbeitsbedingungen verzeichnet werden. Bisher haben nur sehr wenige Prostituierte von ihrem Recht Gebrauch gemacht, ihr Entgelt einzuklagen. Mögliche Gründe hierfür sind die in der Praxis übliche

---

2   Zwar ist Prostitution seit 1927 nicht mehr strafbar und somit legal, allerdings galt diese bis zur Einführung des ProstG als sittenwidrig und gemeinschaftsschädlich. Trotzdem mussten sowohl Prostituierte als auch Bordellbetreiber/-innen Steuern zahlen (vgl. Kavemann u. Steffan 2013).

Vorkasse, die Wahrung der eigenen Anonymität sowie die Abschreckung der Sexkäufer bei der Androhung einer Klage. Die Umsetzung der Klageerhebung wäre damit überflüssig (vgl. ebd.: 14, 81).
- Die Möglichkeiten des Ausstiegs wurden nicht verbessert.
- Es gab auch keine Anzeichen dafür, dass das ProstG zur Verbesserung oder zur Erschwerung der Bekämpfung von kriminellen Begleiterscheinungen beigetragen habe.[3]
- Zusätzlicher Handlungsbedarf besteht ebenfalls in der effektiveren Bekämpfung des Menschenhandels, der Zwangsprostitution und Ausbeutung von Prostituierten (vgl. ebd.: 81).

Laut der bundesweiten AG Recht Prostitution hatte das Prostitutionsgesetz aufgrund der oben genannten Mängel weder wesentliche Auswirkungen auf den Alltag der Prostituierten noch brachte es signifikante Verbesserungen mit sich (vgl. Löw u. Ruhne 2011: 30).

Welche Auswirkungen des Prostitutionsgesetzes von verschiedenen Seiten außerdem beobachtet wurden, ist weiter unten bei „Profiteure, Veränderungen der Infrastruktur und kritische Entwicklungen im Milieu" unter Seite 23–26 nachzulesen.

---

3   Die Ergebnisse der Studie „Does legalized prostitution increase human trafficking?" weisen jedoch eine grundsätzliche Tendenz auf, dass in Ländern, in denen Prostitution legalisiert ist, mehr Fälle von Menschenhandel bekannt sind, als in Ländern, in denen Prostitution gesetzlich verboten ist (vgl. Universität Heidelberg 2013; Cho et al. 2013: 1): „Es wird oft angenommen, dass legaler käuflicher Sex den Menschenhandel reduzieren könnte, da dann mehr legal in einem Land lebende Prostituierte zur Verfügung stehen. Unsere Studie deutet jedoch auf das Gegenteil" (Universität Heidelberg 2013). Die Forschungsergebnisse dieser Studie können jedoch nicht als Beweise für konkrete Länder gelten. Ebenso bemerkt Dreher, dass sich durch die Legalisierung möglicherweise auch Arbeits- und Lebensumstände der Prostituierten verbessern können (vgl. ebd.).

ProstSchG

Das Gesetz zur Regulierung des Prostitutionsgewerbes sowie zum Schutz von in der Prostitution tätigen Personen wurde im Oktober 2016 als Reaktion auf das als mangelhaft evaluierte ProstG beschlossen und ist zum 1. Juli 2017 in Kraft getreten (vgl. BMFSFJ 2017c). Die Politik sah Handlungsbedarf, da sich bei der Evaluation des seit 2001 geltenden ProstG herausstellte, dass nur wenige Erwartungen erfüllt wurden und weitere gesetzliche Maßnahmen vonnöten sind, um die Situation von sich in der Prostitution befindlichen Personen zu verbessern. Es fehlten Mindestvorgaben zum Schutz von Sicherheit und Gesundheit der Prostituierten, zudem mangelte es an behördlichen Kontrollmöglichkeiten, was Intransparenz und kriminelle Strukturen begünstigte. Das neue Prostituiertenschutzgesetz hat zum Ziel, dem entgegenzuwirken, das sexuelle Selbstbestimmungsrecht von Prostituierten zu stärken sowie Grundlagen für verträgliche Arbeitsbedingungen zu schaffen (vgl. BMFSFJ 2017c). Um Kriminalität innerhalb der Prostitution, besonders den damit verwobenen Menschenhandel, effektiver bekämpfen zu können, sollen Prostitutionsbetriebe besser zu überwachen sein und erstmals Betreiber/-innen und Bordelle geprüft werden (vgl. ebd).

Die durch das Prostituiertenschutzgesetz getroffenen Regelungen betreffen v. a. drei Gruppen: Prostituierte, Betreiber/-innen sowie Freier.

<u>Prostituierte</u> sind fortan dazu verpflichtet, sich als Prostituierte zu registrieren. Bei der Anmeldung muss angegeben werden, an welchen Orten geplant ist, in der Prostitution tätig zu werden (vgl. BMFSFJ 2017b). Außerdem ist ein Informations- und Beratungsgespräch sowie eine verbindliche Gesundheitsberatung wahrzunehmen. Diese ist von Prostituierten über 21 Jahre alle zwölf Monate, beziehungsweise bei unter 21-Jährigen alle sechs Monate zu erneuern (vgl. BMFSFJ 2017a: 5). Abschließend erhält die Prostituierte eine Anmeldebescheinigung, welche bei über 21-Jährigen zwei Jahre lang, bei unter 21-Jährigen ein Jahr gültig und von der Prostituierten stets bei sich zu tragen ist (vgl. ebd: 4).

Betreiber/-innen bedürfen nun einer behördlichen Erlaubnis, um ein Prostitutionsgewerbe eröffnen zu können (vgl. BMFSFJ 2017a: 6). Dafür müssen sie ein Betriebskonzept vorlegen und sich auf Zuverlässigkeit prüfen lassen, also ein Führungszeugnis vorlegen. Keine Zuverlässigkeit wird erteilt, wenn die betreffende Person innerhalb der letzten fünf Jahre aufgrund schwerwiegender Straftaten verurteilt wurde (vgl. BGBl 2016: 2377). Des Weiteren werden erstmals Mindestanforderungen an zum Prostitutionsgewerbe genutzte Anlagen sowie Prostitutionsfahrzeuge[4] eingeführt, die eingehalten werden müssen. Beispielsweise dürfen die zur Prostitution genutzten Räume nicht mehr einsehbar und der Arbeits- sowie Schlafort der Prostituierten muss künftig klar getrennt sein (vgl. BMFSFJ 2017b). Der/die Betreiber/-in hat weiterhin dafür Sorge zu tragen, dass in seinem/ihrem Betrieb weder Minderjährige noch Frauen ohne Anmeldebescheinigung oder gar Opfer von Menschenhandel beschäftigt sind (vgl. BMFSFJ 2017b). Das Weisungsrecht, welches sich negativ auf die Machtdynamik zwischen Betreiber und Prostituierte auswirken und dadurch das Recht auf sexuelle Selbstbestimmung behindern kann, wird mit Einführung des ProstSchG im Prostitutionsgesetz expliziter eingeschränkt. Der/die Betreiber/-in darf keine Vorgaben mehr zur Ausgestaltung der sexuellen Handlungen machen (vgl. BMFSFJ 2017a: 3). Zudem darf er/sie sich nicht an der Vermietung von Räumen bereichern, d. h. die Preise dürfen in keinem Missverhältnis zu Normpreisen stehen (vgl. BGBl 2016: 2381). Verboten ist außerdem, für Sex ohne Kondom oder mit Schwangeren zu werben (vgl. ebd).

Freier betrifft v. a. die eingeführte Kondompflicht. Die Prostituierte kann bei Zuwiderhandlung nicht bestraft werden, wohl aber der Freier (vgl. BMFSFJ 2017b). Außerdem macht sich seit dem 15. Oktober 2016 nach dem Paragraphen 232a StGB derjenige strafbar, der wis-

---

4   Prostitutionsfahrzeuge sind Kraftfahrzeuge, Fahrzeuganhänger und andere mobile Anlagen, die zur Erbringung sexueller Dienstleistungen bereitgestellt werden (z. B. Wohnwagen, Wohnmobile) (vgl. Bundesministerium der Justiz und für Verbraucherschutz 2017).

sentlich kommerzielle sexuelle Handlungen einer Zwangsprostituierten in Anspruch nimmt und somit ihre Situation ausnutzt (vgl. Juris 2016). Hierfür reicht ein bedingter Vorsatz aus, d. h. der Täter muss „*damit gerechnet oder es billigend in Kauf genommen haben*", dass es sich hierbei um einen Zwangskontext handeln könnte (KOK 2016: 14). Indizien können beispielsweise vorliegen, wenn eine Person in der Prostitution Verletzungen aufweist, eingeschüchtert wirkt oder ein/e Zuhälter/-in Bezahlung sowie Art der sexuellen Handlung aushandelt (vgl. SPD 2016: 1). Die Strafbarkeit wird jedoch aufgehoben, wenn der Freier freiwillig einen Verdachtsfall bei den zuständigen Behörden zur Anzeige bringt (vgl. KOK 2016: 14).

Das ProstSchG, besonders aber die Anmeldepflicht der Prostituierten, war von Anfang an diverser Kritik ausgesetzt. So befürchtet die Berliner Beratungsstelle Hydra e. V. die Stigmatisierung (vgl. 2015: 2) und der Deutsche Juristinnenbund die Diskriminierung von Prostituierten (vgl. 2015). Die Fachberatungsstelle SOLWODI spricht sich dagegen für die Anmeldepflicht aus, da sie den angemeldeten Frauen Rechtssicherheit bieten könne (vgl. 2015: 2). Zwiegespalten äußert sich die Frauenrechtsorganisation TERRE DES FEMMES e.V.: Zwar sei die wissenschaftliche Aufarbeitung des Milieus wichtig für die weitere Debatte um Prostitution, jedoch besteht die Befürchtung, dass sich angesichts der zumeist prekären Situation innerhalb der Prostitution nur ein Bruchteil der Frauen anmelden und die Zahl der gemeldeten Prostituierten in Deutschland dadurch zu gering ausfallen wird (vgl. 2017: 3). Da nicht geplant ist, eine Dunkelziffernstatistik durchzuführen, ist es für die Weiterführung vieler Hilfsprogramme von hoher Wichtigkeit, dass sich der Großteil der in der Prostitution tätigen Frauen anmelden wird (vgl. ebd.: 4).

Die Evaluierung des Prostituiertenschutzgesetzes muss bis spätestens 1. Juli 2025 abgeschlossen sein und wird die Wirksamkeit der getroffenen Regelungen darstellen (vgl. BGBl 2016: 2385).

Situation (in) der Prostitution

Schätzungen hinsichtlich des Ausmaßes

Über die Anzahl der in der Prostitution tätigen Personen sind derzeit keine wissenschaftlich fundierten Angaben vorhanden. Diverse Schätzungen bewegen sich zwischen 150.000 bis hin zu 700.000 in der Prostitution tätigen Frauen (vgl. Paulus 2016: 83). Die Zahl von 400.000 wird auch noch heute häufig zitiert, obwohl diese Angabe, welche auf die Prostituiertenberatungsstelle Hydra e. V. zurückgeht, im Zusammenhang einer politischen Diskussion um Geschlechtergleichstellung Ende der 80er-Jahre entstanden ist (vgl. Kavemann u. Steffan 2013) und für diese Zahl keine Angaben zur Erhebung vorliegen (vgl. Bundesministerium für Frauen und Jugend 1994: 4, 8). Ob die geschätzte Anzahl der in der Prostitution tätigen Personen damals wie heute höher oder geringer ist, wird weiterhin stark diskutiert (vgl. Leopold u. Steffan 2001 zit. n. Kavemann u. Steffan 2013). In der Stadt München ist festzustellen, dass sich die Anzahl der Prostituierten in den letzten 20–30 Jahren vermutlich verdoppelt bis verdreifacht hat. Von der Kriminalpolizei wurden in den 1990er-Jahren ca. 800–1.000 Personen in der Prostitution geschätzt (vgl. Bundesministerium für Frauen und Jugend 1994: 189), während laut offiziellen Angaben des Polizeipräsidiums München im Jahr 2016 rund 2.777 Personen der Prostitution nachgingen (vgl. Polizeipräsidium München 2017: 62f.). Genaue Zahlenangaben werden u. a. dadurch erschwert, dass viele Personen nur gelegentlich oder nur für kurze Zeit der Prostitution nachgehen (vgl. BMFSFJ 2014).

Angaben bzgl. des Geschlechts

In der Prostitution sind mit großer Mehrheit Frauen tätig. Über den genauen Anteil liegen ebenfalls lediglich Schätzungen vor (vgl. BMFSFJ 2014). In München waren 2014 bspw. nur 126 der registrierten Prostituierten männlich (vgl. Polizeipräsidium München 2015: 65). Die Nachfrage hinsichtlich kommerzialisierter Sexualität ist jedoch überwiegend männlich dominiert. Es lässt sich also im Hinblick auf Prostitution eine deutliche Geschlechtszugehörigkeit feststellen (vgl. Gugel 2011: 6, 53; vgl. auch Artikel Manuela Schon: 57ff.).

Orte der Prostitution

Prostitution ist sowohl in ländlichen als auch in städtischen Bereichen vorzufinden, jedoch erfolgt diese vermehrt in städtischen Gebieten (vgl. Albert 2015: 9f.). Manche Städte weisen spezielle Bezirke auf, die als Prostitutionsmilieu bekannt sind und zum Teil einen langen geschichtlichen Hintergrund haben. Als Beispiele können hier St. Pauli in Hamburg oder das Leonhardsviertel in Stuttgart genannt werden (vgl. ebd.: 15). Laut Schätzung von TAMPEP übt ein Großteil der Prostituierten (80 %) ihre Tätigkeit „indoor-based" (TAMPEP 2007: 6) aus und nicht auf dem Straßenstrich. Es ist ein Wandel festzustellen, den man „*Verhäuslichung*" nennt – weg von „*der öffentlichen Straßenprostitution hin zur Bordell- und Wohnungsprostitution*" (Löw 2006: 192 zit. n. Albert 2015: 14).

Herkunft, Migration und Armut

Deutschland ist ein wichtiges Zielland für ausländische Prostituierte (vgl. TAMPEP 2007: 5). Die EU-Osterweiterungen im Jahre 2004 und 2007 hatten zur Folge, dass seither immer mehr junge Frauen aus den wirtschaftlich schwachen Ländern nach Deutschland kommen, um sich hier zu prostituieren (vgl. Wege 2015: 82). Mehr als die Hälfte der in der Prostitution tätigen Frauen sind Migrantinnen, vorwiegend aus Osteuropa (vgl. TAMPEP 2007: 6). Im Jahr 2016 waren beispielsweise 89,1 % der registrierten Prostituierten in München Migrantinnen. Damit wurde ein neuer Höchstwert erreicht. Der Großteil dieser Frauen kam aus dem osteuropäischen Raum (vgl. Polizeipräsidium München 2017: 62f.). In den 1990er-Jahren wurde der Anteil der Personen mit Migrationshintergrund in der Prostitution dahingehend noch äußerst gering eingeschätzt (vgl. Bundesministerium für Frauen und Jugend 1994: 189). Ökonomischer Zwang und die Perspektivlosigkeit im Heimatland drängt viele junge Frauen aus den Armutsländern Europas nach Deutschland in die Prostitution (vgl. Angelina 2016: 18f.; Wege 2015: 86; vgl. Artikel Carina Angelina: 33ff.). Der Armut folgt häufig die Armutsprostitution:

> Armutsprostitution bedeutet, dass die Frauen sehr nachteilige biographische Voraussetzungen (fehlende Schul- und Berufsbildung, frühe Gewalterfahrungen, Mutterschaft im Jugendalter, Probleme bei der Existenzsicherung) haben und ihnen fehlt ein gutes Selbstmanagement (keine Gesundheitsversorgung, Geschlechtsverkehr ohne Kondom, mangelnde Deutschkenntnisse, ohne Zukunftsplanung...). Inakzeptable Marktgesetze und -bedingungen (Dumpingpreise, extrem hohe tägliche Freierzahlen, Gewalterfahrungen...) bestimmen ihr Leben (Niesner 2014: 2).

Gewalterfahrungen und gesundheitliche Situation

Die Ausübung der Prostitution ist „mit einem hohen Gewaltpotential verbunden" (BMFSFJ 2004a: II 6, vgl. Artikel Deborah da Silva: 127ff.). In der sogenannten Eva-Studie gaben mehr als 50 % der befragten sich prostituierenden Frauen an, schon einmal Opfer einer Gewalttat durch Sexkäufer, Zuhälter/-innen oder Bordellbesitzer/-innen geworden zu sein (vgl. ebd.). Auch in einer Umfrage vom BMFSFJ gaben die Befragten an, Angst vor körperlichen oder sexuellen Übergriffen zu haben, u. a. durch Sexkäufer, welche bei dieser Befragung als Tätergruppe an zweiter Stelle stehen (vgl. BMFSFJ 2004b: 26).TAMPEP stellte ebenfalls fest, dass eine Gewaltzunahme gegenüber Prostituierten zu verzeichnen ist, z. B. von Seiten der Sexkäufer, wenn ihre Wünsche nicht erfüllt werden (vgl. 2007: 7).

Dabei sind Beschaffungsprostituierte in besonders hohem Ausmaß von gewalttätigen Sexkäufern bedroht, welche die Notsituation der

Frauen teils gezielt ausnutzen, sie demütigen und Dumpingpreise oder Sex ohne Kondom fordern (vgl. Kerschl 2005: 117)

In einer Umfrage des BMFSFJ wurde außerdem festgestellt, dass Prostitution meist mit starken psychischen und physischen Belastungen verbunden ist und überwiegend von besonders vulnerablen Personen ausgeübt wird:

- 43 % hatten sexuelle Gewalt in der Kindheit erlebt (vgl. Artikel Carina Angelina: 33ff.).
- 41 % berichten, körperliche oder/und sexuelle Gewalt in der Prostitution erlebt zu haben.
- 25 % hatten gelegentlich oder häufig Selbstmordgedanken.
- 41 % konsumierten in den letzten zwölf Monaten Drogen.
- Viele wiesen gesundheitliche Beschwerden u. a. im gynäkologischen sowie im Magen-Darm-Bereich auf (vgl. BMFSFJ 2004a; BMFSFJ 2004b: 24–27; BMFSFJ 2007: 9).

Problematisch ist zudem, dass Prostituierte häufig nicht krankenversichert sind. Die Einschätzung von Heide, dass ca. 90 % aller Frauen in der Prostitution keine Krankenversicherung haben (vgl. Heide 2016: 7), deckt sich mit den Ergebnissen der Studie des Robert Koch-Instituts von 2015 (vgl. Ärztezeitung, Nr. 62 2016: 4 zit. n. Heide 2016: 7). Der gesundheitliche Zustand von Prostituierten ist oft prekär. Aufgrund der fehlenden Krankenversicherung können diese sich bei Krankheit keine Behandlung leisten und sehen sich gezwungen, trotz Beschwerden ihrer Tätigkeit nachzugehen (vgl. BMFSFJ 2004a: II 60).

Veränderung der Infrastruktur, Profiteure und kritische Entwicklungen im Milieu

Die Einführung des ProstG führte zu einer enormen Erweiterung der Infrastruktur (vgl. Gerheim 2013: 40 zit. n. Wege 2015: 78). In sogenannten Saunaclubs[5] werden immer wieder Geschäftsfeiern abgehalten, wodurch die Schwelle zum Milieu verringert wird. Damit wird die Prostitution normalisiert und nach und nach gesellschaftsfähig gemacht (vgl. Gerheim 2013: 40 zit. n. Wege 2015: 78):

> Prostitution beinhaltet längst nicht mehr das Geschäft ‚Sex gegen Geld' an sich, sondern wird zunehmend zu einem Wellness- und Erholungsbereich für gestresste Männer aller Gesellschaftsschichten (Gerheim 2013: 40 zit. n. Wege 2015: 78).

In Deutschland wird der jährliche Umsatz in der Prostitutionsbranche auf 14,5 Mrd. Euro geschätzt (vgl. Reichel u. Topper 2003 zit. n. Gugel 2011: 54). Offizielle Zahlen im Hinblick auf die Gewinne der Sexindustrie in Deutschland gibt es nicht (vgl. Gugel 2011: 54).

Als Profiteure der Prostitution sind zunächst die Freier zu nennen, die für wenig Geld käuflichen Sex und menschenunwürdige Praktiken einfordern (vgl. Niesner 2014: 2). In Freier-Foren können sich Sexkäufer austauschen und Prostituierte und deren Dienste bewerten. Viele Beiträge sind geprägt von Sexismus und abwertenden Bezeichnungen von Prostituierten sowie Frauen im Allgemeinen (vgl. Gugel 2011: 6; vgl. Artikel Manuela Schon: 57ff.). Eines der Mitgliederstärksten, das *Lusthaus-Forum*, wirbt beispielsweise mit dem Slogan „Huren, Escorts und Bordelle im anonymen Ficktest". Dabei brüstet sich das Forum damit, „die Stiftung Hurentest" zu sein, „ganz ohne Zensur" (Herriger 2017).

Aber auch Vermieter/-innen und Betreiber/-innen ziehen einen hohen Nutzen aus der Prostitution. So verlangen sie teils unverhältnismäßig hohe Mietkosten in Bordellen und Laufhäusern, um mehr Gewinn zu generieren – die Beträge reichen bis zu 150 € täglich pro Zimmer (vgl. Heide 2016: 7). Zusätzlich wird sich auch durch interne Zahlungsmodalitäten an Prostituierten bereichert. In bestimm-

---

5   Beispiele für solche Saunaclubs sind das „Paradise" in Stuttgart (Zugriff am 01.03.2018 unter http://www.the-paradise.de/#) oder das „Artemis" in Berlin (Zugriff am 01.03.2018 unter https://fkk-artemis.de/home/).

ten Bordellen müssen die dort tätigen Frauen Gebrauchsgegenstände, aber auch Getränke und Essen zu überhöhten Preisen vom Haus abnehmen (vgl. Winter 2009: 226).

Die Liberalisierung der Prostitution erlaubt ebenfalls dem Staat enorme Einnahmen infolge erhobener Steuern. Unterliegt eine Prostituierte keinem Angestelltenverhältnis – und wie oben genannt ist dies bei der überwiegenden Mehrheit der Fall – ist sie selbstständig tätig und muss neben der Einkommenssteuer auch Gewerbe- und Umsatzsteuer zahlen (vgl. Lange 2018). Neben den regulären Steuerabgaben müssen Prostituierte in einigen Städten zusätzlich eine sogenannte Vergnügungssteuer bezahlen. Die Höhe dieser variiert von Stadt zu Stadt: In Dortmund zahlt eine Prostituierte pro Arbeitstag beispielsweise 6 € (vgl. Bufas e. V. 2010), in Köln 150 € im Monat (vgl. Voice4Sexworkers 2014).

Aufgrund der politischen Entwicklungen sind Strukturen und Geschäftsmodelle entstanden, die die Notsituation der jungen, überwiegend aus Osteuropa stammenden Frauen ausnutzen und mit der Würde des Menschen unvereinbar sind (vgl. Wege 2015: 86f.). Als Folge der Liberalisierung der Prostitution in Deutschland wurden neue Märkte erschlossen, z. B. sogenannte Flatrate-Bordelle. Ein bekanntes Beispiel war das Stuttgarter Flatrate-Bordell *Pussy Club*, in das am Eröffnungswochenende im Jahr 2009 rund 1.700 Freier kamen (vgl. Gugel 2011: 55). Diese konnten für einen Pauschalpreis mit den anwesenden Prostituierten unbegrenzt Sex haben, wie es in einem der Flyer beworben wurde: „Sex mit allen Frauen so lange du willst, so oft du willst und wie du willst! Sex, Analsex, Oralsex natur (also ohne Kondom, Anmerkung der Verfasserin Gugel), 3er, Gruppensex, Gangbang (früher als Gruppenvergewaltigung bekannt, Anmerkung der Verfasserin Gugel)... Alles ist möglich" (ebd.). Flatrate Sex darf seit der Einführung des ProstSchG nicht mehr beworben werden (vgl. Herriger 2017).

Eine weitere neue Erscheinungsform der Prostitution ergibt sich durch das Internet, mit zunehmender Digitalisierung verzeichnet dieser Bereich einen enormen Zuwachs (vgl. Fondation Scelles 2016: 23). Die

Anonymität und die niedrigen Ausgaben für Werbung bieten große Vorteile für die Anbieterinnen und die Kunden. In Deutschland werden Portale wie Gesext.de, Kaufmich.de, Escort 77 oder Fetischspace angeboten. Auf Gesext.de können sexuelle Handlungen von Mitgliedern angeboten und wie auf der Auktionsplattform Ebay ersteigert werden (vgl. Hunecke 2011: 234). Geboten werden kann beispielsweise auch auf die Jungfräulichkeit einiger junger Frauen (vgl. gesext 2017).

Des Weiteren besteht ein großer Markt für Minderjährige: „Sehr junge, kindlich aussehende Frauen, sogenanntes ‚Frischfleisch' sind bei Freiern besonders beliebt" (Breymaier 2016: 1). Bei einer Befragung von Freiern gaben viele an, offen eine Präferenz für junge und unfreie Frauen zu haben, „weil sie als gefügiger eingestuft werden" (International Labour Organisation 2005: 62). Es gibt eigens dafür Bordelle, die sich auf besonders junge Frauen „spezialisiert" haben, wie beispielsweise das Bordell *Teenyland* in Köln. Dort gibt es u. a. spezielle „Teeny-Themenzimmer": z. B. ein „Prinzessinnen-Zimmer" mit pinkem Jugendbett und ein „Klassenzimmer" mit Schultafel (vgl. Teenyland).

Fazit

„Prostitution heute" ist, insbesondere nach den Gesetzesnovellen und parlamentarischen Initiativen der letzten Jahre, längst mehr als eine allein gesellschaftliche Herausforderung. Sie ist zu einem Milliardengeschäft geworden, von Berufsverbänden und dem Finanzamt gleichermaßen begleitet und beobachtet. Spätestens seit den Grenzöffnungen nach Osteuropa und den Migrationsbewegungen der 2010er-Jahre sind jedoch auch Phänomene zurückgekehrt, die schon vor 100 Jahren zu beklagen waren – nicht nur die unmittelbare Not, aus der Menschen heraus sich prostituieren, sondern auch die Nähe zu allen Formen der Organisierten Kriminalität sind es, die gesamtgesellschaftlich Betroffene wie auch Außenstehende bedrohen. Wohlstandsversprechen und Entführungen, psychischer Druck und rohe Bedrohungslagen bringen Menschen in Abhängigkeiten zu Personen und Strukturen, die von rechtlichen Reformen profitieren, mit denen jene Problemlagen eigentlich behoben werden sollten. Die Forderungen nach Gleichberechtigung und Rechtssicherheit sind berechtigt, aber für allzu viele geht es im Feld der Prostitution um Fragen der schieren Existenz.

Literatur

Albert, M. (2015). Soziale Arbeit im Bereich Prostitution. Strukturelle Entwicklungstendenzen im Kontext von Organisation, Sozialraum und professioneller Rolle. In: Albert, M., Wege, J. (Hrsg.): Soziale Arbeit und Prostitution. Professionelle Handlungsansätze in Theorie und Praxis. Wiesbaden: Springer VS, S. 9–26.

Andrick, S. (2012). Wirklich freiwillig ist niemand Prostituierte. Zugriff am 16.09.2017 unter http://bit.ly/1KVYV6Q.

Angelina, C. (2016). Erklärungsansätze für die Motive und Ursachen der Ausübung von Prostitution und sozialarbeiterische Perspektiven im Umgang mit Prostituierten. Bachelorarbeit (unveröffentlicht). Kassel.

Bundesministerium der Justiz und für Verbraucherschutz (2018): Gesetz zum Schutz von in der Prostitution tätigen Personen (Prostituiertenschutzgesetz - ProstSchG) § 2 Begriffsbestimmungen. Zugriff am 26.04.2018 unter https://bit.ly/2Fvh4Xj.

Bundesministerium für Familie, Senioren, Frauen und Jugend (BMFSFJ) (2004a). Lebenssituation, Sicherheit und Gesundheit von Frauen in Deutschland. Eine repräsentative Untersuchung zur Gewalt gegen Frauen in Deutschland. Zugriff am 20.09.2017 unter http://bit.ly/2kRmhOX.

Bundesministerium für Familie, Senioren, Frauen und Jugend (BMFSFJ) (2004b). Lebenssituation, Sicherheit und Gesundheit von Frauen in Deutschland. Ergebnisse der repräsentativen Untersuchung zu Gewalt gegen Frauen in Deutschland. Kurzfassung. Zugriff am 10.09.2017 unter http://bit.ly/2lzkTV8.

Bundesministerium für Familie, Senioren, Frauen und Jugend (BMFSFJ) (2005b). Untersuchung „Auswirkungen des Prostitutionsgesetzes". Abschlussbericht. Zugriff am 15.08.2017 unter http://bit.ly/2sxfPE7.

Bundesministerium für Familie, Senioren, Frauen und Jugend (BMFSFJ) (2007). Bericht der Bundesregierung zu den Auswirkungen des Gesetzes zur Regelung der Rechtsverhältnisse der Prostituierten (Prostitutionsgesetz – ProstG). Zugriff am 30.08.2017 unter http://bit.ly/2eX7HFd.

Bundesministerium für Familie, Senioren, Frauen und Jugend (BMFSFJ) (2014). Prostitution. Zugriff am 15.09.2017 unter http://bit.ly/1hKkeej.

Bundesministerium für Familie, Senioren, Frauen und Jugend (BMFSFJ) (2017a). Das neue Prostituiertenschutzgesetz. Zugriff am 01.09.2017 unter http://bit.ly/2xbKlDR.

Bundesministerium für Familie, Senioren, Frauen und Jugend (BMFSFJ) (2017b). Fragen und Antworten zum Prostituiertenschutzgesetz. Wie funktioniert die Anmeldung? Zugriff am 25.08.2017 unter http://bit.ly/2wBHmTw.

Bundesministerium für Familie, Senioren, Frauen und Jugend (BMFSFJ) (2017c). Prostituiertenschutzgesetz (ProstSchG). Zugriff am 03.09.2017 unter http://bit.ly/2hcVWeD.

Besser, L. (2016). Stellungnahme zum ProstituiertenschutzG. Stellungnahme zur Anhörung zum Entwurf eines Gesetzes zur Regelung des Prostitutionsgewerbes sowie zu Schutz von in der Prostitution tätigen Personen. 04.06.2016. Zugriff am 15.08.2017 unter http://bit.ly/2ru3olv.

Breymaier, L. (2016). Stellungnahme zur Anhörung zum Entwurf eines Gesetzes zur Regelung des Prostitutionsgewerbes sowie zu Schutz von in der Prostitution tätigen Personen. Zur Anhörung im Familienausschuss des Deutschen Bundestages am 6. Juni 2016. Zugriff am 05.08.2017 unter http://bit.ly/2xgTAo7.

BT-Drs. 14/5958 (Hrsg.) (2001). Entwurf eines Gesetzes zur Verbesserung der rechtlichen und sozialen Situation der Prostituierten. Zugriff am 10.09.2017 unter http://bit.ly/2v8KrNJ.

Bufas e.V. (2010). Stellungnahme zur Vergnügungssteuer für Prostituierte und Prostitutionsbetriebe. Zugriff am 16.08.2017 unter http://bit.ly/2fvwqRK.

Bundesministerium für Frauen und Jugend (Hrsg.) (1994). Dokumentation zur rechtlichen und sozialen Situation von Prostituierten in der Bundesrepublik Deutschland. Stuttgart: W. Kohlhammer Verlag.

Bundesgesetzblatt (2016). Gesetz zur Regulierung des Prostitutionsgewerbes sowie zum Schutz von in der Prostitution tätigen Personen. Zugriff am 10.09.2017 unter http://bit.ly/2fweEhb.

Cho, S., Dreher, A., Neumayer, E. (2013). Does Legalized Prostitution Increase Human Trafficking? Zugriff am 18.08.2017 unter http://bit.ly/19Z2rei.

Dt. Bundestag (2016a). Gesetz zur Regulierung des Prostitutionsgewerbes sowie zum Schutz von in der Prostitution tätigen Personen. Bundesgesetzblatt Jahrgang 2016 Teil I Nr. 50. Zugriff am 28.08.2017 unter http://bit.ly/2sj2L3d.

Deutscher Juristinnenbund e. V. (2015). Stellungnahme zum Referentenentwurf des Bundesministeriums für Familie, Senioren, Frauen und Jugend eines Gesetzes zur Regulierung des Prostitutionsgewerbes sowie zum Schutz von in der Prostitution tätigen Personen (ProstSchG-RefE). Zugriff am 01.09.2017 unter http://bit.ly/2y9wbT9.

Fondation Scelles (2016). Prostitution. Exploitation, Persecution, Repression. Zugriff am 16.08.2017 unter http://bit.ly/2hd39yJ.

gesext.de (2017). Jungfrau Florina versteigert aktuell Ihre Unschuld in einer gesext-Auktion. Zugriff am 10.09.2017 unter http://bit.ly/2hie7D7.

Gugel, R. (2011). Das Spannungsverhältnis zwischen Prostitutionsgesetz und Art. 3 II Grundgesetz. Eine rechtspolitische Untersuchung, Berlin. Zugriff am 20.09.2017 unter http://bit.ly/2wBOZt8.

Han, P. (2003). Frauen und Migration. Strukturelle Bedingungen, Fakten und soziale Folgen der Frauenmigration. Stuttgart: Lucius & Lucius Verlag.

Heide, W. (2016). Stellungnahme von Wolfgang Heide, Facharzt für Gynäkologie und Geburtshilfe. Stellungnahme zur öffentlichen Anhörung zur „Regulierung des Prostitutionsgewerbes" im Ausschuss für Familie, Senioren, Frauen und Gesundheit im Deutschen Bundestag am 06. Juni 2016. Zugriff am 27.07.2017 unter http://bit.ly/2mf6evy.

Herriger, F. (2017). „Stiftung Hurentest" – Im Tripadvisor der deutschen Freier. Vice. Zugriff am 21.09.2017 unter http://bit.ly/2wObpL2.

Hunecke, I. (2011). Das Prostitutionsgesetz und seine Umsetzung. Was hindert unterstützende Netzwerke an konstruktiven Vorschlägen zur Verbesserung der Arbeitsbedingungen und wieso dominieren Forderungen nach Opferschutz, ausländerrechtlichem Bleiberecht und Hilfen zum Ausstieg? Hamburg: Verlag Dr. Kovac.

Hydra e. V. (2015). Stellungnahme zum Referentenentwurf des Bundesministeriums für Familie, Senioren, Frauen und Jugend eines Gesetzes zur Regulierung des Prostitutionsgewerbes sowie zum Schutz von in der Prostitution tätigen Personen (ProstSchG-RefE). Zugriff am 30.08.2017 unter http://bit.ly/2w3Ripo.

International Labour Organisation (2005). Eine globale Allianz gegen Zwangsarbeit. Gesamtbericht im Rahmen der Folgemaßnahmen zur Erklärung der IAO über grundlegende Prinzipien und Rechte bei der Arbeit. Internationales Arbeitsamt Genf. Zugriff am 08.08.2017 unter http://bit.ly/2xgYCkC.

Jeffreys, S. (2014). Die industrialisierte Vagina. Die politische Ökonomie des globalen Sexhandels. Hamburg: Marta Press Verlag Jana Reich. 1. Auflage.

Juris (2016). Zugriff am 18.08.2017 unter http://bit.ly/2xsSBSk.

Kavemann, B., Steffan, E. (2013). Prostitution. Zehn Jahre Prostitutionsgesetz und die Kontroverse um die Auswirkungen. Zugriff am 01.08.2017 unter http://bit.ly/2rgoyHy.

Kerschl, A. V. (2005). Beschaffungsprostitution und ihre Risiken. In: Wright, M. T. (Hrsg.): Prostitution, Prävention und Gesundheitsförderung. Teil 2: Frauen, S. 113–122. Zugriff am 08.08.2017 unter http://bit.ly/2sAYqLb.

KOK (2016). Information zum Gesetz zur Umsetzung der Richtlinie 2011/36/EU des Europäischen Parlaments und des Rates vom 5. April 2011 zur Verhütung und Bekämpfung des Menschenhandels und zum Schutz seiner Opfer sowie zur Ersetzung des Rahmenschlusses 2002/629/JI des Rates. Zugriff am 01.09.2017 unter http://bit.ly/2sA0DH3.

Kontos, S. (2009). Die Öffnung der Sperrbezirke. Zum Wandel von Theorien und Politik der Prostitution. Königstein/Taunus: Ulrike Helmer Verlag.

Lange, C (2018): Prostitution. Zugriff am 28.02.2018 unter http://bit.ly/2xxyGBG.

Leopold, B. (2005): Wer arbeitet warum als Prostituierte? In: Elisabeth von Dücker und Museum der Arbeit (Hrsg.): Sexarbeit. Prostitution - Lebenswelten und Mythen. 1. Auflage Tremen: Ed. Temmen, S. 22–25.

Löw, M., Ruhne, R. (2011). Prostitution. Herstellungsweisen einer anderen Welt. Berlin: Suhrkamp Verlag.

Niesner, E. (2014). Stellungnahme FIM – Frauenrecht ist Menschenrecht e. V. Zugriff am 15.09.2017 unter http://bit.ly/2lDF8kU.

Paulus, M. (2016). Im Schatten des Rotlichts. Verbrechen hinter glitzernden Fassaden. Ulm: Verlag Klemm+Oelschläger.

Polizeipräsidium München (2015). Sicherheitsreport 2014. Zugriff am 13.08.2017 unter http://bit.ly/2xhyFQf.

Polizeipräsidium München (2017). Sicherheitsreport 2016. Zugriff am 13.08.2017 unter http://bit.ly/2sydwyj.

SOLWODI Deutschland e. V. (2015). Frauen in der Prostitution wirksam schützen und Sexkauf verbieten. Kritik und Stellungnahme zum Offenen Brief der Frauenrechtsorganisationen, Sozialverbände sowie Beratungsstellen. Zugriff am 15.09.2017 unter http://bit.ly/2xhDR6s.

SPD (2016). Koalition: Verbesserungen im Kampf gegen Menschenhandel und Zwangsprostitution. Zugriff am 01.09.2017 unter http://bit.ly/2szKXmY.

Sporer, H. (2013). Vortrag zum Seminar der European Women`s Lobby „Reality of Prostitution" am 01.10.2013 in Brüssel. Zugriff am 17.08.2017 unter http://bit.ly/2r0DlVY.

TAMPEP (Hrsg.) (2007). National Report on HIV and Sex Work. Germany. Zugriff am 28.08.2017 unter http://bit.ly/2kERcmu.

Teenyland. Ambiente. Zugriff am 16.09.2017 unter http://bit.ly/2w3Rmp8.

TERRE DES FEMMES e. V. (2017). Stellungnahme von TERRE DES FEMMES e. V. zu den Referentenentwürfen des Bundesministeriums für Familie, Senioren, Frauen und Jugend zu der Verordnung über das Verfahren zur Anmeldung einer Tätigkeit als Prostituierte oder Prostituierter (ProstAV) Verordnung über die Führung einer Bundesstatistik nach dem Prostituiertenschutzgesetz (ProstStatV). Zugriff am 15.09.2017 unter http://bit.ly/2xx4mqT.

Universität Heidelberg (Hrsg.) (2013). Prostitutionsgesetze und ihr Einfluss auf den Menschenhandel. Liberale Gesetzgebung scheint „moderne Sklaverei" zu begünstigen. Zugriff am 18.09.2017 unter http://bit.ly/2firD98.

Voice4Sexworkers (2014). Mythos Prostitution – Sexarbeiter zahlen alle keine Steuern? Zugriff am 16.08.2017 unter http://bit.ly/2xLpD0O.

Wege, J. (2015). Soziale Arbeit im Kontext der Lebenswelt Prostitution – Professionelle Handlungsansätze im Spannungsfeld unterschiedlicher Systeme und Akteure. In: Albert, M., Wege, J. (Hrsg.): Soziale Arbeit und Prostitution. Professionelle Handlungsansätze in Theorie und Praxis. Wiesbaden: Springer VS, S. 73–97.

Winter, D. (2009). Arbeitsbedingungen in der Prostitution im Wandel von Zeit und Gesetz. In: Kavemann, B., Rabe, H. (HG): Das Prostitutionsgesetz. Aktuelle Forschungsergebnisse, Umsetzung und Weiterentwicklung. Opladen&Farmington Hills: Verlag Barbara Budrich. S. 221–229.

Hintergründe, Ursachen und Handlungsmotive für die Ausübung der Prostitution

Carina Angelina

Abstract

"Reasons why women and girls prostitute themselves are innumerable. Each of them has her own story, her own agony or her own private hopelessness. They do it out of love or hate, they do it for money or drugs, they do it for children, for family or for reckoning" (Moos, 2005: 90).[6]
There are various motives and reasons for getting involved with, staying in and leaving prostitution. Usually a variety of factors and not just a single motive alone, contribute to the decision. These motives and causes can be differentiated into the so-called "pull and push factors". While push factors are mostly interpreted as negative and are often associated with structural and individual barriers that limit individual alternatives and options for action, the pull factors are more likely to be positive and include decision-making and personal determination. This article focuses mainly on the push factors and motivations of migrant women in prostitution. Examples of push factors include economic constraints, low education and the associated lack of employment, homelessness, neglect and violence in childhood and drug addiction.

Einführung

Für den Einstieg und das Verbleiben in sowie den Ausstieg aus der Prostitution gibt es diverse Motive und Ursachen (vgl. BMFSFJ 2015: 106). Dabei spielen recht häufig „*multifaktorielle Prozesse*" eine Rolle

---

6 A. d. Ü.: Übersetzung von der Autorin vom Deutschen ins Englische.

und nicht ein einzelner Beweggrund (vgl. Heinz-Tossen 1993: 274 zit. n. Gugel 2011: 12).

Diese Motive und Ursachen lassen sich in sogenannte Pull- und Push-Faktoren gliedern, die wie folgt definiert werden:

> Die Push-Faktoren werden subjektiv als negativ empfunden und gedeutet. Oft stellen sie einen Zusammenhang von strukturellen und individuellen Barrieren und Hindernissen dar, die Druck von außen ausüben und die Handlungsmöglichkeiten (Agency) verringern.
> Die Pull-Faktoren werden als positiv wirkend empfunden und gedeutet. Sie stehen entweder für Antrieb und Anziehungskraft von außen oder für einen persönlichen Impuls, Entschlossenheit, Entscheidungsmacht und Veränderungsbereitschaft. Sie bieten sich auch manchmal unerwartet durch zufällige Zeitzusammenhänge von Lebensereignissen an (BMFSFJ 2015: 107).

In diesem Artikel werde ich aus folgenden Gründen den Schwerpunkt auf die Push-Faktoren legen: Zum einen wurden im durchgeführten Experteninterview mit einer Sozialarbeiterin der Fachberatungsstelle sichtBar[7] für Frauen in der Prostitution vorwiegend Push-Faktoren genannt (v. a. im Zusammenhang mit Migration und Prostitution). Auch andere Prostituiertenfachberatungsstellen sehen Push-Faktoren als vorherrschende Motive (vgl. u. a. Niesner 2014: 4). Zum anderen standen diese Ursachen und Motive in der von mir recherchierten Literatur im Vordergrund. Zum Schluss werde ich aber auf die in der Literatur genannten Pull-Faktoren knapp eingehen.

---

7   Als feministische Beratungsstelle kümmert sich sichtBar seit 1998 um Frauen und Transsexuelle in der Prostitution in Kassel. Dabei liegt ihr Schwerpunkt in der Gesundheitsaufklärung während der aufsuchenden Arbeit im Milieu. Zudem bietet sichtBar offene Sprechstunden und Einzelberatung in den Räumen von sichtBar an, vermittelt bei Bedarf an andere Einrichtungen, steht im Einzelfall auch für Begleitung zur Verfügung und bietet Aussteigerinnen vereinzelt Hilfestellung bei Problemlagen (vgl. FIF e. V. 2017; Angelina 2015: 83).

Da sich größtenteils Frauen prostituieren (siehe auch Artikel Angelina/ Schreiter: 11ff.), werde ich meinen Schwerpunkt auf die Ursachen und Motive weiblicher Prostitution legen. Dass die genannten Gründe auch für männliche oder transsexuelle Prostituierte zutreffen können, ist jedoch nicht ausgeschlossen.

Migrantinnen in der Prostitution

Schätzungen zufolge beträgt der Anteil der Migrantinnen in der Prostitution in Deutschland mehr als die Hälfte; die meisten stammen aus Osteuropa (vgl. TAMPEP 2007: 5f.).[8] Seit der EU-Osterweiterung kommen immer mehr junge Frauen aus den ökonomisch schwachen Ländern nach Deutschland, um hier der Prostitution nachzugehen (vgl. Wege 2015: 82; siehe Artikel Angelina/Schreiter: 11ff., siehe Artikel Niesner/Ramirez-Vega: 155ff.).

Die Gründe hierfür werden im folgenden Abschnitt näher erläutert. Auch wenn diese vordergründig bei Migrantinnen in der Prostitution eine entscheidende Rolle spielen, können sie auch bei Prostituierten mit deutscher Nationalität festgestellt werden. Auffällig ist, dass sich die nachfolgenden Faktoren gegenseitig bedingen oder eng miteinander verknüpft sind, was eine eindeutige Trennung erschwert.

Feminisierung der Migration

Seit den 1970er-Jahren ist eine zunehmende Feminisierung der Migration in der EU zu verzeichnen (vgl. u. a. Hess u. Lenz 2001 zit. n. Le Breton 2011: 36; TAMPEP 2007: 5f.). Aufgrund von Armut kommen viele junge Frauen aus ökonomisch schwachen Ländern in der Hoffnung, im Westen der EU Arbeit und ein besseres Leben zu finden (Feminisierung der Armut) (vgl. Han 2003: 251). Die schlechte wirtschaftliche Stellung der Frauen ist hierbei eine Folge der geschlechterspezifischen

---

8 Die Sozialarbeiterin von sichtBar schätzt, dass 98–99 % der Frauen in der Prostitution in Kassel Migrantinnen sind (vgl. Angelina 2015: 84).

Diskriminierung in den patriarchalisch geprägten Ländern (vgl. BKA 2010: 32). Auf dem globalisierten Arbeitsmarkt lassen sich heute geschlechterspezifische Bereiche finden, in denen vorwiegend Migrantinnen tätig sind (vgl. Le Breton 2011: 36ff.). Prostitution wird als eine der wenigen Möglichkeiten für Migrantinnen gesehen, um Geld zu verdienen (vgl. Han 2003: 250; TAMPEP 2007: 5f.).

Eine kriminelle Begleiterscheinung der Feminisierung der Migration ist der Frauen- und Kinderhandel (vgl. Han 2003: 189, 197).

Nachfrage nach ausländischen Prostituierten

Dabei gilt das Sexgewerbe als boomende Branche und profitables Geschäft, das eine steigende Nachfrage nach ausländischen, darunter so genannt [sic!] ‚exotischen' Frauen verzeichnet (Kofman 2002: 12 zit. n. Bowald 2010: 180).

Eine Ursache für die Migration derart vieler Frauen, die anschließend im Sexgewerbe tätig sind, scheint auch mit der großen Nachfrage der Freier nach ausländischen Prostituierten zusammenzuhängen (vgl. TAMPEP 2007: 5; Le Breton 2011: 37).

Ökonomischer Zwang und Perspektivlosigkeit

[D]ie Frauen, mit denen wir arbeiten, die suchen sich das im Grunde genommen nicht wirklich aus, sondern es ist ein ökonomischer Zwang (Interview, Z. 334ff. zit. n. Angelina 2015: 18).

Sowohl die Beraterin von sichtBar wie auch etliche nationale und internationale Studien benennen ökonomische Gründe als Hauptfaktor für die Ausübung der Prostitution (vgl. Interview, Z. 257ff., 284ff., 370ff. zit. n. Angelina 2015: 18; TAMPEP 2007: 9; BMFSFJ 2015: 20[9]; Mayhew u. Mossmann 2007: 16).

---

9 Hierbei wird verwiesen auf Leopold, Steffan (1997), Gangoli und Westmarland (2006), Svanström (2006) und Strobl (2006).

Die Perspektivlosigkeit in der eigenen Heimat drängt viele der jungen Frauen nach Deutschland und dort in die Prostitution mit dem Ziel, möglichst schnell viel Geld zu verdienen und in der Hoffnung, dann ein besseres Leben führen zu können (vgl. Interview, Z. 276 zit. n. Angelina 2015: 19; Wege 2015: 86). Die Vorstellungen über Deutschland begünstigen den Einstieg ebenfalls, denn „*gerade in Ländern wie Rumänien, Bulgarien oder generell auch osteuropäischen Ländern ist Deutschland immer noch das Land, in dem Milch und Honig fließt*" (Interview, Z. 322ff. zit. n. Angelina 2015: 19). Die Hoffnungen und Wünsche dieser Frauen entsprechen meist nicht dem, was sie in der Realität tatsächlich erwartet (vgl. Wege 2015: 86).

Geringe Bildung und berufliche Alternativlosigkeit

[W]enn wir eine Frau haben, nennen wir sie mal Olga, sie kommt aus Bulgarien und hat keinerlei Bildung. Was soll denn da die Alternative sein? [...] Aber einen Job oder einen Beruf können wir ja auch nicht anbieten (Interview, Z. 78ff. zit. n. Angelina 2015: 19).

Zu den Ursachen gehören auch die fehlende Bildung und die daraus resultierende berufliche Alternativlosigkeit, welche dann den ökonomischen Zwang verursachen (vgl. Interview, Z. 260ff. zit. n. Angelina 2015: 20; Han 2003: 251; Mayhew u. Mossmann 2007 zit. n. BMFSFJ 2015: 20). Da die Prostitution keinerlei Qualifikationsbedingungen unterliegt, wirkt die Tätigkeit besonders anziehend und wird von vielen als einzige Möglichkeit gesehen, Geld zu verdienen (vgl. TAMPE 2007: 6). Fehlende Deutschkenntnisse sowie eine geringe Bildung machen den Ausstieg und die Aufnahme einer anderen Erwerbstätigkeit (fast) unmöglich (vgl. Wege 2015: 87).

Versorgung der Familie

[A]ber oft ist es so, dass die Frauen, die zu uns kommen und hier in Deutschland anschaffen gehen, aus Familien kommen, in denen, warum auch immer, die Frau dafür zuständig gemacht wird, die Familie zu versorgen, und das nicht nur emotional, sondern auch finanziell (Interview, Z. 264ff. zit. n. Angelina 2015: 20).

Viele Frauen kommen aus einem kulturellen Hintergrund, in dem die Frau für die finanzielle Versorgung der Familie verantwortlich ist und erwartet wird, dass sie ihren *„Dienst an der Familie leistet"* (Interview, Z. 273 zit. n. Angelina 2015: 20; vgl. Wege 2015: 86f.). Der Druck der Familie drängt sie oft in die Prostitution, in der Hoffnung, schnell Geld zu verdienen, um damit die Familie in der Heimat zu unterstützen (vgl. Wege 2015: 86f.; Pickup 1998: 45ff. zit. n. Han 2003: 202). Als Versorgerin kann sie sich nicht leisten, krank zu werden oder in irgendeiner Weise Schwäche zu zeigen. Die eigenen Wünsche müssen in den Hintergrund treten (vgl. Wege 2015: 86f.). Der enorme Druck und die finanzielle Not führen auch dazu, dass einige Prostituierte gesundheitsgefährdende Sexualkontakte (z. B. Sex ohne Kondom) nicht ablehnen (vgl. Interview, Z. 460ff. zit. n. Angelina 2015: 20; BMFSFJ 2005: 20).

Zuhälter

Also ja, wenn wir von Zwang reden, dann reden wir auch davon, dass Frauen mit einer vereiterten Blasenentzündung weiterhin arbeiten gehen, weil der Zuhälter sein Geld haben will. Das ist schon auch ein dreckiges Business (Interview, Z. 343ff. zit. n. Angelina 2015: 21).

Wie bereits im vorherigen Abschnitt angedeutet, sorgen zum Teil Zuhälter, zumeist männliche Familienangehörige dafür, dass die Frauen das Geld für die Familie verdienen (vgl. Interview, Z. 270ff. zit. n. Angelina 2015: 21; Wege 2015: 87). Eine emotionale Beziehung zwischen der Frau und dem Zuhälter kann ebenfalls ein Grund sein, dass sich die Frau bereit erklärt, sich zu prostituieren (vgl. Interview, Z. 273ff.

zit. n. Angelina 2015: 21; BMFSFJ 2004b: II 5)[10]. Nicht selten üben die Partner psychische und/oder physische Gewalt aus, um den Profit zu erhöhen und sich selbst zu bereichern (vgl. BMFSFJ 2004b: II 5). TAMPEP nennt die emotionale Bindung zu einem Zuhälter als einen der drei Hauptgründe für deutsche Prostituierte, im Milieu tätig zu sein (vgl. 2007b: 9). Im Gegensatz dazu schildert die Mitarbeiterin von sichtBar, dass die wenigen deutschen Frauen, die in Kassel der Prostitution nachgehen, seltener Zuhälter haben als jene mit Migrationshintergrund (vgl. Interview, Z. 362ff. zit. n. Angelina 2015: 21).

Die Beraterin von sichtBar beschreibt außerdem, dass der Druck, dem die Prostituierten bereits beim Einstieg ausgesetzt sind, weiterhin aufrechterhalten wird und damit ein Ausstieg enorm erschwert oder unmöglich gemacht wird:

> Und je nachdem wird der Zuhälter natürlich, das klingt jetzt hart, aber der wird seinen Goldesel ja auch nicht gerne loslassen, ne. Also das sind schon ganz massive Druckmittel, wie Männer ihre Schäfchen in der Prostitution halten (Interview, Z. 377ff. zit. n. Angelina 2015: 21).

Hierbei muss erwähnt werden, dass derartige Druckmittel meiner Einschätzung nach bereits dem strafrechtlichen Bereich zugeordnet werden könnten (vgl. Artikel Deborah da Silva: 127ff.).

---

10   Ein weiterer Aspekt ist die sogenannte *Loverboy*-Methode. Diese Methode wird derzeit vermehrt bei jungen, teils minderjährigen deutschen Opfern beobachtet: Ein junger Mann nimmt zu meist jüngeren Mädchen Kontakt auf, spielt ihnen die große Liebe vor und macht sie emotional von sich abhängig. Dann manipuliert und isoliert er sie von ihrem sozialen Umfeld. Ihre Abhängigkeit zu ihm nutzt er, um sie dann in die Prostitution zu bringen und dort auszubeuten. Laut dem aktuellen Bundeslagebild Menschenhandel, wurde jedes dritte Opfer von Menschenhandel zum Zweck der sexuellen Ausbeutung durch Täuschung in die Prostitution gezwungen. Dazu gehörte u. a. das Vortäuschen einer Liebesbeziehung (vgl. BKA 2016: 8ff.).

Stärkung des Selbstwertgefühls, Hedonismus, Selbstverwirklichung und hohe Verdienstmöglichkeiten

> Ich würde behaupten, dass die Stärkung des Selbstwertgefühls eher gar keine Rolle spielt (Interview, Z. 317f. zit. n. Angelina 2015: 22).
>
> [...] und dass das nichts damit zu tun hat, dass sie nymphomanisch ist oder sich in irgendeiner Form verwirklicht (Interview, Z. 342ff. zit. Angelina 2015: 22).

Die Mitarbeiterin der Beratungsstelle sichtBar ist der Auffassung, dass die ihr bekannten Prostituierten, welche mit wenigen Ausnahmen überwiegend einen Migrationshintergrund aufweisen, der Prostitution weder zur Stärkung des Selbstwertgefühls noch zur Selbstverwirklichung oder aufgrund eines gesteigerten Verlangens nach Sex mit wechselnden Geschlechtspartnern nachgehen.

Aufgrund der bereits genannten vordergründigen Motive und Ursachen lässt sich vermuten, dass Pull-Faktoren kaum bis gar keine Rolle bei Migrantinnen spielen.

> Also möglicherweise wäre [...] einer der positiven Faktoren, ja, ich bin in der Lage meinem Kind Geld zu schicken. Aber der negative Faktor ist, ich bin in einem anderen Land, um anschaffen zu gehen, ne. Und ja dadurch, dass da so viel mit Zwang ist (Interview, Z. 456ff. zit. n. Angelina 2015: 22).

Die vergleichsmäßig teils hohen Verdienstmöglichkeiten ohne Qualifikation können (eingeschränkt) auch als Pull-Faktor eingestuft werden (vgl. Interview, Z. 324f. zit. n. Angelina 2015: 22; Mayhew u. Mossmann 2007 zit. n. BMFSFJ 2015: 20). Zusätzlich ermöglicht der gute Verdienst, dass die Frauen ihre ganze Familie ernähren und vielleicht etwas Geld für sich zurücklegen können (vgl. Interview, Z. 325ff., 370ff. zit. n. Angelina 2015: 22). Außerdem verweist die Mitarbeiterin von sichtBar darauf, dass es hierbei auch grundsätzlich um die Frage des Lebensstandards geht. Einige Prostituierte berichteten ihr, dass es ihnen in der Prostitution immer noch besser gehe als im Heimatland (vgl. Interview, Z. 276-283 zit. n. Angelina 2015: 22f.).[11]

Beschaffungsprostitution

> [D]ie meisten Frauen, die anschaffen gehen, um sich das Geld für den Stoff zu verdienen, würden lieber heute als morgen aussteigen. Aber sie wissen auch, dass Wunsch und Realität zweierlei sind. [...] Eva hat sich, zumindest zurzeit, damit abgefunden, einen Job zu machen, den sie hasst und der sie, wie sie sagt ‚jedes Mal wieder ankotzt' (Strobel, 2006 zit. n. BMFSFJ 2007a: 16).

Verschiedene nationale und internationale Studien belegen, dass Beschaffungsprostitution häufig auf dem Straßenstrich stattfindet (vgl. Steffan u. Kerschl 2004: 19; Hester u. Westmarlands 2006 zit. n. BMFSFJ 2007a: 16). Ältere Berichte und Studien dokumentieren, dass in Deutschland drogenabhängige Prostituierte meist deutscher Nationalität sind (vgl. TAMPEP 2007: 6f.). TAMPEP benennt neben den ökonomischen Gründen und der emotionalen Beziehung zu Zuhältern den Drogenkonsum als dritten Hauptgrund für das Bestehen der Prostitution in Deutschland (vgl. 2007b: 9).

In einer Studie vom BMFSFJ wurde u. a. die Verelendung vor allem von Beschaffungsprostituierten thematisiert, „die zum einen durch ihre Suchtabhängigkeit, zum anderen durch die Prostitution von Isolation,

---

11 Hierzu muss angemerkt werden, dass es sich auch um eine Selbstschutzstrategie handeln könnte. Manche Prostituierte verharmlosen bewusst die Situation in der Prostitution z. B. die Gewalt, der sie teils durch Freier ausgesetzt sind, um die Prostitution weiterhin ausüben zu können (vgl. Phoenix 1999: 22 zit. n. Bowald 2010: 150; Interview, Z. 422–426 zit. n. Angelina 2015: 23; vgl. Artikel Deborah da Silva: 127ff.). Auch der Aufbau einer inneren Distanz und die Unterscheidung zwischen privatem sexuellem Kontakt und sexuellem Kontakt gegen Entgelt (vgl. Interview, Z. 318ff. zit. n. Angelina 2015: 23) gehört zur Selbstdistanzierung und Selbstkontrolle. Dies kann jedoch langfristig u. a. zur Beziehungsunfähigkeit führen (vgl. Høigård u. Finstad 1992 zit n. BMFSFJ 2007b: 26).

Verlust des Selbstwertgefühls, körperlicher Verwahrlosung, Krankheiten und auch körperlichem Verfall betroffen seien" (2004b: II 5f.). Beschaffungsprostituierte sind zudem in höherem Ausmaß von gewalttätigen Freiern bedroht:

> [D]rogenentzug und die Bedingungen des Straßenstrichs bergen ein erhöhtes Risiko, Opfer von Misshandlungen und sexueller Gewalt zu werden. Manche Freier nutzen die Notsituation der unter Beschaffungsdruck stehenden Frauen und Mädchen gezielt aus: Sie versuchen die Preise zu drücken, verlangen Sex ohne Kondom, demütigen Frauen oder erwarten ungewöhnliche Sexualpraktiken (Kerschl 2005: 117).

Neben der Beschaffungsprostitution spielen bei vielen Prostituierten auch verschiedenste Suchtmittel und ein erhöhter Alkoholkonsum eine Rolle. Eine Umfrage in Deutschland ergab, dass 41 % der interviewten Prostituierten in den letzten 12 Monaten Drogen konsumiert hatten (vgl. BMFSFJ 2004a: 27). Auch die Mitarbeiterin von sichtBar bestätigte einen erhöhten Alkoholkonsum und die gelegentliche Einnahme von Kokain unter Prostituierten (vgl. Interview, Z. 293ff. zit. n. Angelina 2015: 24).

Obdachlosigkeit

Obdachlosigkeit begünstigt ebenfalls den Einstieg v. a. bei jungen Frauen, die sich auf der Straße prostituieren (vgl. Plumridge 2001 zit. n. Mayhew u. Mossmann 2007: 16). In einer Untersuchung der Situation auf dem Kölner Straßenstrich wird Obdachlosigkeit ebenfalls im Zusammenhang mit Drogenkonsum erwähnt (vgl. Steffan u. Kreschl 2004: 26).

Enorm hohe Mietkosten in Bordellen führen dazu, dass v. a. ausländische Prostituierte ihr Zimmer im Bordell auch als Wohnraum nutzen: „Ich hatte keine Wohnung, ich hatte nix, ich habe auf der Arbeit gewohnt, das war halt mein Leben" (BMFSFJ 2015: 111). Dies bedeutet jedoch eine weitere Abhängigkeit, da der Verlust des Arbeitsortes auch den Verlust des Wohnraumes zur Folge hat. Eine drohende Wohnungs- bzw. Obdachlosigkeit kann ein weiterer Grund dafür sein, in der Prostitution zu bleiben, auch da so keine Ausstiegsmöglichkeiten gesehen werden (vgl. Branter 2010: 22f.).

Schulden

Sowohl nationale als auch internationale Studien und Berichte verdeutlichen, dass finanzielle Gründe beim Einstieg in die Prostitution als Hauptursache anzusehen sind (vgl. BMFSFJ 2007a: 14) und zu den drei Hauptfaktoren gehören, die den Einstieg deutscher Frauen in die Prostitution begünstigen (vgl. TAMPEP 2007: 9). Im Folgenden werde ich die ökonomischen Push-Faktoren thematisieren.

Verschuldung wird bei diversen Befragungen als Ursache für die Ausübung der Prostitution angegeben (vgl. Perkins 1991 zit. n. Mayhew u. Mossmann 2007: 16; BMFSFJ 2007a: 14). Die Prostituierung wird teilweise als einzige Möglichkeit wahrgenommen, um bestehende Schulden abzubauen (vgl. BMFSFJ 2007a: 14). In einer älteren Befragung gaben 10 % der Prostituierten an, dieser Tätigkeit nachzugehen, um Schulden zu tilgen – häufig die des Partners (vgl. Leopold u. Steffan 1997 zit. n. Leopold 2005: 24). Einige verblieben außerdem länger als geplant in der Prostitution, da aufgrund der extrem hohen Mieten im Bereich der Wohnungsprostitution und geringerer Einnahmen als erwartet die Schulden nicht so schnell abgebaut werden konnten (vgl. Brantner 2010: 22f.). Schulden sind also nicht nur ein Push-Faktor für den Einstieg, sondern auch ein erhebliches Hindernis bei einem gewünschten Ausstieg (vgl. BMFSFJ 2015: 41, 108f.).

Weitere finanzielle Gründe wurden in einer Umfrage von Steffan und Leopold angegeben. Das Geld werde zum Leben gebraucht (36 %), im Hauptberuf werde zu wenig verdient (7 %), man sei arbeitslos (4 %) oder finanziere damit die Ausbildung (2 %) (vgl. 1997 zit. n. Leopold 2005: 24).

Familiärer Hintergrund – Vernachlässigung und Gewalt in der Kindheit/Jugend

Die Familie, die eigentlich Schutzraum für Heranwachsende sein sollte und eine wichtige Basis für den Aufbau von Beziehungen, Stabilität und Selbstschutz im späteren Erwachsenenleben sein kann, war für viele der von uns befragten Prostituierten ein höchst problematischer und von Gewalt und Instabilität geprägter Raum (BMFSFJ 2004b: II 83).

Familie als primäre Sozialisationsinstanz spielt eine entscheidende Rolle für die Entwicklung von Kindern und Jugendlichen. Hierfür sind stabile Beziehungen zu den Mitgliedern der Kernfamilie äußerst wichtig (vgl. Rieländer 2000: 12f.). Intakte Familien unterstützen den Sozialisationsprozess und sorgen sich u. a. um die seelische Gesundheit ihrer Mitglieder, damit diese zu handlungsfähigen Personen in der Gesellschaft heranwachsen können (vgl. Huinink 2009).

Most people working as prostitutes have history of childhood physical and sexual abuse (Farley u. Barkan 1998 zit. n. BMFSFJ 2004b: II 7).

Phoenix veranschaulicht ebenfalls, dass Prostituierte häufig einen eher schwierigen und instabilen familiären Hintergrund aufweisen, welcher nicht selten von Missbrauch, Vernachlässigung und Heimaufenthalten geprägt ist (vgl. 2000 zit. n. BMFSFJ 2004b: II 78).

Auch wenn aufgrund verschiedener Gewaltdefinitionen sowie unterschiedlicher Methoden und Samples die Ergebnisse variieren (vgl. BMFSFJ 2004b: II 82)[12], haben mehrere nationale sowie internationale Untersuchungen festgestellt, dass ein erheblicher Anteil der Prostituierten sexueller Gewalt in ihrer Kindheit oder Jugend ausgesetzt war (vgl.

---

12 In der Studie vom BMFSFJ wurden 110 Prostituierte in Deutschland befragt, wovon ca. 77 % deutscher Nationalität und zwischen 14 und 62 Jahre alt waren. Im Durchschnitt waren die Befragten dieser Teilpopulation wesentlich jünger als die der Hauptbefragung. Außerdem muss angemerkt werden, dass diese Studie nicht als repräsentativ gelten kann, da u. a. der Anteil der Migrantinnen zu gering war (vgl. 2004b: II 16f.).

BMFSFJ 2004b; Steffan u. Kerschl 2004; Farley et al. 2003). Aufgrund des sexuellen Missbrauchs in der Kindheit bzw. Jugend sind langfristige psychische Schädigungen bis hin ins Erwachsenenalter sowie eine Traumatisierung sehr wahrscheinlich (vgl. BMFSFJ 2004b: II 82).

Vor allem Frauen, die sehr jung ins Sexgewerbe einsteigen, haben häufig Gewalterfahrungen in der Kindheit/Jugend erlebt.

> Viele Prostituierte, vor allem jene mit Missbrauchserfahrungen, haben bereits in ihrer Kindheit erfahren, dass ihr Körper nicht vor Übergriffen geschützt war. Sie haben gelernt, ihren Körper abzuspalten, um überleben und arbeiten zu können. Ihr Körper wird funktionalisiert und eher als Arbeitsmaschine eingesetzt (ebd.: II 74).

Experten/-innen von Hilfeeinrichtungen gehen davon aus, dass durch den Missbrauch in der Kindheit die Abspaltung zum eigenen Körper als Selbstschutz erlernt wurde (vgl. ebd.). Die Funktionalisierung des eigenen Körpers in der Prostitution kann durch den Missbrauch begünstigt werden. Da sie *„an den Einsatz ihres Körpers als Objekt gewohnt seien, sei die wiedererlebte sexuelle Gewalt ein bekanntes Muster, dem sie oft nicht entrinnen zu können glaubten"* (BMFSFJ 2004b: II 5). Sie nehmen somit schon früh ihren eigenen Körper als Objekt wahr, der von anderen Menschen missbraucht wurde, und lernen im späteren Alter, diesen für eigene Zwecke zu funktionalisieren.

> Männer waren für mich Spielzeug. Absolutes Spielzeug. Ich hab, ich wusste, dass ich ganz schnell das zu hören bekomme, was ich immer vermisst hatte, nämlich dass ich toll bin, dass ich hübsch bin, dass ich, äh, ich hab Geschenke bekommen, ich bin begehrt worden, ich bin... Es ist toll. Und ich hab ganz viel Anerkennung bekommen, auch wenn sie nur kurz war, ich hab das bekommen, was ich halt immer vermisst hab und was ich gesucht habe, so (Interview II, Z. 103–108 zit. n. Franke 2014: 19).

Die Fachliteratur sieht einen Zusammenhang zwischen einer *„instabilen Eltern-Kind-Beziehung"* und *„emotionaler Labilität"* (Röhr 1972:

78), die überwiegend Frauen aus prekären Familienverhältnissen betrifft. Viele sind auf der ständigen Suche nach Anerkennung und Zuneigung. Meist haben sie gelernt, diese durch Leistung und nicht um ihrer selbst willen zu erhalten (vgl. ebd.). Personen mit einem Inzesthintergrund lernen früh „*(nur) über Sexualität Zuwendung und Körperkontakt zu bekommen*" (Hirsch 1994 zit. n. Heim et al. 2005: 387). Die eigene Sexualität wird daher in beiden Fällen als Mittel zum Zweck eingesetzt. Es steht nicht die Lust nach sexueller Befriedigung im Vordergrund, sondern die sexuelle Befriedigung Anderer soll die eigene Sehnsucht nach Bewunderung und einer liebevollen Zuneigung stillen (vgl. Röhr 1972: 78; Friedrich, 2000 zit. n. Heim et al. 2005: 387). Diese Bestätigung kann einerseits durch Promiskuität gesucht werden (vgl. Heim et al. 2005: 387f.)[13], aber auch in der Prostitution (vgl. Röhr 1972: 78).

> Ein weiteres Motiv, sich zu prostituieren, ist nach Aussagen von Prostituierten, dass sie in ihrer Arbeit einen Weg sehen, eine Situation zu beherrschen, die sie als Kind nicht beherrschen konnten. Viele von Ihnen berichten, zum ersten Mal ein Gefühl von Macht empfunden zu haben, als sie ihren ersten Freier hatten (Alexander 1989 zit. n. Heim et al. 2005: 388).

Missbräuchliche Übergriffe in der Kindheit, die als ohnmächtig und gewalttätig erlebt wurden, können zu körperlichem Kontrollverlust führen. Die Prostituierung kann der (unbewusste) Versuch sein, das Gefühl der Eigenkontrolle über den Körper zurückzugewinnen (vgl. Interview, Z. 416f. zit. n. Angelina 2015: 29; Interview III, Z. 704–706 zit. n. Franke 2014: 20).

Einige Studien weisen nach, dass es Verbindungen gibt zwischen selbstverletzendem Verhalten und sexuellem Missbrauch in der Kind-

---

13 Heim et al. (2005) verweist u.a. auf Hirsch (1994), Paolucci et al. (2001), Noll et al (2003).

heit (vgl. Gast 2005: 417).[14] In diesem Zusammenhang werden „selbstdestruktive Bewältigungsstrategien" (Harnach 2011: 125)[15] auch als möglicher Kofaktor für die Ausübung der Prostitution genannt (vgl. Artikel Meghan Donevan: 179ff.).

Neben sexueller Gewalt erlebten viele Prostituierte in ihrer Kindheit auch körperliche und psychische Gewalt durch die eigenen Eltern. Eine Befragung ergab Folgendes:

- 73 % der Prostituierten hatten bereits körperliche Gewalt erfahren (vgl. BMFSFJ 2004b: II 79).
- 52 % wurden sogar häufig oder gelegentlich körperlich bestraft (vgl. BMFSFJ 2004a: 26).
- 37 % waren häufig oder gelegentlich heftiger Prügel ausgesetzt (vgl. BMFSFJ 2004b: II 80).
- Knapp die Hälfte der Befragten hatten psychische Gewalt in Form von Niederbrüllen (55 %) oder seelisch verletzenden Handlungen (52 %) erlebt (vgl. ebd.: II 79).

Für Roe-Sepowitz ist emotionaler Missbrauch ein begünstigender Faktor für den Einstieg in die Prostitution. Sie sieht einen starken Zusammenhang zwischen *„emotionalen Missbrauch in der Kindheit, Weglaufen von zu Hause (auf Trebe gehen) und Erfahrungen mit dem Einsatz von Sex als Überlebensstrategie"* (2012 zit. n. BMFSFJ 2015: 20).

In der Bundesstudie zur Lebenssituation, Sicherheit und Gesundheit von Frauen in Deutschland wurde weiterhin festgestellt, dass die befragte Teilpopulation der Prostituierten zwei- bis dreimal häufiger von psychischer und physischer Gewalt sowie fast fünfmal häufiger von sexueller Gewalt betroffen war als der Durschnitt der befragten Frauen in der repräsentativen Hauptstudie (vgl. BMFSFJ 2004b: II 26). Die Ergeb-

---

14   Gast (2005) verweist u.a. auf Schetky (1990), Paris et al. (1994a), van der Kolk, Fisler (1994).
15   Harnach (2011) verweist u.a. auf Testa (2005), Willson, Windom (2008), Merill et al. (2003).

nisse dokumentieren zudem, dass die betroffenen Prostituierten einerseits meist schweren Formen von Gewalt ausgesetzt waren und anderseits wesentlich häufiger Opfer von Gewalt wurden (vgl. ebd.: II 28). Missbrauch sowie Vernachlässigung werden somit als Push-Faktoren angesehen, die den Einstieg in die Prostitution begünstigen (vgl. Plumridge 2001 zit. n. Mayhew u. Mossmann 2007: 16). Dennoch sollte man nicht von strikt kausalen Zusammenhängen ausgehen (vgl. BMFSFJ 2004b: II 83): Nicht jedes Opfer sexuellen Missbrauchs befindet sich in der Prostitution, noch ist jede Prostituierte Opfer einer Gewalt- oder Missbrauchserfahrung (vgl. Alexander 1989 zit. n. Heim et al. 2005: 388; BMFSFJ 2007a: 17). Dennoch lassen die vorliegenden Untersuchungsergebnisse darauf schließen, dass Gewalterfahrungen sowie prekäre Familienverhältnisse wesentliche Prägungen mit sich bringen, die dann den Einstieg in die Prostitution und deren Ausübung begünstigen (vgl. BMFSFJ 2004b: II 83).

Nachfrage

An dieser Stelle werde ich die allgemeine Nachfrage nach kommerzieller Sexualität auf der Meta-Ebene als eine Ursache der Prostitution aufzeigen (vgl. Artikel Manuela Schon: 57ff.).

Schätzungen gehen davon aus, dass in Deutschland über eine Million Männer täglich zu Prostituierten gehen (vgl. Dt. Bundestag 2001: 1). Derzeit gibt es jedoch nur eine quantitative Studie aus den 1990er-Jahren, die laut Umfrage ergab, dass ca. 18 % der geschlechtsreifen männlichen Bevölkerung dauerhaft aktive Sexkäufer sind (vgl. Kleiber u. Velten 1994 zit. n. Gerheim 2011: 7). Ebenso wie bei der geschätzten Anzahl der Prostituierten finden sich auch hier diverse und divergierende Ansichten (vgl. Bowald 2010: 75ff.).

Seit den 1960er-Jahren führen veränderte Moralvorstellungen in den westlichen Staaten dazu, dass das Sexgewerbe rasch an Bedeutung gewinnt. Veränderte Vorstellungen der Sexualmoral (vgl. Schulze 1993 zit. n. Han 2003: 251) sowie der Wandel der Lebenseinstellung (Erlebnisgesellschaft) tragen u. a. zu einer steigenden Nachfrage nach Prostituierten bei. Als Folge entstehen zahlreiche Betriebe, teilweise auch im illegalen Bereich, mit dem Ziel, diese Nachfrage zu befriedigen (vgl. Han 2003: 251).

> Prostitution does not exist as a consequence of women's economic disenfranchisement. Poverty is a supporting factor. Not a reason. [...] Prostitution exists for only one reason; that reason is male demand. No amount of poverty would be capable of creating prostitution if it were not for male demand (Moran 2014: 2f.).
> [...] if there was no demand, there would be no prostitution (Skarhed 2010: 30).

Beide Zitate betonen, dass die Nachfrage nach kommerzieller Sexualität die grundlegende Ursache für Prostitution sei. Denn das Angebot von käuflichem Sex gäbe es nicht ohne die entsprechende Nachfrage.

Eine Prostituierte machte in einem Interview ebenfalls die Sexkäufer für das Vorhandensein der Prostitution verantwortlich, da deren Bereitschaft, für sexuelle Handlungen zu bezahlen, die Prostitution aufrechterhalte (vgl. Le Breton 2011: 199).

Im Gegensatz dazu ist für die Beraterin von sichtBar die Nachfrageseite nicht die maßgebliche Ursache, für die Entscheidung vieler Frauen sich zu prostituieren (vgl. Interview Z. 442ff. zit. n. Angelina 2015: 31): *„Da würde man zu sehr von Angebot und Produkt reden. Das passt nicht"* (Interview, Z. 444 f. zit. n. Angelina 2015: 31).

Hohe Verdienstmöglichkeiten, Flexibilität, Selbstständigkeit, Abenteuer, Selbstverwirklichung, Zugehörigkeitsgefühl und Anerkennung (Pull-Faktoren)

Ein Motiv, welches sowohl als Push-, aber auch als Pull-Faktor genannt wird, sind ökonomische Gründe. Als besonders anziehend gilt die Aussicht auf einen guten Verdienst (vgl. BMFSFJ 2015: 111f.), welcher besonders im Vergleich zu anderen unqualifizierten Erwerbstätigkeiten verhältnismäßig hoch sein kann (vgl. Mayhew u. Mossmann 2007 zit. n. BMFSFJ 2015: 20). Im Zusammenhang damit steht teilweise auch das Verlangen, sich teurere Sachen leisten zu können (vgl. Leopold u. Steffan 1997 zit. n. Leopold 2005: 24; Perkins 1991 zit. n. Mayhew u. Mossmann 2007: 16; Le Breton 2011: 161). Der Kauf von „schönen Dingen" wird ebenfalls als Beweggrund v. a. von jungen Frauen angegeben, um unter Gleichaltrigen mithalten zu können (vgl. Hester u. Westermarland 2004 zit. n. BMFSFJ 2007a: 15). Die Möglichkeit der flexiblen Zeiteinteilung und der Selbstständigkeit werden zudem als Vorteil bewertet (vgl. Mayhew u. Mossmann 2007 zit. n. BMFSFJ 2015: 20; Leopold u. Steffan 1997 zit. n. Leopold 2005: 24).

Neben den finanziellen Gründen werden auch der Spaß-Faktor, das Motiv der Selbstverwirklichung und Aufregung genannt (vgl. Perkins 1991 zit. n. Mayhew u. Mossmann 2007: 16):

> „Also ich fand es ja auch immer spannend, mich so im Rotlicht zu bewegen, ja, so ein bisschen verrucht und so, ein bisschen im Businesskostüm rumzurennen ohne Slip drunter zu haben [...] das fand ich total spannend" (BMFSFJ 2015: 110).

Die familiäre Atmosphäre, das Erleben von Zugehörigkeit mit engen sozialen Kontakten werden einerseits als anziehend beschrieben, können aber andererseits einen erwünschten Ausstieg erschweren (vgl. BMFSFJ 2015: 111f.).

Als weiterer Pull-Faktor wird die Prostituierung als Möglichkeit genannt, Anerkennung bzw. Zuneigung zu erlangen, um das eigene (geringe) Selbstbewusstsein zu stärken (vgl. Plumridge 2001 zit. n. Mayhew u. Mossmann 2007: 16; Hester u. Westermarland 2004 zit. n. BMFSFJ 2007a: 15). Ich möchte jedoch darauf hinweisen, dass dieser Aspekt als Pull-Faktor auch kritisch hinterfragt werden kann, gerade wenn die Suche nach Anerkennung, wie bereits thematisiert, aus einem prekären familiären Hintergrund erwächst.

Fazit

Die Ursachen und Motive für die Ausübung der Prostitution sind zum einen bei jeder Person unterschiedlich. Zum anderen tauchen gewisse Muster bzw. wiederholende Begründungen in Studien und bei der Befragung auf. Meist spielen dabei mehrere Ursachen und Beweggründe eine Rolle, die den Einstieg und das Verbleiben begünstigen bzw. einen gewünschten Ausstieg verhindern (vgl. BMFSFJ 2015: 106; Moos 2005: 90).

Diese Beweggründe und Ursachen lassen sich grob in vier verschiedene Kategorien einteilen:[16]

- **Persönlichkeitsstrukturelle** u. a.: Perspektivlosigkeit, geringe Bildung, Gewalterfahrungen in der Kindheit/Jugend, Anerkennung- und Zugehörigkeitsbedürfnis, Drogen, Obdachlosigkeit
- **Ökonomische** u. a.: Armut, Verschuldung, hohe Verdienstmöglichkeiten
- **Beziehungsbasierte** u. a.: Versorgung der Familie, Kontrolle durch Zuhälter/ Familie[17]
- **Gesamtgesellschaftliche** u. a.: Nachfrage durch Freier, Feminisierung der Migration und Armut, geringe Bildung, kulturelle Prägungen (z. B. patriarchale Strukturen).

Im Rahmen der Sozialen Arbeit ist es wichtig, sich dieser Hintergründe und Strukturen bewusst zu sein, um adäquate, individuelle, psychosoziale Unterstützung und Begleitung leisten zu können.

---

16 Hierbei sei angemerkt, dass die genannten Kategorien die Komplexität der unterschiedlichen Aspekte nicht vollständig erfassen können. Einige Beweggründe und Ursachen könnten auch anderen Kategorien zugeordnet werden. Die Kategorien und die darin enthaltenen Aspekte können ineinander übergehen, sich bedingen und beeinflussen.
17 Diese Beweggründe stehen teils stark mit kulturellen, gesellschaftsstrukturellen Prägungen im Zusammenhang.

Literatur

Angelina, C. (2015): Erklärungsansätze für die Motive und Ursachen der Ausübung von Prostitution und sozialarbeiterische Perspektiven im Umgang mit Prostituierten. Bachelorarbeit (unveröffentlicht).

BKA (Hrsg.) (2010). Trauma Leitfaden Handbuch. Hilfe für den professionellen Umgang mit Opfern von Menschenhandel zum Zweck der sexuellen Ausbeutung für Polizei, Justiz und kommunale Verwaltung (2.Aufl.). Wiesbaden: MKL-Druck GmbH & Co. KG.

BKA (2016). Bundeslagebild 2015 Menschenhandel. Wiesbaden. Zugriff am 29.07.2017 unter http://bit.ly/2haXBEq.

BMFSFJ (Hrsg.) (2004a). Lebenssituation, Sicherheit und Gesundheit von Frauen in Deutschland. Ergebnisse der repräsentativen Untersuchung zu Gewalt gegen Frauen in Deutschland. Kurzfassung. Berlin. Zugriff am 29.07.2017 unter http://bit.ly/2lzkTV8.

BMFSFJ (Hrsg.) (2004b). Lebenssituation, Sicherheit und Gesundheit von Frauen in Deutschland. Eine repräsentative Untersuchung zur Gewalt gegen Frauen in Deutschland. II Teilpopulationen – Erhebung bei Prostituierten. Berlin. Zugriff am 29.07.2017 unter http://bit.ly/2kRmhOX.

BMFSFJ (Hrsg.) (2005). Untersuchung „Auswirkungen des Prostitutionsgesetzes". Abschlussbericht. Berlin. Zugriff am 29.07.2017 unter http://bit.ly/2sxfPE7.

BMFSFJ (Hrsg.) (2007a). Vertiefung spezifischer Fragestellungen zu den Auswirkungen des Prostitutionsgesetzes. Ausstieg aus der Prostitution. Kriminalitätsbekämpfung und Prostitutionsgesetz. Berlin. Zugriff am 29.07.2017 unter http://bit.ly/2uLCJae.

BMFSFJ (Hrsg.) (2007b). Reglementierung von Prostitution. Ziele und Probleme. Eine kritische Betrachtung des Prostitutionsgesetzes. Berlin. Zugriff am 29.07.2017 unter http://bit.ly/2v8Kbyf.

BMFSFJ (Hrsg.) (2015). Abschlussbericht der wissenschaftlichen Begleitung zum Bundesmodellprojekt. Unterstützung des Ausstiegs aus der Prostitution. Langfassung. Berlin. Zugriff am 29.07.2017 unter http://bit.ly/2vSAjqq.

Dt. Bundestag (Hrsg.) (2001). Entwurf eines Gesetzes zur Verbesserung der rechtlichen und sozialen Situation der Prostituierten. BT-Drs. 14/5958. Berlin. Zugriff am 29.07.2017 unter http://bit.ly/2v8KrNJ.

Bowald, B. (2010). Prostitution. Überlegungen aus ethischer Perspektive zu Praxis, Wertung und Politik. Münster: LIT Verlag.

Brantner, I. (2010). Sozialarbeit und Sexarbeit. Eine empirische Studie über die Auseinandersetzung und den Umgang von ProfessionistInnen der Sozialen Arbeit mit der Thematik Prostitution. Zugriff am 29.07.2017 unter http://bit.ly/2m4PAPI.

Bundesministerium für Frauen und Jugend (Hrsg.) (1994). Dokumentation zur rechtlichen und sozialen Situation von Prostituierten in der Bundesrepublik Deutschland. Stuttgart: W. Kohlhammer Verlag.

Farley, M., Cotton, A., Lynne, J., Zumbeck, S., Spiwak F., Reyes, M. E., Alvarez, D., Sezgin, U. (2003). Prostitution and Trafficking in Nine Countries. An Update on Violence and Posttraumatic Stress Disorder. Zugriff am 29.07.2017 unter http://bit.ly/1kboxdl.

FIF e. V. (2017). sichtBar. Zugriff am 29.07.2017 unter https://fif-kassel.de/sichtbar/.

Franke, U.-A. (2014): Ausstieg aus der Prostitution. Beweggründe, Hemmnisse und mögliche Unterstützung durch sozialpädagogische Fachkräfte. Bachelorarbeit (unveröffentlicht).

Gast, U. (2005). Borderline-Persönlichkeitsstörungen. In: U. T. Egle, S. H. Hoffmann und P. Joraschky (Hrsg.). Sexueller Missbrauch, Misshandlung, Vernachlässigung. Erkennung, Therapie und Prävention der Folgen früher Stresserfahrungen (3. Aufl.). Stuttgart: Schattauer, S. 409–430.

Gerheim, U. (2011). Die Produktion des Freiers. Macht im Feld der Prostitution. Eine soziologische Studie (1. Aufl.). Bielefeld: transcript (Gender Studies).

Grieger, K., Leopold, B. (2004): Gewalt im Geschlechterverhältnis. Gewaltprävention durch Arbeit mit Minderjährigen in der Prostitution. Zugriff am 29.07.2017 unter http://bit.ly/2uLemcJ.

Gugel, R. (2011). Das Spannungsverhältnis zwischen Prostitutionsgesetz und Art. 3 II Grundgesetz. Eine rechtspolitische Untersuchung. Berlin: LIT Verlag.

Han, P. (2003). Frauen und Migration. Strukturelle Bedingungen, Fakten und soziale Folgen der Frauenmigration. Stuttgart: Lucius & Lucius Verlag.

Harnach, V. (2011). Sexueller Missbrauch aus der Perspektive der Opfer. In: Baldus, M.; Utz, R. (Hrsg.). Sexueller Missbrauch im pädagogischen Kontext. Wiesbaden: Springer VS, S. 117–141.

Heim, D., Mette-Zillessen, M., Strauß, B. (2005). Sexuelle Störungen und Verhaltensauffälligkeiten. In: U. T. Egle, S. H. Hoffmann und P. Joraschky (Hrsg.). Sexueller Missbrauch, Misshandlung, Vernachlässigung. Erkennung, Therapie und Prävention der Folgen früher Stresserfahrungen (3. Aufl.). Stuttgart: Schattauer Verlag, S. 381–392.

Huinink, Johannes (2009). Familie: Konzeption und Realität. Aufgaben und Leistungen. Persönlicher Zusammenhalt und emotionale Zuwendung. Zugriff am 29.07.2017 unter http://bit.ly/2dxxaFE.

Kerschl, A. V. (2005). Beschaffungsprostitution und ihre Risiken. In: Wright, M. T. (Hrsg.). Prostitution, Prävention und Gesundheitsförderung. Teil 2: Frauen. Unter Mitarbeit von Deutsche Aids Hilfe e.V., S. 113–122. Zugriff am 29.07.2017 unter http://bit.ly/2sAYqLb.

Le Breton, M. (2011). Sexarbeit als transnationale Zone der Prekarität. Migrierende Sexarbeiterinnen im Spannungsfeld von Gewalterfahrungen und Handlungsoptionen (1. Aufl.). Wiesbaden: VS Verlag für Sozialwissenschaften.

Leopold, B. (2005). Wer arbeitet warum als Prostituierte? In: Elisabeth von Dücker und Museum der Arbeit (Hrsg.). Sexarbeit. Prostitution – Lebenswelten und Mythen (1. Aufl.) Bremen: Ed. Temmen, S. 22–25.

Mayhew, P., & Mossman, E. (2007). Exiting prostitution: Models of best practice. Wellington: New Zealand Ministry of Justice.

Moos, L. (2005). Das erste Mal und immer wieder – Autobiografische Schilderung einer Prostituierten (5. Aufl.). Berlin: Taschenbuchverlag Schwarzkopf und Schwarzkopf.

Moran, R. (2014). Rachel Moran at Femifest in London. Zugriff am 12.02.2018 unter http://bit.ly/1HFDMJR.

Niesner, E. (2014). Stellungnahme FIM – Frauenrecht ist Menschenrecht e.V., Berlin. Zugriff am 29.07.2017 unter http://bit.ly/2IDF8kU.

Polizeipräsidium München (2017). Sicherheitsreport 2016. Zugriff am 29.07.2017 unter http://bit.ly/2sydwyj.

Rieländer, M. (2000). Die Funktion der Familie in der primären Sozialisation. Zugriff am 29.07.2017 unter http://bit.ly/2w8tsID.

Röhr, D. (1972). Eine empirische Untersuchung über abweichendes Sexualverhalten und soziale Diskriminierung. Frankfurt am Main: Suhrkamp Verlag.

Skarhed, A. (2010). English summary of SOU 2010:49. Zugriff am 29.07.2017 unter http://bit.ly/2ha8DtQ.

Steffan, E., Kerschl, V. (2004). Die Verlagerung des Straßenstrichs der Stadt Köln. Zugriff am 29.07.2017 unter http://bit.ly/2eVPivN.

TAMPEP (Hrsg.) (2007). National report on HIV and sex work. Germany. Zugriff am 29.07.2017 unter http://bit.ly/2kERcmu.

Wege, J. (2015). Soziale Arbeit im Kontext der Lebenswelt Prostitution – Professionelle Handlungsansätze im Spannungsfeld unterschiedlicher Systeme und Akteure. In: Albert, M., Wege, J. (Hrsg.). Soziale Arbeit und Prostitution. Professionelle Handlungsansätze in Theorie und Praxis. Wiesbaden: Springer VS, S. 73–97.

Prostitution als Spielfeld zur Reproduktion männlicher Herrschaft

Manuela Schon

Abstract

This essay explains why prostitution can and should be analyzed as a field contributing to the production of male domination. The essay references to basic findings in the work of the French sociologist Pierre Bourdieu. Whereas Bourdieu did not write extensively about the practice of prostitution, his book "Masculine Domination", published on year 2001, offers a lot of starting points that can be applied on this social field. Various research in sociology, psychotraumatology and women`s studies support the hypothesis that prostitution is an individual and collective social practice, which gives men habitual certainty and assures them of their superiority in the social hierarchy. Spaces that exclude women – like the field of prostitution, unless women are prostituted women – provide a way to evolve male bonding strategies. Although prostitution follows the rules of a capitalist market, the field cannot be reduced to its economical characteristics. The circulation of women among men points to an accumulation of symbolic capital. Not only does this have implications for those involved in the field of prostitution itself, but also the effects transcend into other social fields and affect all women (and men) in society. The interdependency of the internalized dispositions of the dominated woman and the dominating man is inscribed in the bodies of the players within the field.

Einführung

"This is a man's world". Mit diesem Titel landete der amerikanische RnB-Sänger James Brown 1966 einen internationalen Hit, der seitdem vielfach gecovert wurde. In seinem Werk „Die männliche Herrschaft" ging der französische Soziologe Pierre Bourdieu von der Annahme aus, dass der Geschlechterhierarchie eine *„konstitutive Bedeutung für die Entstehung und Reproduktion gesellschaftlicher Ordnung"* zukommt (Jäger et al 2013: 18). Für ihn ist die *„männliche Herrschaft, und die Art und Weise wie sie aufgezwungen und erduldet wird"* das Musterbeispiel für sein Konzept der symbolischen Gewalt, *„denn sie funktioniert wie eine gigantische symbolische Maschine zur Ratifizierung der männlichen Herrschaft, auf der sie gründet"* (Bourdieu 2016: 8).

In der gesellschaftlichen Debatte wird Prostitution häufig als „Sexarbeit", als „Beruf wie jeder andere", betrachtet und nicht selten sogar in den Kontext sexueller Befreiung der Frau sowie der Befreiung von angestaubten und überkommenen Moralvorstellungen gesetzt. In diesem Framing wird positiv Bezug genommen auf zentrale Begriffe der sogenannten zweiten Welle der Frauenbewegung (1960er-Jahre), wie zum Beispiel die „sexuelle Selbstbestimmung", wodurch Prostitution als frei gewählte und selbstbestimmt ausgeführte Tätigkeit erscheint. Dies steht im starken Kontrast zu der Annahme der „Second Waver", die in der Prostitution den Ausdruck der patriarchalen Geschlechterordnung ausmachen und in ihr ein *„Exempel, für die Situation der Frau, wie sie im Grunde besteht"* (Millett 1981: 105) sehen.

Prostitution ist kein geschlechtsneutrales Phänomen: Die Konsumenten sind in aller Regel männlich, die prostituierten Personen in aller Regel weiblich. Selbst wenn eine zunehmende Nachfrage (von Männern) nach Transpersonen und mann-männlicher Prostitution zu verzeichnen ist, bleibt die Frau, die einen Mann (oder eine andere Person) für sexuelle Handlungen bezahlt, die Ausnahme, auch wenn Angebote kommerzialisierter Sexualität für diese in einer Marktnische existieren. Ein 1992 in Berlin eröffnetes Bordell für Frauen musste bereits nach etwas mehr als einem halben Jahr schließen. Der Focus titelte hierzu: *„Frauen wollen nicht Freier sein. Die Kundinnen bleiben aus"* (Focus 1993).

Meine These lautet, dass in der Prostitution eine individuelle und kollektive Praxis gesehen werden kann, in der Männer sich gegenseitig – unter Nutzung von Homosozialität in frauenexklusiven Räumen – ihrer gesellschaftlichen Überlegenheit gegenüber Frauen versichern und untereinander habituelle Sicherheit vermitteln. Diese These soll im Folgenden unter Rückgriff auf zentrale Annahmen von Bourdieu begründet werden.

I. Subjekt-Objekt-Differenz in der Prostitution

> Manche der Mädels sind ja lieb, aber die meisten sind einfach nur Löcher zum Ficken.
>
> In dem Moment wo sie mein Geld genommen hat, hat sie ihre Rechte aufgegeben.[18]

Der gesellschaftlich konstruierte Antagonismus von männlich und weiblich spiegelt sich Bourdieu zufolge in der Sexualität wider. Er definiert den Geschlechtsakt als *„Form von Herrschaft, von Aneignung, von Besitz"* (2016: 39) und als *„auf die Penetration und den Orgasmus ausgerichteter Eroberungsakt"* (ebd.: 40), dem die Homologien Akteur/Instrument, oben/unten, aktiv-penetrieren/passiv-penetriert werden und herrschen/beherrscht werden entsprechen. Er betrachtet Prostitution demnach als einen Gewaltakt unter Abwesenheit gegenseitiger Anerkennung (ebd.:190f) und sieht in ihr *„das Streben nach Lustgewinn mit der nackten Ausübung der Macht über die auf Objektstatus reduzierten Körper"* (ebd.: 33f.).

Grubman Black bestätigt diesbezüglich ein Besitz- und Anspruchsdenken der Freier:

> Ein Freier ist ein Mann, der glaubt, aufgrund seines Geschlechtes und seines Geldes Anspruch auf Sex auf Nachfra-

---

18 Alle Eingangs-Zitate sind exemplarische, wortwörtliche Freierzitate. Sie stammen aus Freierstudien, Freierforen oder Zeitungsartikeln. Auf eine detaillierte Quellenauflistung wird an dieser Stelle verzichtet, kann jedoch gerne angefragt werden.

ge zu haben. Egal ob er schüchtern ist oder nicht, egal ob er sie seine Freundin oder eine Hure nennt oder ob er Grenzen und Regeln einhält oder nicht, glaubt er, dass er einen weiblichen Körper zur sexuellen Benutzung kaufen kann (zit. n. Hughes 2004: 20).

Ein solches Anspruchsdenken wird auch 2015 in einem Positionspapier der Menschenrechtsorganisation Amnesty International formuliert. Dort werden sexuelles Begehren und sexuelle Handlungen als *„fundamentales Menschenrecht"* definiert. In dem Papier heißt es:

> Jene zu kriminalisieren, die ihre Bedürfnisse nicht auf eher traditionellem Wege erfüllen können oder wollen und deshalb Sex kaufen, dürfte ein Verstoß gegen das Recht auf Privatheit darstellen und die Rechte auf freie Entfaltung und Gesundheit unterlaufen. (Amnesty International 2015).

Auf der Basis der Konstruktion von Sex als unvermeidlichem Bedürfnis, auf der Ebene von Essen und Trinken, wird Prostitution als unausweichlich definiert, weshalb die Forderung nach legaler Prostitution und durch sie die Verfügbarmachung von Frauen für bedürftige Männer als logische Folge erscheint.

In der *„Simulation des Orgasmus"* (faking orgasm) manifestiert sich die Macht des Mannes, denn der weibliche Orgasmus dient zur Bestätigung seiner Männlichkeit, seiner Macht *„Genuss zu bereiten"*. So berichtet zum Beispiel die ehemalige Prostituierte Huschke Mau davon, wie Freier sie zum Orgasmus zwangen: *„Wenn ich will, dass du einen Orgasmus kriegst, kriegst du einen, der Kunde ist König"* (Mau 2016). Studien kamen zu dem Ergebnis, dass Freier sich selbst Attribute der Dominanz zuschreiben und der You-do-what-I-say-sex ihnen das Gefühl gibt der „Boss" zu sein und die totale Kontrolle zu haben (Farley et al. 2011: 38f.).

Auch Bourdieus These vom *„weiblichen Körper [als] bewertbarem und austauschbarem Gegenstand"* (Bourdieu 2016: 80) wird durch die Reduktion des Wertes der Frauen auf ihre Funktion, ihren Körper (bzw. Vagina, Brüste, Mund und Anus) (Farley 2007: 9) und die von ihnen ausgeführten sexuellen Handlungen deutlich. Ihre individuellen Persönlichkeiten spielen keine Rolle, sie werden durch die Freier entmenschlicht und zu ihrer entpersonalisierten Masturbationsfantasie, einem Objekt, in das diese sich entleeren können (Farley et al. 2011: 39).

Sowohl aus Freiersicht als auch aus Sicht der Prostitutionsstätten-Betreiber zählt ausschließlich, ob die prostituierte Frau ihren Zweck erfüllt, sprich die sexuellen Wünsche der Freier befriedigt bzw. in der Lage ist, die tägliche Miete zu generieren. Insofern lässt sich der Prostitutionsmarkt wie folgt charakterisieren: Freier stellen die Nachfrage, Händler kümmern sich um das Angebot und Frauen sind das objektifizierte Angebot (Hughes 2000: 10).

II. Prostitution als Konsumhandlung

> Mit einer Prostituierten zusammen zu sein, ist wie einen Becher Kaffee zu trinken – sobald du fertig bist, schmeißt du sie/ihn raus.
>
> Ich gehe gerne auswärts Essen. Mal in ein schickes Restaurant und mal zum Schnellimbiss. Genauso halte ich es beim Ficken.
>
> Ich komme nach Deutschland für die Prostituierten – es ist wie bei Aldi.

Nach Bourdieu ist die Konsum- und Freizeitsphäre sehr bedeutend für die Reproduktion von Klassenstrukturen, die Demonstration von symbolischer Überlegenheit und die Etablierung von Hierarchien (Grauel 2010: 2). Konsumnachfrage ist nichts, das angeboren ist, sondern muss sozial konstruiert werden: *„Menschen müssen zu der Vorstellung erzogen werden, dass sie ein bestimmtes Produkt wollen oder brauchen"* (O`Connell Davidson 2006: 12f.). In Bezug auf die Prostitution bedeutet das, dass einem Mann erst beigebracht werden muss, dass die Inanspruchnahme Spaß haben signalisiert oder dass sie einen

Marker für seine soziale Identität als „echter Mann" ist (Pape 2012: 22). Den ansozialisierten Wunsch von Männern, mit anderen rivalisieren zu wollen und den Wunsch zu entwickeln, die Bewunderung anderer für die Beherrschung auf sich zu ziehen, bezeichnet Bourdieu als Libido dominandi (1997b: 2015).

Pornographie kann als Marketing-Tool für Prostitution verstanden werden, da u. a. durch sie sozial akzeptables und zu erwartendes Sexualverhalten definiert wird (Guinn u. DiCaro 2007: 14). Eine Vergleichsstudie zeigt, dass 52 % der Freier, aber nur 20 % der Nicht-Freier Pornographie mit ihren Sexualpartnerinnen imitieren. Außerdem konsumieren Freier eine größere Bandbreite an Pornographie. Pornographie wird von einigen Freiern in ihre Prostitutionserfahrung eingebaut, in vielen Bordellzimmern flimmern den ganzen Tag Pornos über den Bildschirm, und 46–48 % der in einer Studie interviewten Freier geben an, dass sie Prostitution für Praktiken nutzen, die sie von ihrer Partnerin nicht erfragen wollen oder die die Partnerin ablehnte (Durchslag u. Goswarni 2008: 6).

Der Konsumcharakter der prostituierten Frau wird auch deutlich, wenn man sich Folgendes vor Augen führt: Bordelle bestellen ihre Ware wie aus einem Versandkatalog nach den gewünschten und nachgefragten Anforderungen der Freier. Menschenhändler sprechen mitunter eine Händlergarantie aus und nehmen das Produkt zurück, wenn es den Ansprüchen der Konsumenten nicht genügt. Die zahlreichen Freierforen ähneln Produktbewertungsportalen, in denen Hygieneartikel, HiFi-Geräte oder Filme von den Konsumenten bzw. Konsumentinnen bewertet werden. Hier werden Ratings erstellt, gemessen an detaillierten Schilderungen der äußeren Erscheinung (Form des Hinterns, Echtheit und Festigkeit der Brüste, Hygiene, ...), des sexuell erbrachten Engagements (lustlos, voll Porno, ...) und der Ausführungsqualität der sexuellen Handlungen (*„Das Blasen war kurz, intensiv, aber nicht tief und mit zu viel Zahneinsatz"*) etc. (eigene Recherchen, ausführliche Lektüre in sogenannten Freierforen)

III. Prostitution als Einsetzungsritus

Ich wollte nicht der eine sein, der aus dem Rahmen fällt. Ich brauchte auch eine Kriegsgeschichte zum Erzählen.
[Es ist] so wie dein erster Schluck Bier: Hier ist deine erste Nutte.

Während die prostituierten Frauen (Personen) in hohem Maße von mehreren Ungleichheitsmechanismen betroffen sind (sex, class, race), trifft dies für Freier nicht zu. Die Gruppe der Freier konstituiert sich aus unterschiedlichen Nationalitäten, Ethnien oder Lebensstufen. Ihr Alter reicht von 15 bis 90 Jahren (Raymond 2004: 1167f.). Sie kommen aus der Arbeiterklasse, der Mittelschicht oder sind Akademiker, Geschäftsleute, Anwälte, Ärzte oder Politiker. Sie sind ledig, verheiratet oder in festen Partnerschaften. Es handelt sich bei ihnen nicht um marginalisierte, sondern um „gewöhnliche" Männer (ebd.: 1169f.), und damit bei der Nutzung der Prostitution eindeutig um eine kollektive kulturelle Praxis.

Kollektive Muster sind für die Konstitution von Männlichkeit von enormer Bedeutung, denn nach Bourdieu muss die *„Zugehörigkeit zur Gruppe der „wahren Männer" durch andere Männer"* beglaubigt werden (2016: 88): Männer müssen deshalb in die sozialen Spiele *„die den Mann wirklich zum Mann"* machen investieren, um *„als Mann würdig zu bleiben"*. Der Habitus als verinnerlichte klassen- und geschlechtsspezifische Existenz- und Lebensbedingung wird zu einer Orientierung in der sozialen Welt, auf dessen Grundlage Handlungsstrategien subjektiv entwickelt werden.

Einsetzungsriten kommt dabei eine bedeutsame Rolle zu, zum einen in Bezug auf die Trennung zwischen Jungen und Männern, zum anderen in Bezug auf die Trennung zu den Frauen. Sie markieren so einerseits das Überschreiten der Schwelle zur Männerwelt und andererseits die Ablösung des Jungen von der Mutter, der (nicht zwangsläufig, aber häufig) durch den Vater *„in die Welt der Männer"* und damit die *„symbolischen Kämpfe"* eingeführt wird (Bourdieu 2016: 50f.).

Dieser gesellschaftlich-kulturelle Druck „*ein Mann zu sein*", die Funktion der Prostitution zur Validierung der Männlichkeit sowie die Einführung in die Prostitution durch die Väter werden von zahlreichen Freiern beschrieben (Durchslag u. Goswarni 2008: 13). In einer norwegischen Studie in Bezug auf Seeleute, die Prostitution genutzt hatten, berichteten alle, dass sie bereits als Minderjährige zu Freiern wurden und das Verhalten der älteren Männer kopierten. Teilweise wurde Prostitution von den älteren für die jüngeren organisiert. Eine Minderheit gab an, dass sie sich dem entziehen wollte, aber von den älteren Männern gezwungen wurde (Hughes 2004: 13).

IV. Validierung der Männlichkeit in der homosozialen Männergemeinschaft

33 J. schlank, kurze Haare und behaart sucht ebenso gepflegte und niveauvolle Herren für gemeinsame Bordell- und Hurenbesuche.

Habe vor am Samstag 17.10. vormittags hinzufahren. Vielleicht mag ja jemand mir die Maus vorbesamen??

Obwohl rechtlich unzulässig, da auf öffentlichem Boden, weist ein Hinweisschild an der Hamburger Herbertstraße darauf hin, dass Frauen dort keinen Zutritt haben. Solche Hinweisschilder finden sich auch in zahlreichen Eingangsbereichen von Bordellen. Ruhne schreibt dazu: *„Frauen haben hier lediglich Zutritt, wenn sie bereit sind, die Stigmatisierung und Ausgrenzung als Prostituierte auf sich zu nehmen, [und...] ihren Status als „anständige", „solide" Frauen aufzugeben oder doch wenigstens in Frage stellen zu lassen"* (2008: 2529). Stuttgarter Streetworkerinnen berichten davon, wie sie von den Freiern nach ihrem Preis gefragt werden, obwohl sie für die Freier ersichtlich Sozialarbeiterinnen sind (eigene Recherchen).

Homosozialität – die wechselseitige Orientierung der Personen desselben Geschlechts – ist nach Lipman-Blumen eine Beziehungsform, die grundsätzlich stärker von Männern als von Frauen genutzt wird (1976 zit. n. Meuser 2011: 13). Kennzeichnend ist „*die räumliche Separierung exklusiv männlicher Sphären, zu denen Frauen der Zutritt verwehrt wird*" (Meuser 2011: 14). In diesen Männerräumen sind die sonstigen Anstandsregeln gegenüber Frauen außer Kraft gesetzt, was es ermöglicht, sich wechselseitig der Differenz zu Frauen zu vergewissern und untereinander Solidarität zu stiften (Meuser 2011: 16).

Jeffreys beschreibt Stripclubs als klassische Orte für homosoziale Männergemeinschaften: „*Der Boom der Stripclubs kann als Gegenangriff gesehen werden, in dem Männer ihr Recht, sich für und durch männliche Dominanz zu vernetzen, erneut bekräftigen und dies ohne die irritierende Gegenwart von Frauen – es sei denn diese sind nackt und dienen ihrem Vergnügen*" (Jeffreys 2014: 125). Besucht man Rotlichtviertel, sieht man zahlreiche Männer wie sie zu zweit oder in Gruppen Bordelle betreten oder verlassen. Wenngleich Anonymität (gegenüber der Partnerin) für viele Freier eine große Rolle spielt, erfüllt dieser gemeinsame Konsum oder der Konsum von Prostitution unter den Augen von anderen Männern den Zweck des male bonding. Auch der Austausch in Freierforen dient diesen Zweck (Månsson 2004: 7). Eine gängige Praxis über die sich in Freierforen regelmäßig ausgetauscht wird, ist die der Vorbesamung: Prostitution wird ohne Kondom praktiziert und die Freier lösen sich ab und nehmen sexuelle Handlungen an einer Frau vor, die noch das Sperma vom Vorgänger in sich trägt.

Durch den Ausschluss von (nichtprostituierten) Frauen aus dem männlichen Spielfeld ergibt sich die Tatsache, dass diese kaum eigene Einblicke in die Prostitution erhalten und kaum als Subjekte eingreifen können, weshalb Ruhne zu dem Schluss kommt: „*[Hieraus] könnte sich demnach als wesentlicher Faktor der (Re-)Produktion eines heute zwar gewandelten, aber keineswegs aufgehobenen und weiterhin von deutlichen Machtungleichheiten durchzogenen Geschlechterverhältnisses erweisen*" (2008: 2530).

V. Prostitution als „Reminiszenz an die guten alten Zeiten"

> Die westlichen Frauen haben sich mit der Emanzipation selbst in den Fuß geschossen. Aufgeklärte Männer lassen sich nicht mehr von Westemanzen erpressen, es gibt doch viel bessere Alternativen!
> Einheimische Prinzessinnen können auch bei guter Behandlung so richtig schön scheiße sein. Tja, selbst schuld, wer seine Zeit mit ihnen verplempert.

Nach dem essentialistischen Bild von Weiblichkeit gilt die Emanzipation der Frauen in der „westlichen Welt" als unnatürlich, die weibliche Erfüllerin männlicher Bedürfnisse als natürlich (Månsson 2004: 7). Rassistische und ethnische Stereotypisierungen spielen deshalb eine große Rolle in der Bewerbung der Prostitution: asiatische Frauen werden als „exotisch", „liebend" und „unterwürfig", afrikanische Frauen als „wild" und lateinamerikanische Frauen als „frei" und „einfach" dargestellt (ebd.). Frauen aus Osteuropa gelten als „weniger emanzipiert" oder „billig und willig" (Geisler 2004: 32; Theurer 2014: 67).

Die heutigen Sextourismus-Zentren sind häufig aus der Militärprostitution heraus entstanden und dienen als Orte, an denen Statusverluste kompensiert werden können. Sie unterstützen bei der Entwicklung einer aggressiven Maskulinität. Jeffreys sagt – in Anlehnung an die bourdieusche Spielmetapher – die *„aus dem Kriegsdienst entlassenen Sexkrieger [kehren] auf ihre Spielplätze zurück"* (2014: 131).

Prostitution dient so als „Reminiszenz an die guten alten Zeiten": Der gefühlte Verlust der traditionellen männlichen Überlegenheit dient der Rückkehr zur „alten Ordnung", in der der (weiße) Mann die Herrschaftsposition innehatte. Frauen aus „Entwicklungsländern" werden aufgrund dieser Sichtweise als repräsentativ für diese alte Ordnung angesehen (Ben-Israel u. Levenkron 2005: 23).

VI. Prostitution als verleiblichte Geschichte

> Diejenigen, die ich kenne, haben kein Selbstwertgefühl und fühlen sich deshalb weniger wie ein Mensch, sondern mehr wie ein Gebrauchsgegenstand.

> Eingeritten ist Caryl schon lange, viele viele Jahre. ... [Ich] war schon bei 2 Massenbesamungen, habe auch genügend Bilder reingestellt.

> Ich würde dieser kleinen Hure auch gerne mal meinen Ferrari in den Arsch rammen. Ok, am liebsten sogar noch etwas jüngeres, denn die jungen Stuten sind noch nicht so eingeritten.

Nach Bourdieu ist der Habitus ein Produkt der sozialisatorischen Prägungs- und Konditionierungsprozesse und die Verinnerlichung der objektiven Kräfteverhältnisse (Bourdieu 1993: 102).

Häufig wird Prostitution isoliert als Versuch der Verbesserung der ökonomischen Lebenssituation betrachtet. Es gibt jedoch keine Hinweise darauf, dass Prostitution für prostituierte Frauen zu einem sozialen Aufstieg führt. Sie sind gesellschaftlich stigmatisiert und können tatsächlich kein Vermögen in der Prostitution erarbeiten. DeRiviere errechnet die lebenslangen Kosten ehemaliger prostituierter Frauen und kommt zu dem Ergebnis, dass bereits während der Tätigkeit in der Prostitution die Hälfte der Frauen auf wohlfahrtsstaatliche Unterstützung angewiesen ist. Ein Großteil des Geldes (37,2 %) geht an Zuhälter und Betreiber, den Konsum von Alkohol und Drogen (46,4 %) und die Teilnahme an Entzugsprogrammen (8,5 %). Am Ende bleibt den Frauen nur rund 8 % der Einnahmen zum Selbstbehalt. Da durch die Prostitutionstätigkeit im Vergleich zu anderen Tätigkeiten Ausbildung und Fortbildung fehlen, werden die Zukunftspotentiale auf dem Arbeitsmarkt beträchtlich beeinträchtigt. Zusammen mit den gesundheitlichen und psychischen Folgen ergeben sich für jede Frau durch die Tätigkeit in der Prostitution durchschnittliche Nettokosten im sechsstelligen Bereich, auf die gesamte Lebenszeit betrachtet

(DeRiviere 2006: 377f.). Geisler konstatiert für die von ihr untersuchten migrierten Prostituierten ähnliches: „*Im Herkunftsland müssen die Frauen nach ihrer Rückkehr in materieller, psychischer und gesellschaftlicher Hinsicht oftmals mit schlechteren Situationen als vorher fertig werden*" (2004: 32). Ein (eingeschränkter) Aufstieg in der Feldhierarchie kann in der Regel also nur dann gelingen, wenn die Tätigkeit als Madam/Hausdame übernommen und selbst an der Prostitution anderer verdient wird.

Wenn Prostitution ganz offensichtlich kein Weg aus der Armut ist und nach Farley et al. neun von zehn Frauen sich den Ausstieg aus der Prostitution wünschen (2003: 56), dann müssen auch andere Faktoren entscheidend sein, denn dies widerspricht einem Habitus, der kollektiv allen Frauen zu eigen ist und für die Prostitution vulnerabel macht. Dennoch bedarf es nach Bourdieu „Dispositionen der Unterwerfung", um sich auf die Spielregeln eines Feldes einzulassen.

Traumatherapeutinnen wie Ingeborg Kraus oder Michaela Huber sprechen von „*Trauma als Voraussetzung für und Folge von Prostituierung*" (Kraus 2015) und von Prostitution als „*Reinszenierung erlebter Traumata.*" (Huber 2014) Studien weisen eindeutig in diese Richtung. Nach Farley et al. waren 63 % der von ihnen befragten Frauen in ihrer Neun-Länder-Studie in der Kindheit oder dem Erwachsenenleben vor ihrem Einstieg in die Prostitution Opfer sexueller Gewalt geworden. Bei 49 % lag häusliche Gewalterfahrung vor (2003: 56).

Die ehemalige Prostituierte Rosen Hicher äußerte sich diesbezüglich wie folgt: „*Es schien mir eine völlig natürliche Sache zu sein, was ich da tat. Ich wusste genau, wo ich hingehe. Und es schien mir völlig normal zu sein, dort zu bleiben*" (Trauma und Prostitution 2015). Und die verstorbene Domina Ellen Templin: „*Eine Frau, die sich prostituiert, hat Gründe dafür. In erster Linie seelische. Hier im Studio sind alle in ihrer Kindheit missbraucht worden. Alle*" (Abolition 2014).

Wenn man von Bourdieus Annahme vom Habitus als „verleiblichter Geschichte" ausgeht, dann findet sich in der Gewalt-Vorerfahrung ein wesentlicher Erklärungsansatz für die Entstehung von den der Prostitution zugrundeliegenden Dispositionen.

Conclusio

Der Prostitutionsmarkt ist zweifelsohne ein kapitalistischer Markt, der einer Profitlogik folgt, und in dem zahlreiche Akteurinnen und Akteure auf vielfältige Weise eingebunden sind. Es handelt sich um einen Markt, in dem jährlich Milliarden Euros umgesetzt werden und in dem nach immer neuen Profitmöglichkeiten gesucht wird. Es handelt sich um eine Industrie, die ständig expandiert. Der schwedische Kriminalinspektor Simon Häggström von der Stockholmer Prostitution Unit weist zu Recht darauf hin, dass es den Händlern nicht um Sex geht, sondern dass ihre Motivation darin liegt, mit der Ware Frau Geld zu verdienen. Der Ökonom John Meynard Keynes konstatierte 1936, dass jegliche Produktion darauf hinausläuft, die Konsumentinnen und Konsumenten zufrieden zu stellen (1936: 46).

Auch deshalb darf die Analyse eines so geschlechtsspezifischen Phänomens wie der Prostitution nicht auf ihre ökonomische Ebene verkürzt werden. Gerheim tut somit Recht daran, wenn er Prostitution dem Raum männlicher Lebensstile zuordnet (2012: 151).

Im Feld der Prostitution wird, wie dargelegt, ökonomisches Kapital in symbolisches Kapital in Form von sozialer Anerkennung und Prestige transformiert. Bourdieu wies daraufhin, dass die Gefahr besteht, dass dort, wo die männliche Herrschaft „*bei vielen Gelegenheiten als etwas [erscheint], dass man verteidigen oder rechtfertigen muss*" (2016: 155), sich diese unter anderen Vorzeichen in modernisierter Form konstituiert.

Die hier vertretene These lautet, dass Prostitution ein individuelles und kollektives Muster ist, welches nicht mit der männlichen Herrschaft bricht und gleichzeitig von ihr abhängig ist, um die männliche Herrschaft zu festigen – und zwar für alle Frauen, nicht nur für jene, die in der Prostitution tätig sind. Dies deshalb, weil Prostitution meines Erachtens genau jene Funktion erfüllt, die niedrigere Position der Frau in der Geschlechterhierarchie aufrechtzuerhalten.

Freier wie Nicht-Freier, also alle Männer, profitieren von der Prostitution, da diese eine Sicherungsfunktion in Bezug auf ihren übergeordneten Status darstellt. Durch die Prostitution wird dem männlichen Kollektiv ein unbeschränkter Zugriff auf den weiblichen (oder verweiblichten) Körper ermöglicht.

Deshalb möchte ich hier der ehemaligen Prostituierten Huschke Mau zustimmen, wenn sie sagt:

> Prostitution steht nicht außerhalb dieser Gesellschaft, sie wird von ihr hervorgebracht und auch benötigt, um das traditionelle Rollenbild immer und immer wieder zu zementieren (Mau 2016).

Literatur

Abolition 2014 (2014). Interview mit einer Domina. Zugriff am 13. Januar 2018 unter http://abolition2014.blogspot.de/2014/05/interview-mit-einer-domina.html.

Amnesty International (2015). Decriminalization of Sex Work: Policy Background Document, Entwurf. Zugriff am 13. Januar 2018 unter https://de.scribd.com/doc/202126121/Amnesty-

Prostitution-Policy-document.

Ben-Israel, H. und Levenkron, N. (2005). The Missing Factor. Clients of Trafficked Women in Israel`s Sex Industry, Jerusalem: Hotline for Migrant Workers.

Bourdieu, P. (1993). Sozialer Sinn. Kritik der theoretischen Vernunft, Frankfurt am Main: Suhrkamp.

Bourdieu, P. 2016 [1998]. Die männliche Herrschaft. Frankfurt am Main: Suhrkamp.

DeRiviere, L. (2006). A Human Capital Methodology for Estimating the Lifelong Personal Costs of Young Women Leaving the Sex Trade, in: Feminist Economics, 12.3, 367-402

Durchslag, R. und Goswarni, S. (2008). Deconstructing The Demand for Prostitution: Preliminary Insights From Interviews With Chicago Men Who Purchase Sex, Chicago: Chicago Alliance Against Sexual Exploitation.

Farley, M. (2007). Renting an Organ for 10 Minutes. What Tricks Tell Us About Prostitution, Pornography and Trafficking. In: Guinn, D. (Hrsg.): Pornography: Driving the Demand for International Sex Trafficking, Los Angeles: Captive Daughters Media.

Farley M., Schuckmann, E., Golding, Jacqueline M., Houser, K., Jarrett, Laura, Qualliotine, P., Decker, M. (2011). Comparing Sex Buyers with Men Who Don`t Buy Sex: "You can have a good time with servitude" vs. "You`re supporting a system of degration". Paper presented at Psychologists for Social Responsibility Annual Meeting, Boston.

Geisler, A. (2004). Hintergründe des Menschenhandels in die Prostitution mit Frauen aus Osteuropa, in: Aus Politik und Zeitgeschichte B 52/53, S. 27–32.

Gerheim, U. (2012). Die Produktion des Freiers. Macht im Feld der Prostitution, Eine soziologische Studie, Bielefeld: Transcript.

Grauel J. (2010). Soziale Differenzierung durch moralischen Konsum? Zugriff am 13. Januar 2018 unter http://www.soeb.de/fileadmin/redaktion/downloads/werkstatt_2010_1_grauel.pdf.

Grubman Black, S. (o.J.). Deconstructing John. Paper presented at Demand Dynamics Conference, Chicago.

Guinn, D. und DiCaro, J. (Hrsg.) (2007). Pornography: Driving the Demand of International Sex Trafficking, Bloomington: Xlibris.

Huber, M. (2014). Trauma und Prostitution aus traumatherapeutischer Sicht. Zugriff am 13. Januar 2018 unter https://www.michaela-huber.com/files/vortraege2014/trauma-und-prostitution-aus-trauma-therapeutischer-sicht.pdf

Hughes, D. M. (2000). The "Natasha" Trade. The Transnational Shadow Market of Traffickin in Women, in: Journal of International Affairs 53 (2), S. 625–651.

Hughes, D. M. (2004). Best Practices to Adress the Demand Side of Sex Trafficking. Zugriff am 13. Januar 2018 unter http://www.popcenter.org/problems/trafficked_women/PDFs/Hughes_2004a.pdf

Jäger, U., Tomke, K., Maihofer, A. (2012). Pierre Bourdieu: Die Theorie männlicher Herrschaft als Schlussstein seiner Gesellschaftstheorie, in: Kahlert, H. und Weinbach, C. (Hrsg.): Zeitgenössische Gesellschaftstheorien und Genderforschung, Wiesbaden: VS Verlag für Sozialwissenschaften, S. 15–36.

Jeffreys, S. (2014). Die industrialisierte Vagina. Die politische Ökonomie des globalen Sexhandels, Hamburg: Marta Press Verlag.

Keynes, J. M. (1936). The General Theory of Employment, Interest and Money, New York: Macmillan Cambridge University Press.

Kraus, I. (2015). Trauma als Voraussetzung für und Folge der Prostituierung, Zugriff am 13. Januar 2018 unter http://www.trauma-and-prostitution.eu/2016/02/17/trauma-als-voraussetzung-fuer-und-folge-der-prostituierung/

Lipman-Blumen, J. (1976). Towards a Homosexual Theory of Sex Roles, in: Signs 1, S.15–31.

Månsson, S. A. (2004). Men`s Practices in Prostitution and Their Implications for Social Work. Zugriff am 13. Januar 2018 unter http://prostitution.procon.org/sourcefiles/mens-practices-in-prostitution-and-their-implications-for-social-work.pdf.

Mau, H. (2016). Der Freier. Warum Männer zu Prostituierten gehen und was sie über diese denken, in: Wochenzeitung Kritische Perspektive. Zugriff am 13. Januar 2018 unter http://kritischeperspektive.com/kp/2016-34-der-freier/.

Meuser, M. (2001). Männerwelten. Zur kollektiven Konstruktion hegemonialer Männlichkeit. Schriften des Essener Kollegs für Geschlechterforschung 1. Jg 2011, Heft II.

Millet, K. (1981). Das verkaufte Geschlecht. Die Frau zwischen Gesellschaft und Prostitution, Basel: Kiepenheuer & Witsch.

O'Connell Davidson, J. (2006). Männer, Mittler, Migranten. Marktgesetze des „Menschenhandels". In: Osteuropa, 56. Jg. 6/2006, S. 7–20.

Pape, S. (2012). Weinkonsum. Eine Studie zu soziokulturellen Determinanten und Lebensstilen im Feld des Weines, Wiesbaden: Springer Fachmedien.

Raymond, J. G. (2004). Prostitution on Demand. Legalizing the Buyers as Sexual Consumers, in: Violence Against Women 10.10, S. 1156–86.

Ruhne, R. (2006). Körper unter Kontrolle. Prostitution als „soziales Problem" in der Geschlechterordnung, in: Rehbert, Karl-Siegbert (Hrsg.): Die Natur der Gesellschaft, Frankfurt am Main: Campus.

Theurer, S. (2014). „Frauenhandel" aus Bulgarien und Rumänien in Deutschland. Working Paper 07, Marburg: Philipps Universität Marburg.

Trauma und Prostitution (2015). Trauma als Voraussetzung für und Folge der Prostituierung. Zugriff am 13. Januar 2018 unter http://www.trauma-and-prostitution.eu/2016/02/17/trauma-als-voraussetzung-fuer-und-folge-der-prostituierung/.

„Nutte", „Liebesdienerin" oder „Pretty Woman"? Kulturelle und mediale Stereotype und das gesellschaftliche Bild von käuflicher Sexualität

Prof. Dr. habil. Stefan Piasecki

Abstract

Never before did the public have as much information, but as little knowledge, about prostitution as today. Euphemistically referred to as being the "oldest profession in the world", prostitution is constantly present in the media and in public and yet very little is known about the participants, especially about the profiteers, the pimps and the buyers of commercial sex. Media debates focus on the arousal of attention that can commercially be utilized. Their main purpose is to serve mental images like headlines about young female students being hired and generously paid by older men for "love services" using motifs of the greedy old man and the unassuming young girl who indulge in dishonest pleasurable games. The background, effects and mutual benefits of the business remain unexplained. Filthy headlines "sell" filthy news; the public feels informed but the underlying conditions that are worsened by a lack of interest both from society and politics, remain untouched. Human trafficking and organized crime are considered to be social developments. The societal conditions and frameworks remain unclear. This allows the avoidance of uncomfortable conflicts without having to touch the core of a recognized problem while at the same time those who are affected remain neglected and uncared for.

Themenfeld

Zwischen voyeuristischer Lust und gestelzter Abscheu, aktivistischer Befürwortung und affirmativer Betroffenenarbeit changiert in Deutschland der Umgang mit der käuflichen Lust. Das „älteste Gewerbe der

Welt", die Kommerzialisierung von Menschen, meistens Mädchen und Frauen steht in einem merkwürdig anmutenden Verhältnis zu einer verschämten Wohlstandsgesellschaft und im Kontext von „*geschichteten Gesellschaften, die Geldverkehr kennen*" (Bowald 2010: 36), denn dieser wird als Voraussetzung für sexuelle Dienstleistungen erkannt. Auch die Soziale Arbeit, ansonsten stets für die Schwachen und Hilflosen zur Stelle, findet hier nur schwer Zugang (Wege 2015: 73f.).

Zu trennen wäre an dieser Stelle wohl zwischen einer „bürgerlich" orientierten Sicht, gefangen zwischen Scham, Anstand und einer Emanzipation von Sex von seiner rein biologischen Reproduktionsfunktion (Bowald 2010: 70) sowie einer „globalisierungsinduzierten" Sicht, die sich aus den Bedingungen von Prostitution in Deutschland ergibt und welche sich auf das gesellschaftliche Bild auswirkt, das wesentlich durch den Rhythmus des öffentlichen Diskurses, mithin von Medien, geprägt wird (Wege 2015: 77).

Gesellschaftliche Positionierungen zur Prostitution

Der diffuse Verlauf einer derartigen Grenzziehung lässt sich in den frühen 1990er-Jahren erkennen. Zur Zeit der „alten" Bundesrepublik vor der Wiedervereinigung war Prostitution, vereinfacht gesagt, je nach politischer Einstellung oder gesellschaftlicher Positionierung vor allem ein „Ärgernis" oder ein emanzipatorischer „Befreiungsakt". Diese Diskussionen gibt es bis heute zwischen politisch linken und rechten Positionen, den Kirchen und gesellschaftlichen Gruppen und auch die Frauenbewegung ist gespalten über die Frage, inwiefern Tätige im Sexgewerbe nun frei oder fremdbestimmt sind.

Prostitution, das „*Dreiecks-Verhältnis zwischen Freier, Sex-Arbeiterin und dem Geld*" (Grenz 2007: 155), wird im Diskurs notwendig zunächst versachlicht und als Geschäft zwischen Anbietenden und Nachfragenden dargestellt, dessen Aktionsfelder sich vom reinen Sexgewerbe über Wellness-, Erholungs- und Lifestyle-Angebote beständig ausbreiten (Wege 2015: 78). Die Rechte von Sexanbieterinnen (und seltener -anbietern) sind heute politisch vertreten und rechtlich gerahmt, in Medien dominiert dennoch nach wie vor der Opferdiskurs, nach dem in der Prostitution Tätige von Ausbeutung und Misshandlung bedroht sind (ebd. 78f.). Lebenswege und Persönlichkeiten von Prostituierten werden wenigstens manchmal dokumentiert bzw. diese kommen selbst zu Wort (recht vielfältig mit Bezügen von der politischen Arbeit bis hin zu persönlichen Glaubenserfahrungen: Lankford 2008). Wege vermisst an dieser Stelle eine Analyse der Nachfragendenseite, die Girtler (auch Bowald 2010: 75ff.) in seiner Milieustudie wenigstens typologisiert etwa als *„unbefriedigter Kunde"*, *„Draufgänger"*, *„Stammgast"*, *„perverser Kunde"*, *„Gelegenheitskunde"* etc. (Girtler, 1985: 177ff.): Wege zufolge dominiere auch hier eine defizitorientierte Sichtweise, nach welcher die Nachfrage nach käuflichem Sex eine *„minderwertige sexuelle Praxis"* darstelle und als *„subjektiver Misserfolg sexueller Selbstinszenierung"* gedeutet werden könne (Gerheim 2014: 40 in: Wege 2015: 79). Grenz findet diese Sicht, nach welcher Nachfragende „es" nötig hätten, im Übrigen bei diesen selbst bestätigt. Männer sähen sich ausgeliefert ihrem Trieb, von dem sie nur eine Frau befreien könne, um nicht auf „dumme Gedanken" zu kommen; damit könnten entweder Gewaltanwendung oder Untreue bezeichnet werden (Grenz 2007: 113).

Mit den 1990er-Jahren und der Öffnung der Grenzen nach Osteuropa sowie den Wanderungsbewegungen nach Deutschland zunächst aus Ost- und Südosteuropa sowie später Afrika und dem Nahen Osten erschienen neue Phänomene an der Oberfläche und verdrängten die zuvor moralisch geführten Diskussionen. Nach dem Ende des Ost-West-Gegensatzes wurde der Kampf gegen Organisierte Kriminalität (OK) zur neuen Aufgabe auch von Sicherheitsdiensten und Streitkräften (Bossert u. Korte 2004: 59ff.), denn das Rotlichtgewerbe geriet zunehmend in die Hand serbokroatischer, russischer, arabischer Clans und wurde mehr denn je zu einem Operationsgebiet der OK.

Die früher meist klar umgrenzten Gebiete („Strich" und Sperrbezirk), in denen auf der Straße oder in Wohngebäuden Prostitution betrieben wurde, weiteten sich aus. Behördlicherseits meistens geduldet entwickelten sich an Autobahnrastplätzen und in Gewerbegebieten Bezirke gewerblich ausgeübter Sexdienstleistungen. In grenznahen Regionen entstanden jenseits der deutschen Grenzen bisweilen ganze „Rotlichtdörfer", die sich bar jeder behördlichen Kontrolle zu Anziehungspunkten für Freier ebenso wie für Geldwäscher, Menschenhändler, Drogendealer und Waffenschieber entwickelten. Sie wurden zu Arbeitsstätten für Frauen, die im Rahmen illegaler Einwanderung nach Westeuropa kamen oder gelockt wurden (künstlerisch thematisiert in Bauer 2007: 75 ff). Riesige FKK-Saunaclubs entstanden und betrieben ab Ende der 2000er-Jahre sogar überregional Werbung auf Plakatwänden, sichtbar für alle Altersgruppen und Milieus.

Während Kerners erste Studie zur Organisierten Kriminalität im Auftrag des Europarates 1973 konstatierte, dass bis dahin in Deutschland noch keine konzern- oder syndikatsähnlichen Gruppen existierten (Kerner 1973: 236ff.), füllten OK-Gruppen zwanzig Jahre später in West- und Osteuropa das entstandene Vakuum, das sich politisch und gesellschaftlich durch die systemverändernden Umbrüche gebildet hatte (Bossert u. Korte 2004: 13f.). Kerners „Entwarnung" und sein Befund, Bandenkriminalität in der BRD sei keine gegenweltliche oder parallelgesellschaftliche Aktivität, sondern tatbezogen und basiere auf lockeren Bekanntschaften ohne weitergehende Absichten, führte nach Wessel dazu, dass bis Ende der 1980er-Jahre Bandenkriminalität zugunsten individueller Kriminalitätsformen vernachlässigt wurde (Wessel 2001: 34).

Das öffentliche Interesse an OK-Phänomenen und die staatlichen Steuer- und Regelungsversuche, oft einhergehend mit *„eingriffsintensiven, grundrechtsgefährdenden Bekämpfungsinstrumenten"* (Bossert u. Korte 2004: 20f.) schlugen sich in parlamentarischen Debatten um die besten Strategien gegen die Ausbreitung von Kriminalitätsfelder der

OK nieder. „Kriminalität in Bezug auf das Nachtleben" mit den Delikten „illegales Glücksspiel", Wettkriminalität, Prostitution etc. vereint die entsprechenden Tatmerkmale, die eine Grundlage für die Finanzkraft von OK-Vereinigungen bilden (a.a.O.: 49). Dass sich 2001 in der Bundesrepublik erstmalig ein Gesetz mit Sexdienstleistungen befasste (ProstG) und solche nicht mehr als Sittenwidrigkeit, sondern als „Dienstleistung" anerkannte, muss auch vor diesem Hintergrund gesehen werden; ein rechtlicher Rahmen schien zunächst geeignet, Aktivitäten ausländischer OK-Gruppen (auch von Rockerbanden) in gewisser Weise unter Aufsicht stellen zu können (a.a.O.: 67f.). Prostitution war zu einem Massenphänomen geworden mit einem Grad an systemimmanenter Kriminalität und einer finanziellen Bedeutung, dass die Behörden einerseits sich zum Handeln aufgerufen sahen, um kriminelle Handlungen zu unterbinden und um andererseits finanziell zu profitieren – der Kampf um die Anerkennung gewerbsmäßiger Prostitution kann nicht zuletzt vor diesem Hintergrund gesehen werden: Durch *„eine transparentere Ausgestaltung legaler Prostitution sollte eine klarere Abgrenzung zur Zwangsprostitution und zum Menschenhandel und damit zum Bereich der organisierten Kriminalität möglich"* werden (BMFSFJ 2007: 44).

Das „älteste Gewerbe der Welt"?

Der gängige Terminus „Ältestes Gewerbe der Welt" verdiente eine eigene Bewertung, die historische und gesellschaftliche Sichtweisen einschlösse. Grundsätzlich ist ihm dahingehend zu widersprechen, dass zunächst kritisch der Gewerbebegriff zu hinterfragen wäre. Ein Gewerbe wird ausgeübt, um geschäftlich/kommerziell tätig zu sein, zur Gewinnmaximierung oder schlicht zur Existenzsicherung. All dies trifft auf die Prostitution sicher zu, dennoch umfasst er den wesentlichsten Faktor der Gewerbeausübung häufig nicht – den der Freiwilligkeit, denn wie kein anderes Geschäftsfeld findet diese statt in den Graubereichen zwischen Öffentlichkeit und Verschwiegenheit und wird von einem beständigen Abgleich mit sich im Wandel befindlichen Moralbegriffen geprägt.

Gemeint ist vor allem die Kommerzialisierung von Menschen und ihren (meist weiblichen) Körpern, wobei die Zuordnung „Ältestes" darauf verweist, dass es diese Kommerzialisierung anscheinend schon lange gibt, offenkundig lange bevor die ersten marktwirtschaftlichen Systeme entstanden. Gemeint ist damit jedoch zunächst nicht, wie landläufig beklagt, das Ausnutzen von Notlagen, Gewalt und Ausbeutung oder dass Männer für den Abbau ihres Triebstaus schon immer bereitwillig bezahlt haben.

Leiblichkeit und Sexualität sind wechselnden Tendenzen von Auf- und Abwertung unterworfen. Neben moderneren Moralvorstellungen gab es in Altertum und Antike auch andere Sichtweisen, von denen die Tempelprostitution noch zu den bekannteren gehört (Campagna 2005: 92ff.); sie verweisen auf Praktizierungsformen von Sex außerhalb familiärer und auch ökonomischer Bezüge, bspw. im religiösen Kontext. Im Zuge der Industrialisierung und der Vermehrung (groß-)bürgerlicher städtischer Haushalte wurden diese im späten 19. Jh. zu wichtigen Arbeitsplätzen für Dienstmädchen, die aus strukturschwachen Gebieten in die Städte zuzogen:

> Am Ende des Jahrhunderts waren nur Mädchen aus ländlichen Gebieten bereit, in den häuslichen Dienst zu gehen; die Großstädterin diente nicht, sie bevorzugte die „freie" Lohnarbeit in den Fabriken (Schulte 1979: 73).

So stellten in Berlin 40.000 Dienstmädchen ein Viertel des jährlichen Zuzugs überhaupt (a.a.O., 74), dabei wurde der Begriff „Mädchen für alles" von den Hausherren und ihren Söhnen sowie die Erwartung an deren Dienstleistungen häufig sehr frei interpretiert (a.a.O.: 85); soziale Umstände, die bald zu Studien Anlass boten, welche etwa die Fragen zu beantworten versuchten, wie viele „Dirnen" behördlicherseits zu dulden seien (am Beispiel einer Stadt von 500.000 Einwohnern:

1224 „Gewerbedirnen" in 142 Bordellen (Miller 1892: 95)) und zu dem Schluss kamen, dass es durchaus ratsam sein könne

> neben den Bordellen, welche die Hauptsache zu bilden haben, noch Einzelnprostituirte zu dulden" [...] „wenn dieselben durch entsprechendes Wohlverhalten die Garantie bieten, dass Ausschreitungen gegen Sitte und Anstand von ihnen vermieden werden (a.a.O.: 97).

Heberer verweist überdies nicht nur auf die gesellschaftlichen Moralvorstellungen, nach denen vorehelicher Geschlechtsverkehr Anfang des 20. Jh. inakzeptabel war, sondern auch auf die schon damals verlängerten Ausbildungszeiten, durch welche das Heiratsalter sich beständig nach hinten verschob und es einen zunehmenden Bedarf nach sexueller Betätigung gab, der halbwegs legal nur vermittels Prostitution zu stillen war (Heberer 2014: 31ff.).

Auch aus heutiger Sicht schwieriger nachzuvollziehen ist die Variante der „Gastprostitution", nach der Reisende, die über Nacht Heimstatt fanden, mit Frau oder Tochter des Hausherren schlafen durften; eine Praxis, die bei vielen Völkern verbreitet gewesen sein soll wie den Inuit, Assyrern, Hebräern, den alten Ägyptern, Chaldäern, Indern und Germanen (Campagna 2005: 90). Campagna berichtet darüber hinaus auch von Prostitutionsphänomenen im Tierreich (a.a.O.: 96f.).

Die Öffentlichkeit eines Gewerbes

Prostitution als Gewerbe ist die Kommerzialisierung des menschlichen Begehrens als einer Konstante der Existenz. Sie ökonomisiert außerhalb fester gesellschaftlicher Bindungen wie der Ehe das Begehren von Menschen auf andere Menschen und rahmt sexuelle Handlungen. Gegenhandlungen zur Belohnung von geschlechtlicher Zuneigung können körperlich (Zärtlichkeit) oder ökonomisch (Geschenke) sein – mit steigender moralisch begründeter gesellschaftlicher Ablehnung und mit abnehmender emotionaler Komponente bei nach wie vor vorhandener Einvernehmlichkeit (da ansonsten von Vergewaltigung/Zwang/Sklaverei gesprochen werden müsste) konstituieren sich Bezahlung als Gegenleistung und gesellschaftliche Beobachtung eines ungeliebten Gewerbes.

Ein weiterer Nebeneffekt gewerblicher Prostitution war lange der Verlust jeder Form von (öffentlicher) Sicherheit und gesellschaftlicher Anerkennung. Prostitution wurde vor allem als elendig, moralisch anrüchig und gesundheitsschädlich betrachtet.

Prostitution war stets öffentlich in dem Sinne, dass man von ihr wusste und auch die Orte, wo sie ausgeübt wurde, bekannt waren. Kaum eine mittelalterliche Stadt kannte *keine* Freudengasse. Dennoch gibt es kaum eigene Geschichtsschreibung. Die wenigen Möglichkeiten, geschichtsfest zu berichten, waren in den Zeitaltern vor dem Buchdruck politischen oder religiösen Autoren vorbehalten. Dies änderte sich danach bald und ab dem 18. Jh. waren es vor allem Romane, in denen sexuelle Handlungen und Promiskuität detailliert beschrieben wurden – zum gespielten Entsetzen und zur heimlichen Freude der bürgerlichen Leserschaft. Casanova oder Fourier skizzierten, was sie wohl selbst erlebt hatten und entlasteten damit vor allem das Gewissen ihrer Leser, die sich derart gefiltert ihren eigenen Abgründen stellen konnten. Leserinnen und Leser konnten mit heißen Wangen nacherleben, worüber man sich öffentlich gerne empörte und in ihren Salongesprächen und Kaffeekränzchen den inhaltlichen Austausch pflegen. Auch Gemälde und Statuen waren nie nur Kunst – Nacktheit war auch dort stets sowohl ästhetisches Mittel wie auch gesellschaftliches Skandalon, rekurrierte dabei allerdings auf antike Vorbilder wie Statuen oder Wandgemälde und Mosaike, in denen Nacktheit weitaus selbstverständlicher vorkam.

Wie die *Freudengassen* vergangener Jahrhunderte wurden die Boulevards und Flaniermeilen des spätindustriellen 19. Jh. zu lustwirtschaftlichen Präsentations- wie auch bürgerlichen Repräsentationsmeilen.

Käufliche Liebe wurde überall angeboten, gleich um die Ecke, unweit der Herrengesellschaften wie der Stadtwohnungen.

Außer in Romanen waren außereheliche Begierde und Lust vor allem beliebte Sujets in Opern, in denen auch ungehemmt das Verlangen nach Minderjährigen gezeigt werden konnte („Die Büchse der Pandora", Frank Wedekind 1902). Man erfreute sich, empörte sich aber gesellschaftlich in gleichem Maße.

Hinz beschreibt, wie Anfang des 20. Jh. das Theater in einen zweifelhaften Ruf geriet:

> Um 1900 kommt es zu einer Verdichtung des Prostitutionsdiskurses. Infolgedessen findet eine Ausdifferenzierung der Motive und Figurationen von Prosituierten, Freiern und Zuhältern in Bezug auf das Theater statt. Schauspielerinnen werden als „Theaternutten" beschimpft, welche sich ihr Engagement mittels ihrer körperlichen Reize beschafften. Das sexuelle Interesse des männlichen Zuschauers an der Schauspielerin erscheint verwerflich, weil dadurch die Theatersituation mit der des Bordells verwechselt wurde (Hinz 2014: 11).

Die sich entwickelnde Freizeitgesellschaft, die neben dem klassischen Theater eben auch die Varietés und Panoptiken kannte, lasziven Tanz und frühe unvertonte Schmalspurfilmchen, war zunehmend unübersichtlich geworden und emanzipierte sich von dem vornehmlich bürgerlichen Interesse früherer Zeiten. Adressaten waren nun auch Angestellte, Soldaten niederer Ränge, Arbeiter und andere gesellschaftliche Gruppen, die bisher nicht zu Nachfragenden hochkultureller Angebote gezählt hatten – mangels Zeit oder Interesse.

> Der Vorhang eröffnet nicht nur die Bühne der Imaginationen in der Wahrnehmung der Betrachtenden, sondern er stellt in der Ökonomie des Begehrens im Theater zugleich ein Regulativ von Zeigen und Verbergen dar; ein Regulativ davon, was mittels der Augen begehrt und was nur im Verborgenen einer Bühne der Imagination realisiert werden darf (a.a.O.: 58).

Nicht verwunderlich ist es daher, dass sowohl Fotographie wie auch Film sich alsbald der ästhetischen und kommerziellen Möglichkeiten bedienten, die sich boten, wobei auch Gesellschaftskritik formuliert wurde. „Der blaue Engel" erregte 1930 Aufsehen und begründete den Weltruhm von Marlene Dietrich (Koebner 2012: 88f.). Öffentlichkeitswirksam wurde Nacktheit auch in undemokratischen Zeiten eingesetzt. Seien es halbnackte schlafende Matrosen, die durch langsame Kamerafahrten im sowjetischen „Panzerkreuzer Potemkin" (1925/26) *„mit beinahe homoerotischem Behagen besichtigt werden"* (a.a.O.: 214) oder die athletischen Körper von Olympioniken 1936 (ebd.).

Anrüchigkeit als Verkaufsmotor

Die Wirtschaftswunderzeit hielt neue Freiheiten für die Kaufkraft der Wohlstandsbürger bereit. Nun durfte fast jeder ein „Lebemann" sein, wenn nur genügend Geld vorhanden war, das bereits Karl Marx als Anziehungsmittel zwischenmenschlicher Art erkannt hatte, wenn er sagte:

> Ich bin hässlich, aber ich kann mir die schönste Frau kaufen. Also bin ich nicht hässlich, denn die Wirkung der Hässlichkeit, ihre abschreckende Kraft, ist durch das Geld vernichtet (Grenz 2007: 156).

Die neue Wohlstandsgesellschaft erfreute sich an Filmen wie „Die Sünderin" (1951) oder „Liane, das Mädchen aus dem Urwald" (1956), deren Nacktszenen die junge Republik (wollüstig) erschütterten.

Die aufblühende Yellow Press schlachtete den Mord an Rosemarie Nitribitt aus, einem Prostituiertenmord im gehobenen Milieu, dessen Täterspuren bis in die Kreise der Hochindustrie führten und der bis heute nicht geklärt ist. Dieser Fall alleine führte zu unzähligen Publikationen und mehreren Verfilmungen. Die Bürgergesellschaft durfte empört den Atem anhalten und verstohlen zu den schlüpfrigen Details vorblättern. Deutlich wird die Ambivalenz, mit der Prostitution gesellschaftlich begegnet wurde. So wie in Deutschland rangierte sie in allen Kulturen stets zwischen Duldung, Verbot oder Erlaubnis – was sich ebenso auf den Umgang mit den in der Prostitution Tätigen auswirkte (Rother berichtet über die historische Situation in Zürich und einer Lebensrealität zwischen Verfolgung, Ausweisung, Duldung und Inhaftierung: Rother 2015: 131f.)

Die 68er-Bewegung mit ihren gesellschaftskritischen und feministischen Unterströmungen setzte ihrerseits Nacktheit als Kontrapunkt zu einer von ihr abgelehnten bürgerlichen „Spießermoral" ein. Bewusst inszenierte sie sexuelle Eskapaden und öffentliche Aktionen, um auf kommunitäres Leben hinzuweisen oder zu provozieren – wohl aber auch, um ihre eigenen Lüste zu befriedigen. Das sich öffnende gesellschaftliche Klima ließ andererseits den „Herrenfilm" aus dem dunkelmiefigen Sperrbereich unter dem Ladentisch aufsteigen und die Leinwände der Bahnhofskinos erklimmen. Schulmädchenreports, Kumpelfilme, Dirndl-Komödien zeigen aus heutiger Perspektive eine weitaus ungeschönte Sicht auf das (männliche) Frauenbild der 1970er-Jahre – und brachten über die Plakate und Aushangfotos dralle Nacktheit und vor allem die Kombination von „Spaß" und „Sex" in die auch Kindern und Jugendlichen zugänglichen Bereiche der Öffentlichkeit. Erneut war das Medium Katalysator für Karrieren wie jene von Elisabeth Volkmann, Ingrid Steeger, Sascha Hehn oder Peter Steiner, die zumeist in dieser Art von Filmen ihre ersten schauspielerischen Gehversuche unternahmen. Kein Thema und kein Klischee, das *nicht* bedient wurde. „Klassische" Stoffe wie die Geschichte der Josefine Mutzenbacher (1970) mussten ebenso herhalten wie Menschen jeden Alters oder Herkunft („Drei Schwedinnen auf der Reeperbahn" 1980, „Blutjung und liebeshungrig", 1972).

Ein Detailblick auf Filmplakate und Titel zeitgenössischer Softpornofilme und von Sexklamotten in den 1970er-Jahren zeigt interessante Einzelheiten. Ihre Titel spielten zunehmend mit Gewalt und Sklaverei und damit auf einen offenkundig unterschwelligen Wunsch und Fantasien nach Macht und Unterwerfung an. Die Suche nach Novitäten durch Kunden und Produzenten förderte neue Genres wie jenes des „(S)Exploitation-Thrillers", hinter denen sich „derbe Schocker" verbargen, die nicht nur Nacktheit boten, sondern auch provokante Rituale wie schwarze Messen etc. (vgl. Morgan 2002: 57ff.). Für Titel wie Inhalt eines Films wurden Sujets gewählt, die fremd sind und neugierig machen, anziehend wirken und weniger Erklärungen bedürfen – der Konsum eines Films bzw. der Kauf sollte Folge einer Impulsreaktion sein.

Gewalt- und Unterwerfungsfantasien spielen nach wie vor eine Rolle, wenn Zuschauer sich Filme mit entsprechenden Titeln ansehen (das Internet ist voll davon). Sklaverei und Prostitution – Macht und Unterwerfung – Schwäche und Nacktheit – sind in vielen Fällen nicht zu trennen, auch für Freier und Sexanbieterinnen nicht. Grenz verdeutlicht, wie nahe „Momente von Sklaverei" und entsprechende Erwartungen und Vermutungen von Kunden liegen (Grenz 2007: 184f.) – selbst Freier sehen sich nach Grenz nicht wirklich als unabhängig, sondern als Sklaven der eigenen Lust (a.a.O.: 186f.). Hierarchische Macht- und Kulturstereotype spielen somit selbstverständlich auch im *veröffentlichten Sex* eine Rolle. Nach den vielfachen Neuinterpretationen der Dirndl-Thematik suchten deutsche Bahnhofskinos nach Exotik und die Hochglanzpresse zog nach. Im Kino erlebte die „schwarze Emmanuelle" ihre Abenteuer und die Schauplätze wurden immer exotischer („Insel der tausend Freuden", 1978), wohl auch, weil insbesondere in Asien günstig produziert werden konnte (Thailand war ein gern genutzter exotischer Schauplatz).

Sex in den Medien

Exotik, Sex und koloniale Motive waren auch in Publikumsmagazinen der 1970er wie Bunte oder Quick beliebte Themen. Hier ging es vor allem darum, möglichst viel exotische Nacktheit zu zeigen und diese mit einem Text journalistisch zu verschleiern. Köpp merkt an, dass hierbei „*nicht diejenigen ethnischen Gruppen, die besonders viele Menschen umfassen*" herausgegriffen werden, „*sondern vielmehr diejenigen, die sich durch exotische Besonderheiten abheben*" (Köpp 2005: 302). Gleichwohl gälten diese als synonym für alle anderen. So wurden vor allem Nacktheit und Ausgelassenheit von „Naturvölkern" publizistisch zelebriert, wobei die Magazine nicht nur Informationen aus dem Zusammenhang rissen oder schlicht erfanden, sondern Bilder auswählten und Zusammenhänge andeuteten, um eindeutige Aussagen treffen zu können (a.a.O.: 371f.).

Gleichzeitig zeigte sich in jenen Bahnhofsvierteln die Kehrseite des Abbaus sozialer Kontrollmechanismen: „Wir Kinder vom Bahnhof Zoo" der Christiane F. (1981) verdeutlichte drastisch das Stereotyp von *Prostitution als Armutsphänomen* – und stellte Prostitution als eine „*Frage des Überlebens oder zumindest einer verbesserten materiellen Lebensgrundlage*" dar (Grenz 2007: 158). Christiane F. konnte, gleichsam von der neuen Offenheit profitierend, von dem elendigen Leben von Jungs und Mädchen auf dem illegalen Straßenstrich berichten. Das Buch sorgte für Schlagzeilen, wurde 1981 verfilmt und erhielt Eingang in eine breite Öffentlichkeit als Schullektüre.

Deutsche und internationale (Soft-)Pornofilme, ab den 1970ern meistens in Fotoläden auf Super8- oder 16mm-Schmalspurfilmen für den heimischen Projektor zu haben, konnten mit den ab 1981 sich durchsetzenden Videorekordern massenhaft auf VHS-Cassetten bezogen werden und waren, solange noch FSK 16 freigegeben, in Supermärkten erhältlich.

Nacktheit wurde damit noch gängiger – nicht nur auf Aushangfotos in Kinos oder auf den Seiten von mehr oder weniger verschämt mit journalistischen Berichten verbrämten Magazinen wie „Neue Revue", sondern eben auch in Verbindung mit *neuen* Massentechnologien, die per se vor allem männliche Jugendliche anzogen und so, eben durch die massenhafte Verbreitung, für Gewöhnung an Nacktheit sorgten, öffentliche Skandalisierungswellen schwächer ausfallen ließen und sowohl für verändertes Nachfrageverhalten wie auch eine veränderte gesellschaftliche Sexualmoral sorgten (Grenz 2007: 114). Filme, Hefte, Berichte mit sexuellen Bildern und Inhalten in der Publikumspresse, Sex in Videospielen trafen das Interesse und damit die Konsumbereitschaft von vielen Menschen und übernehmen gleichzeitig *rituelle Funktionen*, indem sie Lust und Abscheu, Interesse und Ablehnung thematisieren und kanalisieren. Es ist möglicherweise nicht einmal vermessen, von einer kathartischen Wirkung zu sprechen, wenn Menschen sich entsprechend ungesehen und harmlos mit Darstellungen und Praktiken beschäftigen können – eine Aufgabe, die heute in mannigfacher Weise das Internet und Videokanäle online übernommen haben (eine Zusammenstellung zeitgenössischer gesellschaftlicher „O-Töne" zu Pornoindustrie, Telefonsex, Gummipuppen, Sexmessen und Abschriften aus einschlägigen Kleinanzeigen findet sich bei Ortner 1986).

Die Einführung des Privatfernsehens ab 1984 sprach breiteste Bevölkerungsteile an – und die Sendermacher bedienten sich aus den Archiven gerne zunächst bei den „Schmuddelfilmen" der 1970er-Jahre. Diese waren billig und garantierten Aufmerksamkeit, TV-Shows wie „Tutti Frutti" taten ihr Übriges.

Eine neue öffentliche Sicht auf das Sexgeschäft

Multiplikatoren und eine offenere Berichterstattung führten allerdings auch zu einer Öffnung gesellschaftlicher Diskurse und es konnten Medien nicht zuletzt auch dazu genutzt werden, um auf Sachverhalte aufmerksam zu machen und entsprechend Lobbyarbeit zu betreiben und über diesen Weg auch die *„professionellen Mängel in der Ausbildung der Sozialen Arbeit"* (Wege 2015: 93) zu adressieren. Suter und Munoz beklagen gleichwohl, dass nach wie vor *„die permanente Skandalisierung der Sexarbeit durch die Berichterstattung in den Medien'* dazu führe, dass soziale Angebote einer erhöhten Beobachtung und Kritik ausgesetzt seien und dennoch von ‚*Medien und Politik stark beansprucht werden*" (Suter u. Munoz 2015: 126).

Dass Prostitution hingegen ein vortreffliches Medienthema ist (und immer war), liegt auf der Hand:

> There are many reasons for this recurring fascination with the topic. Advocates of stamping out prostitution as immoral and sinful almost from the start have used the big screen to depict dramatically the horrors of the profession to gain support for their crusades against the white slave trade, etc. On the other hand, many moviemakers have gravitated to the daring subject of harlotry because of its exploitative value. Film producers were quick to realize that many moviegoers would be titillated by pictures dealing with the controversial topic and that it would mean sizable box-office profits. By presenting such stories, moviemakers allowed filmgoers to enter vicariously the „immoral" world of the streetwalker, thus providing many viewers in the audience their first or only acquaintance with this risqé – and to some forbidden – world of sex-for-pay (Parish 1992: xiii).

Das Thema „Prostitution", historisch immer zwischen Glamour und Elend, Verzweiflung und Emanzipation angesiedelt, erlebte für breite Bevölkerungsteile 1989 mit „Pretty Woman" eine positive Neubewertung, indem die kommerzielle Beziehung zwischen der schönen, aber armen Vivian Ward (Julia Roberts) und dem einsamen, aber reichen Edward Lewis (Richard Gere) die Herzen von Jung und Alt kurz vor Mitternacht der alten Bundesrepublik erwärmte. In dieser „romantic comedy" findet sich das Bild der *Erziehungs- und Aufstiegskarriere* wieder, das auch auf Körperlichkeit zurückgreift (eine andere Möglichkeit hat Vivian Ward ja zunächst nicht, bevor sie dann mit Witz und Geist überzeugen kann) wie zuvor George-Bernard Shaws „Pygmalion" (1912), für die Bühne und das Kino als „My Fair Lady" (1964) bearbeitet (Koebner 2012: 30ff.).

Auch dort ist es das zunächst einfache Mädchen, das, von ihrem Mentor ertüchtigt, diesem ebenbürtig wird oder ihn sogar übertrifft (und ihn dann verlässt). In vielen Fällen wie den genannten kulturellen Inszenierungen dominiert übrigens nicht das Motiv der *misserfolgreichen sexuellen Selbstinszenierung*, von der Wege gesprochen und die Marx gemeint hat (s.o.), denn Lewis/Gere ist sowohl gutaussehend wie auch reich, gebildet und hat Manieren, den „Statusgewinn" des „Erwerbes" einer schönen Frau durch sein Geld hat er eigentlich nicht nötig (vgl. Grenz 2007: 157). Vivian Ward/Julia Roberts als Prostituierte hebelt also sowohl die gängigen Stereotype aus, wie sie gleichzeitig Prostitution im Umkehrschluss *aber auch* als negativ verwirft, denn alles Positive in diesem Film wird durch die emotionale Überspitzung in ihr Gegenteil verkehrt – das Sozialmärchen ist schlichtweg *allzu unglaublich schön*. Die inszenierte Zuneigung, *emotion work*, *„der kontrollierte Ausdruck von Gefühlen, die sich auf Unternehmensziele beziehen"* (Löw 2011: 189f.), werden zumindest im Film zu *realer Emotionalität*. Hier, wie auch im klassischen Märchen und anderen kulturellen Repräsentationsmedien, ist es die Schönheit (von beiden), die Fantasien (bei Zuschauern) auslöst und den Wunsch weckt, entweder selbst zum Prinzen zu werden oder aber sich umwerben zu lassen, und wenn auch als Prosituierte. Der Mann als edler Prinz ist nicht lediglich bloß reicher Freier, sondern steht in Konkurrenz zu anderen Männern (im Falle von „Pretty Woman" konkurriert Lewis sogar mit seinem Freund Phil) – ein ebenso modernes wie auch romantisch verklärtes Bild (vgl. Grenz 2007: 237f.).

Mit diesem Bild so gar nichts zu tun hat Dr. House in der gleichnamigen TV-Serie, der immer wieder Anspielungen auf Besuche und Beziehungen zu Prostituierten macht, die aber nie gezeigt oder vertieft werden, dafür allerdings Raum für „hidden messages" bieten. Für Dr. House sind ‚Nuttenbeziehungen' Bestätigung seiner Unabhängigkeit, seines Querdenkens, seiner Unangepasstheit und für die Autoren der Serie in gleichem Maße Formulierungen von Kritik an der politischen

Korrektheit und sexuellen Sterilität in der modernen amerikanischen Arbeitswelt. House spricht sogar seine Vorgesetzte auf ihre körperlichen Attribute an:

> House hält nichts von solchen Umgangsformen. Möpse, Titten, Busen, Arsch, geiles Gestell – lauten die Kommentare, sobald er seine Vorgesetzte Cuddy sieht. [...] So etwas ist heute in Amerika, in diesen Kreisen, unaussprechlich (Khan 2013: 61f.).

Dr. House adressiert damit die gesellschaftlichen Ge- und Verbote der gegenwärtigen Vereinigten Staaten. Seine diskriminierenden und ehrverletzenden Äußerungen finden ihre Entsprechung in dem, was öffentlich nicht mehr *gesagt*, gleichwohl aber nach wie vor *gedacht* wird.

Schlussfolgerung

Sex und allgegenwärtige Nacktheit sowie Fragen der bürgerlichen Moral befanden sich ab den 1990er-Jahren in einem kontinuierlichen Prozess der gesellschaftlichen Neujustierung in Deutschland. Dieses Phänomen an sich war nicht neu und nach wie vor blieb „*Gender ein zentrales Organisationsprinzip der Konsumkultur*" (Grenz 2007: 238) – und um Konsum von Menschen durch andere Menschen mittels der Tauschware Geld/Körper und damit Fragen von Ästhetik/Geschmack und Identität im Kontext einer sich „*gleichzeitig intensivierenden Geschlechterdichotomie*" (ebd.) handelte es sich. Neu und in der sich nun zeigenden Dimension unbekannt waren jedoch die veränderten gesellschaftlichen und (sicherheits-)politischen Begleitumstände und die Zunahme strafrechtlich relevanter Sachverhalte, die Menschenhandel oder andere Delikte vornehmlich der Organisierten Kriminalität umfassten und Beobachter von einer „*Form der Sklaverei und damit [...] Schwerkriminalität*" sprechen ließen (Mauer 2009: 166). Besonders auf diese richteten sich die politischen Bestrebungen zur Einhegung und rechtlichen Rahmung von Prostitution, die nicht zuletzt durch den Fall des *Eisernen Vorhangs* aufgekommen und notwendig geworden waren, um die sich rasant verschärfenden negativen Begleitumstände wilder Prostitution und organisierten Menschenhandels und der damit zusammenhängenden Begleitkriminalität in den Griff zu bekommen.

Wilde Prostitution war insbesondere nach dem Ende des *Eisernen Vorhangs* ein zentrales Thema von Dokusoaps und Reportagen geworden, die die sexuellen Aufbrüche in der ehemaligen DDR und Osteuropa und den zunehmenden Menschenhandel erörterten, dramatisierten und skandalisierten und spätestens damit zu einem Phänomen machten, das breite Diskussionen erzeugte. Allerdings muss in Frage gestellt werden, ob es hier zunächst um die Betroffenen ging oder nicht letztlich um die Eindämmung der damit verbundenen Devianzphänomene und Aufrechterhaltung einer determinierten bürgerlichen Moral und Sittsamkeit sowie nicht zuletzt auch darum, steuerlich zu profitieren.

Literatur

Bauer, S. (2007). Zum Schwerpunkt: Arbeitsmigration, Trafficking und Sextourismus. Fliehkräfte oder Geografie von Körpern in Bewegung. In: Neue Gesellschaft für Bildende Kunst e. V. (Hrsg.): Sexwork. Kunst. Mythos. Realität. (S. 75–77). Heidelberg: Kehrer Verlag.

Bossert, O./Korte, G. (2004). Organisierte Kriminalität und Ausländerextremismus/Terrorismus. Schriftenreihe des Fachbereichs Öffentliche Sicherheit. Brühl: Fachhochschule des Bundes für öffentliche Verwaltung.

Bowald, B. (2010). Prostitution. Überlegungen aus ethischer Perspektive zu Praxis, Wertung und Politik. Münster: Lit.

Bundesministerium für Familie, Senioren, Frauen und Jugend (Hrsg.) (2007). Bericht der Bundesregierung zu den Auswirkungen des Gesetzes zur Regelung der Rechtsverhältnisse der Prostituierten (Prostitutionsgesetz – ProstG). Bonn: Bundesministerium für Familie, Senioren, Frauen und Jugend.

Campagna, N. (2005). Prostitution. Eine philosophische Untersuchung. Berlin: Strausberger Platz.

F., Christiane (mit Hermann, K. – 1981). Wir Kinder vom Bahnhof Zoo. Hamburg: Gruner & Jahr.

Girtler, R. (1985). Der Strich. Erkundungen in Wien. Wien: Age d'homme – Karolinger.

Grenz, S. (2007). (Un)heimliche Lust. Über den Konsum sexueller Dienstleistungen (2. Aufl.). Wiesbaden: VS Verlag für Sozialwissenschaften.

Heberer, E.-M. (2014). Prostitution. An Economic Perspective on its Past, Present, and Future. Wiesbaden: Springer VS.

Hinz, M. (2014). Das Theater der Prostitution. Über die Ökonomie des Begehrens im Theater um 1900 und der Gegenwart. Bielefeld: transcript.

Kerner, H.-J. (1973). Professionelles und organisiertes Verbrechen. Versuch einer Bestandsaufnahme und Bericht über neuere Entwicklungstendenzen in der Bundesrepublik Deutschland und in den Niederlanden. Wiesbaden: BKA.

Khan, S. (2013). Dr. House, Berlin-Zürich: diaphanes.

Koebner, T. (2012). Die Schönen im Kino. Nachdenken über ein ästhetisches Phänomen. München: edition text + kritik.

Köpp, D. (2005). „Keine Hungersnot in Afrika" hat keinen besonderen Nachrichtenwert. Afrika in populären deutschen Zeitschriften (1946–2000). Frankfurt: Peter Lang.

Lankford, R. (2008). Prostitution. Farmington Hills/MI: Greenhaven Press.

Löw, M. (2011). Prostitution. Herstellungsweisen einer anderen Welt. Frankfurt: edition suhrkamp.

Mauer, S. (2009). Die Frau als besonderes Schutzobjekt strafrechtlicher Normen. Ein Rechtsvergleich zwischen den Vereinigten Staaten von Amerika und der Bundesrepublik Deutschland. Berlin: Logos Verlag.

Miller, E. (1892). Die Prostitution. Ansichten und Vorschläge auf dem Gebiete des Prostitutionswesens. Zusammengestellt und im Hinblicke auf den jüngst erschienenen kaiserlichen Erlass veröffentlicht. München: Verlag von J. F. Lehmann.

Morgan, J. P. (2002). Die sündige Alm. Die deutsche Sex-Komödie. Leipzig: MPW Verlag.

Ortner, H. (Hrsg.) 1986. Lust und Verlust. Reportagen, Berichte und Interviews aus der sexuellen Marktwirtschaft. Frankfurt/M.: Foerster.

Parish, J. R. (1992). Prostitution in Hollywood Films. Plots, Critiques, Cast and Credits for 389 Theatrical and Made-for-Television Releases. Jefferson/NC: McFarland.

Rother, R. (2015). Soziale Arbeit mit Prostituierten in Zürich – dargestellt an den Erfahrungen der Beratungsstelle Isla Victoria. In: Albert, Martin/Wege, Julia (Hrsg.): Soziale Arbeit und Prostitution. Professionelle Handlungsansätze in Theorie und Praxis. (S. 129–158). Wiesbaden: Springer VS.

Schulte, R. (1979). Sperrbezirke. Tugendhaftigkeit und Prostitution in der bürgerlichen Welt. Frankfurt/M.: Syndikat.

Suter, J./Munoz, M. (2015). Sexarbeit und Soziale Arbeit – Eine Gebrauchsanweisung. In: Albert, M./Wege, J. (Hrsg.). Soziale Arbeit und Prostitution. Professionelle Handlungsansätze in Theorie und Praxis. (S. 111–128). Wiesbaden: Springer VS.

Wege, J. (2015). Soziale Arbeit im Kontext der Lebenswelt Prostitution – Professionelle Handlungsansätze im Spannungsfeld unterschiedlicher Systeme und Akteure. In: Albert, M./Wege, J. (Hrsg.). Soziale Arbeit und Prostitution. Professionelle Handlungsansätze in Theorie und Praxis. (S. 73–98). Wiesbaden: Springer VS.

Wessel, J. (2001). Organisierte Kriminalität und soziale Kontrolle. Auswirkungen in der BRD. Wiesbaden: Springer Fachmedien.

Der schmale Grat zwischen Forschung und Prostitution. Empirische Sozialforschung in einem tabuisierten Feld

Prof. Dr. habil. Christiane Schurian-Bremecker

Abstract

Ways of socially dealing with prostitution are extremely varied. It ranges from a "taboo" attitude to a quiet approach and further to an affirmative form. These social approaches have their impact on the scientific community and often influence reports, information and descriptions in one way or another. In addition, access to research and information in this difficult area of study is not easy. Against this background, questions like the following arise: How can data actually be collected in the field of prostitution? What happens if interrogators and interviewees meet? What about situations where people with different backgrounds and in fundamentally different situations talk to each other? Is the data that is collected relevant or valid at all? And to what extent do the researches that deal with prostitution play a role in social work? These and other questions are addressed and discussed in the following article.

Einführung

Ein Hotel am Meer in der Nähe von Mombasa, die Sonne brennt heiß, am Pool liegen deutsche Männer, Afrikanerinnen halten die Hand von deutschen Männern, manche Paare tauschen Zärtlichkeiten aus, andere unterhalten sich, wieder andere dösen leicht im gleißenden Sonnenlicht.

Mein Auftritt: Ich ziehe mir einen Bikini an, begebe mich in die Situation der Feldforscherin, gehe auf die Männer zu, bitte sie um ein Interview. Anfangs steht man mir skeptisch gegenüber. „Das machen wir nicht; alles wird verdreht, wir geben kein Interview." Schließlich ist man bereit, meine Fragen zu beantworten. Die Situation ist gespannt, die Männer haben Bedenken, meine Fragen zu beantworten, sprechen aber schließlich doch offen und unverblümt über ihre sexuellen Kontakte mit den Afrikanerinnen. Sie tauen immer mehr auf, sie gefallen sich in der Rolle des sexuell potenten Mannes. Sie genießen die Situation, die geprägt ist durch ein gegenseitiges Nehmen und Geben.

Ich, die Forscherin am Strand von Mombasa, bekomme Informationen. Sie, die Sextouristen, gefallen sich in der Rolle von Männern, die die Situation beherrschen, die eine Frau, deren Dienste sie nicht kaufen können, ausnutzen und erniedrigen. „Du hast auch eine schöne Haut", ich werde angefasst, betatscht, lenke schnell ab, um ein anderes Thema anzusprechen...

Die obige Szene beschreibt eine Situation der empirischen Forschung im Feld der Prostitution.[19] Vor dem Hintergrund der Schilderung dieser Befragung taucht ein Bündel von Fragen auf.

Wie werden eigentlich Daten im Feld der Prostitution erhoben? Was passiert, wenn Fragende und Befragte aufeinandertreffen? Was entsteht in Situationen, in denen Menschen mit differenten Hintergründen und in grundlegend unterschiedlichen Situationen miteinander sprechen? Sind die Daten, die erhoben werden, überhaupt weiterführend bzw. valide? Und inwieweit spielen diese Forschungen eine Rolle in der Sozialen Arbeit?

Diesen und anderen Fragen soll in dem folgenden Beitrag nachgegangen werden. Wie hier bereits anklingt, wirkt sich der gesellschaftliche Diskurs in Bezug auf den Umgang mit der käuflichen Lust auch auf die wissenschaftliche Bearbeitung des Themas aus. Dies ist zunächst Gegenstand der Erörterung. Es folgen Überlegungen hinsichtlich des Erwerbs

---

19 Transkript eines offenen Interviews mit Sextouristen in Kenia; vgl. hierzu auch Schurian-Bremecker (1989: 253ff.).

der wissenschaftlichen Daten im Gegenstandsbereich. Wie und unter welchen Rahmenbedingungen wird die Realität konstruiert? Dies leitet zu den Schwierigkeiten über, die entstehen, wenn sich Wissenschaftler im Feld der Prostitution tummeln. Hier steht die Frage im Vordergrund, inwieweit bzw. unter welchen Prämissen die Forschung in der Lage ist, sich dem Phänomen der Prostitution anzunähern. Der Artikel schließt mit einem Votum für einen spannungsreichen, aber verstehenden Zugang zum Forschungsfeld, auch und gerade in der Sozialen Arbeit. Zunächst nähern wir uns dem Thema, indem wir einen Ausflug in die Mentalitätsgeschichte des prostitutiven Geschehens unternehmen.

Prostitution als Mentalitätsgeschichte

Bereits in früheren Jahrhunderten interessierte man sich für die Sexualmoral und das Sexualverhalten. Nach Eder (2002: 10) seien aber nur wenige historische Abhandlungen, die sich dezidiert mit diesem Thema befassen, existent. Das historische Wissen über den Umgang der Menschen mit Sexualität sei anfangs durch eine besondere Form der Darstellung geprägt, die „Sittengeschichte" (Eder, 2002: 10). Die Zeitgenossen, so Eder, wären vor allem an der „Geschichte der Prostitution und der venerischen Krankheiten" (Eder, 2002: 10) interessiert gewesen. Zu beobachten ist eine Spannung zwischen einem voyeuristischen Blick auf Sexualität, im übelsten Fall auf krankhafte und abartige sexuelle Praktiken, und einer rigiden Moral, die sich strikt von jeder Form der Prostitution distanziert. Die Sicht auf das prostitutive Gewerbe sei, so Kienitz (1984: 12), vor allem durch den kirchlichen Einfluss, die Einwirkung staatlicher Justiz, medizinischer Lehrmeinungen sowie literarische (Selbst-)darstellungen, geprägt gewesen. Es würde zu weit führen die einzelnen Phasen der Rezeptionsgeschichte im Hinblick auf das Sexualverhalten und die Prostitution darzustellen.[20] Bemerkenswert ist jedoch, dass bereits hier der Einfluss gesellschaftlicher Wer-

---

20 Vgl. hierzu die ausführliche Darstellung bei Eder 2002: 10ff. und Kienitz 1984: 12ff.

te und normativer Vorstellungen auf die Rezeption des Prostitutionsgeschehens deutlich wird. In diesem Sinne ist Kranitz zuzustimmen, die darauf verweist, wie sehr „*makrohistorische und strukturgeschichtliche Gesichtspunkte den Blick der Alltags- und Sozialgeschichte der Sexualität*" (1984: 12f.) bestimm(t)en. Hinzuzufügen wäre, dass dies für den Bereich der Prostitution in ganz besonderem Maße zutraf und immer noch zutrifft. Es stellt sich nun die Frage, wie sich vor dem Hintergrund der historischen Sicht, der gegenwärtige Blick auf das prostitutive Geschehen ausfällt und wie die normativen Vorstellungen die wissenschaftliche Auseinandersetzung mit dem Thema beeinflussen.

Tabu-Thema Prostitution

Trotz einer weitgehenden Liberalisierung der Prostitution in Deutschland mit einem neuen Prostitutionsgesetz vor mehr als zehn Jahren, trotz immer wiederkehrender aktueller Debatten in den öffentlichen Medien und trotz vermehrter Forschung im Bereich der Prostitution ist die wissenschaftliche Bearbeitung des Themas noch immer recht problematisch. Es stellt sich die Frage, warum dies so ist.

Nach wie vor ist Prostitution ein tabuisiertes Thema in unserer Gesellschaft[21] und als unmittelbare Folge daraus, findet das prostitutive Geschehen weitgehend im Verborgenen statt. Damit hängt eine Vielzahl von Schwierigkeiten zusammen, die sich auch auf die Forschungen im Feld der Prostitution auswirken.

Zudem stellt sich das Prostitutionsgeschehen im gesellschaftlichen Diskurs durchaus different dar. So reicht die Diskussion von dem naturgegebenen, ältesten Gewerbe der Welt über einen sittenwidrigen Vorgang bis hin zu dem Standpunkt, der Prostitution mit sexueller Ausbeutung gleichsetzt und in der grundsätzlichen Frage mündet,

---

21 Dies gilt nach wie vor, auch vor dem Hintergrund, dass aktuell kritisiert wird, dass durch das ProstG 2002 die Schwelle zum Milieu gesunken ist und eben auch vermehrt „wellnessartige Großbordelle" entstanden sind (vgl. Albert u. Wege, 2015).

ob diese überhaupt freiwillig ausgeübt werden könne.[22] Dies alles geschieht vor einem Hintergrund, der empirisch nur unzureichend abgesichert ist. So fehlen auch heute noch, wie Ruhne bereits im Jahr 2008 (72) konstatierte, grundlegende Eckdaten wie beispielsweise die genaue Zahl der Prostituierten oder auch die ihrer Kunden. Zwar gibt es mittlerweile einige Studien, die über selektive Einblicke und ausgewählte, regionale Forschungen hinausgehen, doch ist das Thema insgesamt immer noch mit vielen Unsicherheiten belegt.[23] Fest steht jedoch, dass die Situation von Prostituierten in der Bundesrepublik Deutschland nach wie vor sehr heterogen ist. Immer wieder sind die häufig inakzeptablen Arbeitsbedingungen von Prostituierten in der Diskussion.

Grund genug einmal nachzufragen und den Blick auf die aktuellen Geschehnisse und hier konkret auf die Art und Weise zu richten, wie Daten im tabuisierten Bereich der Prostitution erhoben werden. Daten sind in der Regel die Ausgangsbasis für Bewertungen, für Einordnungen und letztendlich für den Umgang mit den in der Prostitution beteiligten Menschen, seien es Freier oder Prostituierte.

Blickwechsel hin zur Konstruktion von Realität

Das Geschehen rund um die Prostitution ist ein weites Feld, welches in unterschiedlichen Disziplinen mit differentem Brennpunkt betrachtet wird. Im vorliegenden Kontext ist bewusst der Fokus gewählt, der die Blickrichtung wechselt und den Schwerpunkt auf die Entstehung der wissenschaftlichen Daten legt. Dies ist insofern ungewöhnlich, da hier eine Verschiebung vom Objekt des Interesses hin zur Generierung des Geschehens geschieht, letztendlich der Konstruktion einer Realität. Damit werden Entstehungs- und Rahmenbedingungen, die den All-

---

22   Vgl. hierzu die Ausführungen von Gerheim (2013) zu den vier nachfragefokussierten Machtdiskursen.
23   Zum aktuellen Stand der Forschung vgl. Gerheim 2012: 13–26.

tag und die Akteure in den Blick nehmen, besonders thematisiert.[24] Intendiert ist damit die Förderung einer sachlichen Auseinandersetzung mit der Prostitution. Zudem sollte diese Art des empirischen Zugangs einen Baustein liefern, um die Prostitution aus der gesellschaftlichen Grauzone zu holen und im besten Fall zu einem besseren Verständnis von Prostituierten beitragen.

Prostitution ist wie erwähnt ein komplexes soziales Geschehen, welches sich oftmals einfachen Erklärungsmustern entzieht. Dies ist ursächlich den äußerst vielschichtigen, schwer zu fassenden und in ganz unterschiedlichen Bereichen verorteten Tätigkeiten, die im Prostitutionsgeschehen eingebunden sind, geschuldet. Albert und Wege (2015: 1) verweisen zu Recht darauf, dass es um Fragen von Sexualität, Intimität, ethischen Normen und Werten und individuellen Zugängen im Kontext der Geschlechterverhältnisse gehe. Auch sie beklagen, dass die Thematik an sich nur schwer zu fassen sei, oftmals tabuisiert und in höchstem Maße durch individuelle Zugänge vorherbestimmt. Daraus folge, die eigene Haltung der/des Forschenden im Hinblick auf das Forschungsfeld zu offenbaren. Nur so können die generierten Forschungsergebnisse in einem breiteren Kontext adäquat eingeordnet werden. Was aber macht den Zugang zum Feld so schwer und welche Stolpersteine treten am Rande der Forschungstätigkeit auf? Diesen Fragen soll im Folgenden nachgegangen werden.

Stolpersteine in der wissenschaftlichen Beschäftigung mit dem Thema Prostitution fristet im wissenschaftlichen Kontext ein eher randständiges Dasein. Dies hänge ursächlich, so die Analyse Ruhnes, mit einer „deutlich erschwerten Zugänglichkeit des Feldes" (2008: 73) zusammen.

Der Feldzugang im Bereich der Prostitution ist in der Tat nicht einfach. Prostituierte, Freier, und all die im Prostitutionsgeschehen eingebun-

---

24 Ähnlich verfährt Girtler, siehe hierzu die Ausführungen zur Girtler'schen Milieustudie (2004: 20ff.).

denen Personen, sind im Allgemeinen vorsichtig in ihrer Kommunikation nach außen. Man fürchtet ablehnende gesellschaftliche Haltungen, die dann durch wissenschaftliche Analysen abgesichert werden.[25] Dies bedingt einen besonderen Zugang des Forschenden zum Feld. Wie sich dieser Zugang in der persönlichen Perspektive einer Forscherin anfühlen kann, haben wir im einleitenden Abschnitt gelesen. Die Frage, die sich nun stellt, lautet: Treten die dort geschilderten Befindlichkeiten öfter auf, d. h. sind sie der Forschung im Prostitutionsgeschehen immanent und welche Probleme gibt es abseits von individuellen Befindlichkeiten?

Persönliches Gepäck der Forschenden

Neben den Schwierigkeiten, die sich aufgrund einer eingeschränkten Zugangsmöglichkeit zum Feld ergeben, also auf Seiten der Beforschten liegen, gibt es Barrieren, die persönliche Dispositionen des oder der Forschenden betreffen. Ein wichtiger Aspekt qualitativer Forschung – und wenn wir im Feld der Prostitution unterwegs sind, halten wir uns überwiegend im Bereich der qualitativen Forschung auf – betrifft die Person des Forschenden selbst. Diese ist im Forschungsprozess nicht „unsichtbar". Ihre Rolle im Forschungsfeld, ihre Interaktion mit den Probanden, ihre Voreinstellungen in Form bestimmter Normen und Werte, ja auch ihre Ängste und persönlichen Verunsicherungen spielen in der Forschungsinteraktion und damit auch im Forschungsprozess selbst eine bedeutsame Rolle. Girtler (1985) thematisiert diese Spannungen anschaulich, in der sich der oder die Forschende befindet, indem er oder sie seine oder ihre persönlichen Erlebnisse, Gefühle und Verstrickungen im prostitutiven Wiener Milieu schonungslos offenlegt und zum Thema macht. Eine offene Darstellung ist wichtig, reicht aber nicht aus. Subjektive Empfindungen müssen reflektiert und expliziert werden. Breuer (2003) ist zuzustimmen, wenn er feststellt,

---

25 Vgl. hierzu die Forschungen im Bereich des Sextourismus von Schurian-Bremecker (1989: 253ff.).

dass die Subjektivität jeder menschlichen Erkenntnis eine Tatsache sei, sie sollte nicht als Mangel im Forschungsdesign missverstanden werden. Vielmehr sollte es, so die Ausführungen Breuers, darum gehen, die Subjektivität für den Prozess der Erkenntnisgewinnung produktiv nutzbar zu machen. Hinzuzufügen wäre, dass dies ganz besonders im Hinblick auf das mit vielen Tabus belegte Thema der Prostitution gilt.

Daraus folgt, dass am Beginn jeder Feldforschung in diesem Bereich zunächst eine sorgfältige Explikation der eigenen wissenschaftlich-theoretischen und eben auch alltagsweltlichen, d. h. die aus der persönlichen, sozialen, lebensgeschichtlichen Eigenerfahrung stammenden Vorstellungen und ethischen Maßstäbe vom Untersuchungsfeld stehen sollte. Die Sicht auf das Forschungsfeld prägt dieses in entscheidendem Maße. Das Bewusstmachen der Eingebundenheit in einen gesamtgesellschaftlichen Kontext mit seinen spezifischen Werten und Normen macht die Präsuppositionen dann handhabbarer. In diesem Sinne erinnert Ruhne daran, dass das prostitutive Geschehen einerseits als tabuisierter *„weitgehend unbekannter und schon deshalb eher fremder Gesellschaftsbereich"* (2003: 73) wahrgenommen würde. Andererseits gelte Prostitution als ein soziales Problem, welches, so Ruhne, nicht nur Neugierde, sondern „überwiegend Ängste, Ablehnung und Kontrollbedürfnisse" (2003: 73) hervorzurufen scheine. Dies beruhe auf allgemeinen gesellschaftlichen Wahrnehmungsmustern, von denen durchaus auch Forschende geprägt seien. Dem ist zuzustimmen, denn bereits der Zugang zum Feld wird durch die eigenen Präsuppositionen geprägt, die Befragung als solche ebenfalls. Jeder Wissenschaftler und jede Wissenschaftlerin, der oder die sich ins Gebiet der Prostitution begibt, sollte sich dessen bewusst sein.

Eingeschränkte Zugangsmöglichkeit zum Feld

Der Zugang zum Feld stellt eine weitere Klippe dar, die erst überwunden werden muss, Raum, d. h. ein Gebiet, wo das prostituive Geschehen angesiedelt ist, ist in diesem Kontext in zweierlei Hinsicht maßgeblich. Zum einen meint Raum eine Örtlichkeit, die erst überwunden werden muss. Ein Platz, der der Forscherin, dem Forscher in der Regel fremd ist. Ganz konkret müssen Forschende hier den eigenen Wohlfühlbereich verlassen und sich in unbekannte Gegenden begeben. Das Verlassen des Gewohnten ist immer mit dem Einlassen auf Neues verbunden und bedeutet eine besondere Anstrengung.

Der andere Raum bezieht sich auf öffentlich zugängliche Plätze. Prostitution findet im öffentlichen Raum statt, der zwar häufig abgelegen ist oder spezifische Strukturen aufweist – z. B. das Frankfurter Bahnhofsviertel, die Hamburger Reeperbahn etc. –, aber trotzdem handelt es sich, wie Albert und Wege ausführen, um ein öffentliches Gebiet, welches einer „*hohen Überwachung und Regulierung*" (2015: 14) unterliege. Orte der Prostitution unterscheiden sich im Allgemeinen von den sie umgebenden Örtlichkeiten. Sie „*wirken auf Menschen, die sich nur selten hier aufhalten, oftmals fremd und tendenziell verunsichernd*", wie Ruhne (2008: 74) anmerkt. Die Autoren verweisen zudem darauf, dass Räume der Prostitution dem ständigen Wandel unterlägen.

Durch die spezifischen örtlichen Gegebenheiten werden erste Schritte des Forschenden ins Feld erschwert. Hinzu kommen Unsicherheiten und Ängste, die je nach Geschlechterzugehörigkeit schwächer oder stärker ausfallen. Forscherinnen agieren hier im Vorwissen darum, dass bestimmte Orte bzw. Situationen persönliche Ängste schüren und setzen Vermeidungsmechanismen in Gang.[26]

Forscherinnen unterliegen darüber hinaus geschlechterspezifischen Besonderheiten, die ganz eigene Konstellationen und Situationen hervorrufen. Entweder sie begibt sich mit „Haut und Haaren"[27] ins Feld,

---

26 Dieses Verhalten konnte die Verfasserin persönlich beobachten; so vermied sie es im Zuge der empirischen Feldforschung über Sextourismus in Kenia, Diskotheken, in denen Prostituierte und Sextouristen verkehrten, zu bestimmten Zeiten, die unsicher erschienen, aufzusuchen; vgl. hierzu Schurian-Bremecker (1989: 253ff.).
27 Siehe hierzu das Eingangszitat.

um Misstrauen und Zurückhaltung zu zerstreuen. Dann besteht allerdings die Gefahr, dass die Forscherin Teil der Situation wird, in der sie agiert. Dies birgt nicht zu unterschätzende Probleme und Schwierigkeiten, bis hin zu Übergriffen der Freier.[28]

Auf der anderen Seite muss die oft vorgefundene Skepsis und Ablehnung gegenüber einer empirischen Forschung im Bereich der Prostitution überwunden werden, da diese den Zugang zum Feld nicht nur erschweren, sondern ganz und gar unmöglich machen kann.[29] Prostitutives Gewerbe ist besonders auf diskretes Verhalten bedacht. Forschungstätigkeiten bergen die Gefahr, Dinge ans Tageslicht zu befördern, die im Verborgenen bleiben sollten. Hinzu kommen Kontrollmaßnahmen von Polizei und Ordnungsbehörden und eine, wie oftmals von Freiern betont würde[30], so Ruhne (2008: 75), tendenzielle Berichterstattung der Medien, die ein distanziertes Verhalten auf Seiten der Freier und der Prostituierten hervorrufe.

Zwischen Engagement und Distanzierung

Die Gewinnung von Interviewpartnern im Bereich der Prostitution stellt folglich eine nicht zu unterschätzende Aufgabe dar. Der Zugang zum Feld muss vorbereitet sein, Ressentiments auf Seiten der Probanden sollten wahrgenommen und entsprechend der weiteren empirischen Vorgehensweise angepasst worden sein. Daher erfordert gerade der Beginn der empirischen Forschung eine hohe Präsenz des oder der Forschenden im Feld. Mehr noch, der Einsatz vertrauensbildender Maßnahmen bringt es mit sich, ein Engagement zu entwickeln, wel-

---

28 Dieses Verhalten wird im Eingangszitat beschrieben, wo es im Zuge der empirischen Feldforschung über Sextourismus in Kenia zu übergriffigem Verhalten einiger Sextouristen kam; vgl. hierzu auch Schurian-Bremecker (1989: 253ff.).
29 Auch dies kann im Eingangszitat nachvollzogen werden; vgl. hierzu auch Schurian-Bremecker (1989: 253ff.).
30 Hier kann ebenfalls auf die Gespräche mit den Sextouristen in Kenia verwiesen werden; vgl. Schurian-Bremecker (1989: 253ff.).

ches über das normale Maß vertrauensbildender Maßnahmen zu Beginn einer empirischen Forschungsphase weit hinausgeht.

Zu beachten ist hierbei insbesondere, dass der oder die Forschende immer auch das Feld verändert. Dies geschieht allein durch seine oder ihre physische Präsenz. Zudem ist der oder die Forschende in der Regel bestrebt, sich in die bestehenden Strukturen dergestalt einzubringen, dass er oder sie vorgefundene Situationen möglichst wenig verändert und in Bestehendes nicht oder möglichst nicht eingreift.

Förderlich für den Zugang zum Feld sind Gatekeeper. Oft sind es Beratungsstellen, die bereits seit geraumer Zeit in Erscheinung treten und in Kontakt mit den Prostituierten stehen. Zugleich sei es nutzbringend, so Girtler (1985), möglichst lange Zeiträume im Feld zu verbringen. Dies bewirke eine forschungsspezifische Aneignung des Raums, indem sich die Probanden an eine veränderte Situation gewöhnten und diese mit der Zeit als alltäglich betrachteten. Eine Kontaktaufnahme mit z. B. Prostituierten würde so langsam vorbereitet und münde bestenfalls in eine vertrauensvolle Atmosphäre, die sich auch in aufrichtigen Interviews bemerkbar mache.

Daraus folgt, dass in der Anlage und Durchführung eines Interwies die Person des oder der Forschenden eine besondere Rolle spielt. Dies gilt nicht nur im Hinblick auf die technische Durchführung eines Interviews, sondern auch und gerade im Hinblick auf die Herstellung einer offenen, vertrauensvollen Atmosphäre. In der Regel bedeutet dies für den oder die Forschenden, nicht nur das Interview selbst zu führen, d. h. im gesamten Forschungsprozess präsent zu sein, sondern darüber hinausgehende Gespräche, die z. T. vom eigentlichen Thema abweichen können, zuzulassen. Erst so wird sichergestellt, dass vertrauensbildende Maßnahmen greifen und Informationen eruiert werden, die für den Forschungsprozess förderlich sind. Friebertshäuser führt aus, dass auf diese Weise Einblicke in *„ansonsten verschlossene, fremde Lebenswelten"* (1997: 503) gewonnen werden könnten.

Diese ganz besondere Nähe zum Feld, die intensive Kontakte mit Menschen, die sich z. T. in schwierigen Situationen befinden, einschließt, birgt einerseits die Möglichkeit, besondere und wichtige Forschungsergebnisse zutage zu fördern. Andererseits besteht gerade hier die Gefahr, dass der oder die Forschende sich zu weit ins Feld wagt und eine Vermischung der Grenzen stattfindet. Empathie bewirkt dann nicht nur ein Verstehen, ein Eintauchen in fremde Lebenswelten. Sie kann unter Umständen dazu führen, den objektiven Beobachterplatz zu verlassen, mehr noch, sich in vorhandene Situationen einzubringen, um bestehende Strukturen und individuelle Lebensschicksale zu verbessern. Der persönliche Einsatz des oder der Forschenden trägt somit das Dilemma in sich, wenn dieser zu intensiv wird, den forschenden Platz zu verlassen und die Ergebnisse der Feldstudie so zu verfälschen. Das eingangs angeführte Zitat beschreibt schonungslos die Erlebnisse jenseits der Datenrekrutierung. Es werden Erlebnisse, Gefühle und individuelle Befindlichkeiten, und zwar jenseits des üblichen wissenschaftlichen Geschehens, offengelegt. Man mag die Stirn runzeln über so viel Offenheit. Aber wenn es um die Einordnung von empirisch erhobenen Daten geht, ist jede weitere Information wertvoll und dieses ungewöhnliche Vorgehen durchaus zu rechtfertigen.

Zugleich zeigt sich in dieser Situation ganz deutlich die Spannung zwischen persönlicher Teilnahme und objektivem Berichtswesen. Im ethnologischen Forschungsbereich, in dem die Forschenden schon immer unter dieser Ambivalenz gelitten haben, ist schon früh auf diese Gefahr hingewiesen worden. Amann und Hirschhauer (1997) fordern in diesem Zusammenhang ein ausgewogenes Verhalten zwischen Einbringen bzw. Empathie in den Forschungsgegenstand und ein Beibehalten von Befremdung andererseits. Nur so könne eine möglichst objektive Wahrnehmung des Feldes erfolgen und eine sachliche Einordnung der unter diesen Bedingungen gewonnenen Ergebnisse stattfinden. Neben der Beobachtung von persönlichem Engagement und Distanzierung sei daher die Offenlegung der spezifischen Forschungssituation unabdingbar.

Qualitativ-rekonstruktive Forschungsmethoden in der Sozialen Arbeit

Um das prostitutive Geschehen aus der Ecke der tabuisierten Vorgänge zu holen, lohnt es sich, den Alltag und die Sichtweise aller Beteiligten zu erfragen und offenzulegen. Wenn einzelne Fälle, die mit ihren biographischen Werdegängen ganz spezielle, individuelle Schicksale beschreiben, in den Blick genommen werden, ist dies im Sinne einer offenen, vorurteilsfreien Gesellschaft, die sich nicht scheut, auch unbequeme Wege zu gehen.

In der Sozialen Arbeit ist diese Zugangsweise nicht neu, aber, so der Eindruck, in Vergessenheit geraten. Erst seit den 1990er-Jahren ist wieder eine Zunahme qualitativ-rekonstruktiver Forschungsmethoden in der Sozialen Arbeit zu beobachten. Hoff sieht darin die Antwort auf eine ansteigende Ausdifferenzierung und Pluralisierung der Lebenswelten, denn diese vermittelten einen *„verstehenden Zugang zur wachsenden Komplexität sozialer Handlungspraxen und individueller Handlungsmuster"* (2012: 87). Sie verweist darauf, dass trotz einer Zunahme qualitativer Studien im Bereich der Sozialen Arbeit und einer intensiven methodischen Debatte, z. B. bei Giebler (2008) und Bock und Miethe (2010), ethnographische Forschungszusammenhänge, die in der klassischen Alltagsbeobachtung spezifischer Milieus verortet seien, immer noch eine Randstellung einnähmen. Dies ist in der Tat verwunderlich, denn eine Verbindung zwischen Ethnographie und Sozialer Arbeit lässt sich nicht nur in einer Annäherung nachweisen, die ins fremde Milieu eintaucht, sondern steht auch, wie oben bereits angedeutet, in einem entwicklungsgeschichtlichen Zusammenhang, in welchem sich, so Hoff, *„sozialwissenschaftliche Ethnographie als modernes Verfahren der Feldforschung im Kontext bürgerlicher Sozialreform und der frühen Sozialen Arbeit herausbildet"* (2012: 88). Interessant in diesem Zusammenhang ist, dass etwa die, bereits in den 20er- und 30er-Jahren von Robert Park begründete stadtsoziologische Perspektive, die Lebenswelt marginalisierter Bevölkerungsgruppen in den Fokus rückt. Studien wie diese seien, so Hoff, in Verbindung mit den in diesen Lebenswelten tätigen Sozialarbeitern und Sozialarbeiterinnen entstanden. Zinnecker (2000: 382) spricht sogar von einem eigenen ethnographischen Forschungsstrang, der sich auf die Untersuchung des Fremden in der eigenen Kultur beziehe. Dieser habe es sich zur Aufgabe gemacht, durch den Feldzugang Missstände in prekären sozialen Milieus offenzulegen und damit Argumente für politische Reformen zu sammeln. Bei Jahoda, Lazarsfeld und Zeisl (1975), die die Auswirkungen der Arbeitslosigkeit auf die Bevölkerung in einem Ort nahe Wiens systematisch untersuchten, ist klar nachzulesen, wie synchron zur Datenerhebung eine Teilnahme der Forschenden am Leben der Probanden stattfand, bis hin zur Entwicklung konkreter Hilfsangebote für die Untersuchten. Da stellt sich die Frage, inwieweit die persönlichen Interaktionen im Feld auf die erhobenen Daten Einfluss genommen haben könnten. Die Aufarbeitung einer objektiv nachvollziehbaren Datenerhebung im Feld und einer subjektiven Teilnahme am Leben der Betroffenen steht in der Sozialen Arbeit jedoch erst am Anfang.[31] Umso wichtiger ist es, jede Subjektivität, die einer empirischen Feldforschung innewohnt, persönlich zu reflektieren und offen zu benennen. Nur so ist es machbar, mögliche Einflüsse bei der Erhebung von Daten auf die Forschungszusammenhänge zu verifizieren und zu berücksichtigen.

Plädoyer für eine qualitativ ausgerichtete, sozialpädagogische Forschung im prostitutiven Milieu

Abschließend bleibt die Frage, ob eine qualitativ ausgerichtete Forschungsmethodik überhaupt in der Lage ist, zu einer weiten Durchdringung des Themas beizutragen. Auch wenn die Methoden der empirischen Feldforschung, wie teilnehmende oder verdeckte Beobachtung, Gruppendiskussion, offenes Interview, um nur einige zu nennen, in diesem Sinne durchaus umstritten sind, tragen sie ein weiterführendes Potential in sich. Der Ansatz der empirischen Feldforschung im

---

31 Hier ist die Ethnologie sehr viel weiter, vgl. dazu z. B. die selbstreflexiven Ausführungen bei Nigel Barley.

Sinne einer teilnehmenden Beobachtung bzw. der Durchführung von offenen Interviews verspreche „*Plausibilität und Lebendigkeit*", führt Schmidt-Lauber (2007: 243) aus. Damit nähere sich der Forscher oder die Forscherin dem gelebten Alltag in einer zwar in manchen Fällen wissenschaftlich umstrittenen Form, so Schmidt-Lauber, dafür aber eines „*gesellschaftlich, medial wie künstlerisch seit der Jahrtausendwende hoch gefragten Konzeptes*" (2002: 243). Der Einblick in diese besonderen kulturellen und sozialen Wirklichkeiten ist durch ein Verfahren von empathischem oder gerade nicht empathischem, im Falle des im Eingangszitat geschilderten Gesprächs mit den Sextouristen, geradezu widerwilligem Erleben gekennzeichnet. Damit gehe nach Hitzler zwar die Gewinnung „*relativer Unabhängigkeit gegenüber den anerkannten sittlich-moralischen Imperativen einer Gesellschaft*" (2008: 28) einher. Zugleich aber würde der oder die Forschende in relative Unsicherheit im Hinblick auf normativ-verlässliche und damit existierende entlastende Gewissheiten und Routinen gestürzt.

Wenn sich die Soziale Arbeit heute in ihrem Selbstverständnis, wie Rauschenbach und Thole (1998: 22) ausführen, als angewandte Wissenschaft bzw. als Handlungswissenschaft versteht, dann ist die Forschung im Milieu unabdingbar. Um Handlungsoptionen entwickeln zu können, ist der oder die Forschende geradezu angehalten, aus dem Elfenbeinturm der Wissenschaften hinaus in die Lebenswelten zu gehen. Nur so ist es möglich sozialpädagogische Forschung nicht nur zum wissenschaftlichen Erkenntnisgewinn einzusetzen, sondern die so gewonnenen Ergebnisse, wie es Wensierski und Jakob (1997: 14) ausdrücken „*an die sozialpädagogische Praxis und das sozialpädagogische Handeln zurückzubinden: als Evaluations- und Reflexionsinstrument, als Handlungsanleitung oder als Entwicklungs-, Planungs- und Innovationsinstrument*". Speziell im tabuisierten Bereich der Prostitution, das haben die bisherigen Forschungen gezeigt, ist ein solches Vorgehen hilfreich und weiterführend.

Literatur

Albert, M., Wege, J. (2015). Soziale Arbeit und Prostitution: Professionelle Handlungsansätze in Theorie und Praxis. Wiesbaden: VS Verlag für Sozialwissenschaften.

Amann, K., Hirschhauer, S. (1997). Die Befremdung der eigenen Kultur. Ein Programm. In: K. Amann, S. Hirschhauer (Hrsg.), Die Befremdung der eigenen Kultur. Zur ethnographischen Herausforderung soziologischer Empirie (S. 7–52). Frankfurt/Main: Suhrkamp.

Bock, K., Miethe, I. (2010). Handbuch Qualitative Methoden in der Sozialen Arbeit. Opladen & Farmington Hills: Verlag Barbara Budrich.

Barley, N. (2001). Traumatische Tropen. Notizen aus meiner Lehmhütte. (8. Aufl.). München: Klett-Cotta.

Breuer, F. (2003). Subjekthaftigkeit der sozial-/wissenschaftlichen Erkenntnistätigkeit und ihre Reflexion: Epistemologische Fenster, methodische Umsetzungen. In: Forum Qualitative Sozialforschung/Forum Qualitative Research (Online-Journal), Bd. 4(2).

Eder, F. (2002). Kultur der Begierde. München: C. H. Beck Verlag.

Fischer, C., Helfferich, C., Kavemann, B. (2007). Ausstieg aus der Prostitution. Zu den Auswirkungen des Prostitutionsgesetzes. In: BMFSFJ (Hrsg.), Informationen/Vertiefung spezifischer Fragestellungen zu den Auswirkungen des Prostitutionsgesetzes (S. 4–47). Berlin.

Friebertshäuser, B. (1997). Feldforschung und teilnehmende Beobachtung. In: Friebertshäuser, B., Prengel, A. (Hrsg.), Handbuch qualitative Forschung in den Erziehungswissenschaften (S. 503–534). Weinheim: Beltz Juventa.

Gerheim, U. (2013). Motive der männlichen Nachfrage nach käuflichem Sex. In: bpb (Hrsg.), Prostitution. APuZ, 63. Jg., S. 40–46.

Gerheim, U. (2012). Die Produktion des Freiers: Macht im Feld der Prostitution; eine soziologische Studie. Gender Studies. Bielefeld: Transcript.

Giebeler, C. (2008). Perspektivenwechsel in der Fallarbeit und Fallanalyse. In: Giebeler, C., Fishcer, W., Goblirsch, M., Miethe, I., Riemann, G. (Hrsg.). Fallstudien und Fallverstehen. Beiträge zur interdisziplinären rekonstruktiven Sozialarbeitsforschung. 2. Auflage. (S. 9–22). Leverkusen: Verlag Barbara Budrich.

Girtler, R. (1985). Der Strich. Erkundungen in Wien. Wien: Karolinger.

Grenz, S. (2007). (Un)heimliche Lust. Über den Konsum sexueller Dienstleistungen. 2. Auflage. Wiesbaden: VS Verlag für Sozialwissenschaften.

Hitzler, R. (2008). Ro on Rave. In: Sutterlüty, F., Imbusch, P. (Hrsg), Abenteuer Forschung (S. 19–28). Frankfurt am Main: Campus.

Hoff, W. (2012). „Mit den Augen der Betroffenen" Zur Entstehung von Ethnographie im Kontext bürgerlicher Sozialreform und Sozialer Arbeit. In: Hoff, W., Miethe, I., Bromberg, K. (Hrsg.), Forschungstraditionen in der Sozialen Arbeit. Materialien, Zugänge, Methoden (S. 87–111). Opladen & Farmington Hills: Verlag Barbara Budrich.

Kienitz, S. (1984). Sexualität, Macht und Moral. Berlin.

Jahoda, M., Lazarsfeld, P., Zeisl, H. (1975). Die Arbeitslosen von Marienthal. (1933) Frankfurt/Main: Suhkamp Verlag.

Rauschenbach, T., Thole, W. (Hrsg.) (1998). Sozialpädagogische Forschung: Gegenstand und Funktionen, Bereiche und Methoden. Weinheim, München: Juventa.

Rother, R. (2015). Soziale Arbeit mit Prostituierten in Zürich – dargestellt an den Erfahrungen der Beratungsstelle Isla Victoria. In: Albert, M., Wege, J. (Hrsg.), Soziale Arbeit und Prostitution. Professionelle Handlungsansätze in Theorie und Praxis (S. 129–157). Wiesbaden: Springer VS.

Ruhne, R. (2008). Forschen im Feld der Prostitution. In: Bereswill, M., Rieker, P. (Hrsg.), Wechselseitige Verstrickungen – Soziale Dimensionen der Forschungsprozesse in der Soziologie sozialer Probleme. Soziale Probleme Zeitschrift für soziale Probleme und soziale Kontrolle, 19 Jg. (1), S. 72–89.

Schmidt-Lauber, B. (2007). Feldforschung Kulturanalyse durch teilnehmende Beobachtung, In: Götsch, S., Lehmann, A. (Hrsg.), Methoden der Volkskunde (S. 219–243). Berlin: Ethnologische Paperbacks.

Schurian-Bremecker, C. (1989). Kenia in der Sicht deutscher Touristen. Eine Analyse von Denkmustern und Verhaltensweisen beim Urlaub in einem Entwicklungsland. Münster: Lit.

Suter, J., Munoz, M. (2015). Sexarbeit und Soziale Arbeit – Eine Gebrauchsanweisung. In: Albert, M., Wege, J. (Hrsg.), Soziale Arbeit und Prostitution. Professionelle Handlungsansätze in Theorie und Praxis. Wiesbaden: Springer VS.

Wensierski, H.-J., Jakob, G. (Hrsg.) (1997). Rekonstruktive Sozialpädagogik – Konzepte und Methoden sozialpädagogischen Verstehens in Forschung und Praxis. Weinheim, München: Beltz Juventa.

Wege, J. (2015). Soziale Arbeit im Kontext der Lebenswelt Prostitution – Professionelle Handlungsansätze im Spannungsfeld unterschiedlicher Systeme und Akteure. In: Albert, M., Wege, J. (Hrsg.), Soziale Arbeit und Prostitution. Professionelle Handlungsansätze in Theorie und Praxis. Wiesbaden: Springer VS.

Zinnecker, J. (2000). Pädagogische Ethnographie. In: Zeitschrift für Erziehungswissenschaft, 3, S. 381–400.

Sozialarbeiterische Perspektiven im Umgang mit Prostitution und Prostituierten

Carina Angelina

Abstract

How prostitution is received and regarded in society depends heavily upon widespread opinions. There is a controversial discussion within religious institutions, feminist organizations and social work on how prostitution should be viewed. Even though social work representatives advocate for the rights and dignity of women in prostitution and help them to cope with its social, psychological and physical effects, divergent views are encountered in the discourse on predominantly heterosexual prostitution (women as providers of sexual acts against loan and men as consumers). Because of such contrary views, common goals and strategies for action are extremely difficult to come by.

In the feminist discourse, there are two main attitudes to prostitution: the abolitionist (definition of prostitution as violence) and the liberal (definition of prostitution as sexwork). Both sides argue with the right for sexual self-determination and against patriarchal structures. The following article adds a third ambivalent standpoint to this discussion, in order to provide a multi-perspective approach, so that the three main views from the perspective of social work concerning this specific topic are outlined. These typifications attempt to describe the complex and often ambiguous values, roles and priorities in social work.

Einführung

In den unterschiedlichsten Bereichen, u. a. in der Kirche, feministischen Organisationen und der Sozialen Arbeit, wird diskutiert, wie Prostitution verstanden und bewertet wird und wie sich ihr gegenüber zu positionieren sei. Dabei treffen divergierende Meinungen aufeinander, die teilweise nicht miteinander kompatibel sind (vgl. BMFSFJ 2005: 15). Vorwiegend wird über heterosexuelle Prostitution diskutiert, bei der Frauen sexuelle Handlungen gegen Entgelt anbieten und Männer als Sexkäufer fungieren (vgl. Grenz u. Lücke 2006: 12 zit. n. Grenz 2007: 11).

Auch wenn die Soziale Arbeit für die Rechte und Würde der Frauen in der Prostitution eintritt und ihnen „*Hilfestellung und Betreuung bei den sozialen, psychischen und physischen Auswirkungen*" (Reichert u. Rossenbach 2013 zit. n. Albert 2015: 13) gibt, kann in der Sozialen Arbeit keine einheitliche Sichtweise zu diesem Thema festgestellt werden. Aufgrund dieser konträren Ansichten, gestalten sich gemeinsame Zielsetzungen und Handlungsstrategien äußerst schwierig (vgl. Albert 2015: 13, 22).

Im feministischen Diskurs stehen sich seit den 1970er-Jahren vor allem zwei divergierende Haltungen in Bezug auf Prostitution gegenüber: die abolitionistische (ablehnend) und die liberale (befürwortend) (vgl. Grenz 2015: 12 zit. n. Bastian 2010: 29). Beide Seiten argumentieren mit dem Recht auf sexuelle Selbstbestimmung und gegen patriarchale Strukturen (vgl. Grenz 2007: 15).

Im folgenden Abschnitt wird versucht eine weitere ambivalente Haltung miteinzuschließen, sodass also drei wesentliche sozialarbeiterische Anschauungen dargestellt werden.[32] Diese Typisierungen versuchen zu beschreiben, „welche komplexen und oft nicht eindeutigen

---

32 Ich beziehe mich hierbei auf die Ausarbeitung von Vorheyer (2010) hinsichtlich sozialarbeiterischen Haltungen bzgl. Prostitution, die von Albert (2015) aufgenommen, interpretiert und erweitert wurden.

Werthaltungen, Rollenverständnisse und Handlungsschwerpunkte" (Albert 2015: 21f.) in der Sozialen Arbeit vertreten sind. Es kann jedoch davon ausgegangen werden, dass es auch noch weitere sozialarbeiterische Haltungen bzgl. Prostitution gibt (ebd.: 22) und *„sich solche Positionierungen prozesshaft und je nach beruflichen Situationen ständig ändern können"* (ebd.: 19).

Weitere Differenzierungen, eine weiterreichende Auseinandersetzung mit den rechtlichen Konsequenzen sowie kritische Einwände können in diesem Artikel nur im Ansatz vorgestellt und nicht ausführlicher behandelt werden.[33]

a) Traditionell-feministische Perspektive (ablehnend)

Prostitution wird aus traditionell-feministischer Perspektive zwar als existierende Wirklichkeit anerkannt, jedoch wird sie eher kritisch bewertet und teils abgelehnt. Die abolitionistische Sichtweise wird hier häufig vertreten (vgl. Grenz 2007: 19). Der Begriff Abolitionismus wurde im 19. Jahrhundert von der Feministin Josephin Butler geprägt, deren Ziel es war, die Prostitution zu beenden (vgl. Schmackpfeffer 1999: 25, 27).

Diese Anschauung erkennt Prostitution nicht als Beruf an (vgl. Grenz 2005: 12 zit. n. Bastian 2010: 29), sondern fasst sie als eine Folge des Patriarchats und Kapitalismus auf (vgl. Bastian 2010: 30; Sanders 2005: 38f. zit. n. Grenz 2007: 15).

Prostitution ist somit auch nicht mit der Gleichstellung der Geschlechter vereinbar, da Freier vorwiegend männlich sind und Prostituierte überwiegend weiblich. In der Prostitution werden geschlechterspezifische Stereotype gefördert und die Anschauung unterstützt, dass die Befriedigung sexueller Bedürfnisse (meist von Männern) eine

---

33 Eine ausführliche Auseinandersetzung mit den rechtlichen Konsequenzen der jeweiligen Positionen sowie kritische Einwände sind in dem Bericht des BMFSFJ (2007c) nachzulesen.

Art Recht sei. Männer erlangen aufgrund von ökonomischer Macht den Zugang zum weiblichen Körper (vgl. Schulze 2014: 21) und dies wird als Form der Ausbeutung und Unterdrückung der Frauen beurteilt (vgl. Albert 2015: 20; Schwarzer 1975: 178 zit. n. Bastian 2010: 30; Gerheim 2011: 9).

Frauen leben demnach in der Prostitution ihre Sexualität nicht selbstbestimmt aus, sondern werden aufgrund der ökonomisch-sozialen Benachteiligung in die Prostitution gedrängt und zur Ware degradiert (vgl. Schmackpeffer 1999: 108ff.). Da es lediglich um die Befriedigung der sexuellen Bedürfnisse des Sexkäufers geht (vgl. Schwarzer 1983: 8 zit. n. Bastian 2010: 31), kann man daher nicht von einer gleichberechtigen sexuellen Beziehung sprechen (vgl. Barry 1996: 23, 112 zit. n. BMFSFJ 2007b: 17):

> Als zentrales Motiv gilt die männliche Kontrolle des weiblichen Körpers und der weiblichen Sexualität, so daß die Bedürfnisse und Interessen der Männer bedient werden, nicht aber die der Frauen (Meuser 1998: 79 zit. n. Bastian 2010: 30).

Mit dieser Auslegung steht Prostitution im Widerspruch zur Emanzipation (vgl. Schmackpeffer 1999: 107). Radikale Positionen sind der Ansicht, Prostitution müsse als Gewalt gegen Frauen im Sinne einer Vergewaltigung gewertet werden, da mit der Bezahlung die Zustimmung erkauft und erzwungen werde (vgl. Jeffreys 1997: 4 zit. n. Grenz 2007: 14; Honeyball 2008 zit. n. Gerheim 2011: 9). Sanders (2005) sowie O'Connell Davidson (1998) teilen eine prostitutionskritische Ansicht und sehen Frauen in der Prostitution als Opfer von gesellschaftlichen Verhältnissen, nehmen sie dennoch als bewusste Akteurinnen war (vgl. zit. n. Grenz 2007: 14f.):

> Weitgehend Einigkeit herrschst darüber, dass Prostitution ein Resultat und Abbild der rechtlichen, ökonomischen und sozialen Ungerechtigkeit zwischen Männern und Frauen sowie der sexuellen Doppelmoral ist, die den Männern mehr Freiheiten zugestehen. Das ökonomische Ungleichgewicht

macht die Entscheidung, in der Prostitution tätig zu werden, zu einer rationalen (Sanders 2005: 38f zit. n. Grenz 2007: 15).

Politische Auswirkungen dieser Haltung zeigen sich zum Teil im sogenannten Schwedischen Modell (vgl. Dodillet 2006 zit. n. Albert 2015: 20). Hier wird das Ziel verfolgt u. a. durch die strafrechtliche Verfolgung der Sexkäufer, die Nachfrage zu reduzieren und damit auch das Angebot einzudämmen. Da Prostituierte als Opfer von Ausbeutung angesehen werden, ist das Anbieten von sexuellen Handlungen gegen Entgelt nicht strafbar (vgl. Han 2003: 256f.; Gerheim 2011: 9). Prostitution wird hier als soziales und gesellschaftliches Problem gewertet, welches allen Beteiligten schadet (vgl. Kilvington et al. 2001: 79f. zit. n. Han 2003: 256).

Allerdings werden von verschiedenen Gruppierungen auch Einwände vorgebracht, von denen ich drei kurz aufzeigen möchte.

1. Prostituierte werden hier mit Gewaltopfern gleichgesetzt (vgl. HWG 1994 zit. n. BMFSFJ 2005: 21). Viele teilen diese Auffassung nicht, mit der Begründung, dass *„auch die Selbstwahrnehmung von Prostituierten mit Gewalterfahrungen sich nicht durchgehend mit der eines Gewaltopfers deckt"* (ebd.).

2. Mit der Kriminalisierung der Sexkäufer sollen diese als Täter eingestuft werden. Dies bedeutet jedoch, dass alle Prostituierte somit indirekt als Opfer angesehen werden (vgl. BMFSFJ 2007b: 21).

3. *„Da die freie Selbstbestimmung Ausdruck der Menschenwürde ist, bestimmt der Einzelne selbst, was seine Würde ausmacht"* (ebd.). Die Grenze darf erst dann gezogen werden, wenn eine Tat als sozialschädlich angesehen wird. Schweden argumentiert, dass Prostitution eine Gefährdung der Gleichberechtigung darstellt. Die meisten Länder sind nicht dieser Ansicht (vgl. ebd.).[34]

34　An dieser Stelle muss jedoch erwähnt werden, dass 2014 eine nicht bindende Resolution im Europaparlament verabschiedet wurde, die das schwedische Modell empfiehlt und alle europäischen Länder dazu auffordert,

Die traditionell-feministische Perspektive hat Auswirkungen auf die Arbeitsweise in der Sozialen Arbeit. Da diese Ansicht vorwiegend problembezogen ist, wird Prostitution als schädliche Tätigkeit beurteilt, die keine langfristige Perspektive aufweist. Grundsätzlich wird davon ausgegangen, dass die Personen nicht in der Tätigkeit verbleiben wollen (vgl. Albert 2015: 19f.). Sie benötigen deshalb ein *„hohes Maß an sozialen, rechtlichen und staatlichen Unterstützungsmaßnahmen"* (ebd., 20). Daraus folgt eine *„zweckgebundene Sozialarbeit"*, die sich v. a. an *„den Ausstiegswünschen und der beruflichen Reintegration der Frauen orientieren soll"* (ebd.). Auch wenn diese Position der Prostitution ablehnend oder kritisch gegenübersteht, wird prostituierten Personen *„hohe Toleranz und Wertschätzung"* entgegengebracht (ebd.).

b) Neo-feministische Perspektive (befürwortend)

In den 80er-Jahren entstanden diverse Prostituiertenprojekte, wie z. B. Hydra, HWG oder Kassandra. Sie werten Prostitution als Beruf wie jeden anderen und bezeichnen diese deshalb als Sexarbeit (vgl. Bastian 2010: 32f.). Folglich befürworten sie eine Entkriminalisierung sowie Entstigmatisierung von Prostitution und Sexkauf, fordern eine gesellschaftliche Normalisierung (vgl. Gerheim 2011: 9; Albert 2015: 20) und setzen sich für rechtliche Arbeits- und Lebensbedingungen für Prostituierte ein, die sie als besser erachten (Vgl. Grenz 2005: 12ff. zit. n. Bastian 2010: 29). Eine rechtliche Gleichstellung mit anderen Erwerbstätigkeiten soll erreicht werden, indem sowohl die Sperrbezirksverordnung (vgl. Hydra) als auch Paragraphen des StGB im Zusammenhang mit Förderung der Prostitution und Zuhälterei abgeschafft werden sollen. Zusätzlich soll das Werbeverbot im StGB aufgehoben werden (vgl. BMFSFJ 2007b: 29). Grundlage für diese Forderungen

---

dieses Modell zu übernehmen: „Die Abgeordneten betonen, dass nicht nur Zwangsprostitution, sondern auch freiwillige sexuelle Dienstleistungen gegen Bezahlung die Menschenrechte und die Würde des Menschen verletzen" (vgl. Europäisches Parlament 2014).

ist ebenfalls die Gleichstellung der Geschlechter (vgl. BMFSFJ 2005: 21). Das Wort Zwangsprostitution wird bei dieser Ansicht als widersprüchlich beurteilt, da Prostitution als rein freiwillige Tätigkeit dargestellt und klar von sexualisierter Gewalt abgetrennt wird:

> Zwangsprostitution gibt es nicht. Prostitution ist eine freiwillig erbrachte sexuelle Dienstleistung, die einen einvernehmlichen Vertrag zwischen erwachsenen Geschäftspartner/-innen voraussetzt. Ohne dieses Einvernehmen handelt es sich nicht um Prostitution, sondern um erzwungene Sexualität und damit um sexualisierte Gewalt (Engelmeyer in Deutscher Bundestagsprotokoll 14/69 2001: 15 zit. n. BMFSFJ 2005: 19).[35]

Es werden die „*selbstverantwortliche Entscheidung und die relativen Vorzüge dieser Tätigkeit und Selbstbestimmung von Art und Umfang der Arbeit*" hervorgehoben (BMFSFJ 2005: 21).

Dennoch wird Prostitution als teilweise patriarchales System verstanden, da Frauen mit ihrer Sexualität der Befriedigung von Männern zur Verfügung stehen (vgl. Prostituiertenprojekt Hydra 1991: 12 zit. n. Bastian 2010: 31). Allerdings unterscheidet diese Position im Gegensatz zu den Abolitionisten/-innen zwischen „*Prostitution als Institution einer partriarchalischen [sic!] Gesellschaft und Prostitution als daraus resultierende Möglichkeit des Gelderwerbs für Frauen*" (vgl. Prostituiertenprojekt Hydra 1991, 9 zit. n. Bastian 2010, 32). Trotzdem wird Prostitution nicht im Widerspruch zur Emanzipation gesehen, da sie auch als Form der sexuellen Selbstbestimmung von Frauen verstanden werden kann, als natürliches sexuelles Verlangen oder Ausdruck „*sexuellen Andersseins*" (Grenz 2007: 15).

Einige Vertreter/-innen dieser Position bewerten Prostitution außerdem als wichtige gesellschaftliche Funktion (vgl. Albert 2015: 21). Begründung hierfür ist u. a., dass männliche Sexualtriebe in der Prostitution befriedigt werden und dadurch schädigendes Verhalten vermieden werden kann (vgl. Grenz 2007: 16f.; Prostituiertenprojekt

---

35   Engelmeyer bezieht sich an dieser Stelle auf Kassandra e. V.

Hydra 1991: 13 zit. n. Bastian 2010: 31): *„Sexualität gehört demnach zur unveränderlichen Identität und nimmt Schaden, wenn sie nicht ausgelebt werden kann"* (Grenz 2007: 16f.). Negative Auswirkungen können sowohl bei einer sexuell unbefriedigten Person auftreten als auch bei Personen in dessen Umfeld. Mit der Prostitution sollen Männer die Möglichkeit erhalten, *„die gewünschte Art von Sexualität ausleben zu können, da sich ihre sexuellen Energien ansonsten ins Negative wenden"* (Grenz 2007: 16).[36] Aus diesem Grund lehnen Vertreter/-innen dieser Sichtweise das Schwedische Modell ab (vgl. Bastian 2010: 32).

Auch diese Position wird von diversen Seiten kritisiert. Unter anderem werden die negativen Auswirkungen und Schattenseiten der Prostitution vollkommen ausgeblendet bzw. verharmlost (vgl. BMFSFJ 2005: 21). Weitere Kritikpunkte zu dieser Ansicht decken sich mit der „liberalfeministischen Perspektive". Daher werde ich die Einwände weiter unten im Text ausführen.

Auch diese Einstellung beeinflusst das Verhalten von Sozialarbeiter/-innen und deren Umgang mit Prostituierten. Sie begegnen den Personen in der Prostitution nicht nur mit Toleranz und Respekt, *„sondern auch mit eindeutiger Solidarität und Unterstützung ihrer eigentlichen Tätigkeit"* (Albert 2015: 20). Da Prostitution als eine bestimmte Form von selbstbestimmter Sexualität verstanden wird, zielt die Beratung darauf ab, Prostituierte in ihren Rechten in der Prostitution zu stärken. Sie sollen lernen, sich selbstbewusst und eigenständig zu vertreten (vgl. ebd.: 21) und in ihrem Alltag Unterstützung erhalten (vgl. Bastian 2010: 41). Soziale Arbeit übernimmt auch die Aufgabe eines Fürsprechers gegenüber der Gesellschaft. *„Konsequent vertre-*

---

36   Grenz nennt das Beispiel einer Frau, die sich gewünscht hätte, dass ihr Vater zu einer Prostituierten gegangen wäre. Ihr Vater habe unbefriedigte sexuelle Bedürfnisse gehabt im Hinblick auf bestimmte sexuelle Praktiken, welche die Mutter verweigerte. Diese sexuelle Frustration führte zu einem angespannten Familienverhältnis. Hätte er seine sexuellen Wünsche mit einer Prostituierten ausgelebt, wäre dies nach Meinung der Tochter eine Befreiung für ihn und die Familie gewesen (vgl. Grenz 2007: 16).

ten wird in diesem Kontext die aktive Solidarität mit Sexarbeiterinnen und der Einsatz für eine Stärkung ihrer Rechte in der Öffentlichkeit" (Albert 2015: 21).

c) Liberal-feministische Perspektive (ambivalent)

Die liberal-feministische Perspektive entspricht in etwa dem aktuellen politischen Kurs in Deutschland:

> Kennzeichen eines freiheitlichen Rechtsstaates ist die Respektierung der autonomen Entscheidung der Einzelnen, so lange keine rechtlich geschützten Interessen anderer verletzt werden (BMFSFJ 2007a: 8).
>
> Es ist nicht die Aufgabe des Staates, moralische Verhaltensstandards durchzusetzen oder Menschen vor den Folgen ihrer Lebensentscheidung zu bewahren, die sie in freier Selbstverantwortung getroffen haben (BMFSFJ 2007b: 26).

Dies verdeutlicht erneut, dass auf politischer Ebene die Selbstbestimmung und Eigenverantwortung der Betroffenen im Vordergrund stehen. Freiwilligkeit und sexuelle Selbstbestimmung ist demnach dann gegeben, wenn eine Person „*frei über das ‚Ob', das ‚Wann' und das ‚Wie' einer sexuellen Begegnung entscheiden kann*" (BMFSFJ 2007a: 8). Zwangsprostitution und Menschenhandel werden eindeutig als Gewalt definiert (vgl. BMFSFJ 2007b: 26), freiwillige Prostitution jedoch nicht, da diese als Erwerbstätigkeit der Berufsfreiheit nach Art. 12 Abs. 1 GG zugeordnet wird (vgl. BMFSFJ 2007a: 8). Dennoch wird betont, dass diese Tätigkeit ein erhöhtes Risiko für psychische und physische Folgeerscheinungen und eine erhöhte Gewaltprävalenz aufweist (vgl. BMFSFJ 2007b: 26).

Nachfolgende Kritikpunkte, die von verschiedenen Seiten angebracht werden, betreffen sowohl die liberal-feministische Position als auch die neo-feministische Perspektive:

1. Die Menschenwürde wird auf die Autonomie des Einzelnen begrenzt. Es wird argumentiert, dass die Sexualität „zum unantastbaren Kernbereich der Persönlichkeit" gehört (ebd.: 27). Daher kann und darf Sexualität nicht kommerzialisiert und zur Ware degradiert werden (vgl. ebd.).
2. Diese Argumentationen verschleiern, dass Prostitution v. a. die wirtschaftlich Mächtigen begünstigt und dass häufig ökonomische Ungleichheit und strukturelle Gewalt in die Prostitution führen. Somit wird die Situation einer Person, die sich aufgrund einer bestimmten Notlage und/oder Zwängen prostituiert, missbraucht. Dies könne auch „nicht durch eine ‚formale' Zustimmung ‚geheilt' werden" (Jeffreys 1997: 318f. zit. n. BMFSFJ 2007b: 27).
3. Die Praxis zeigt, dass es äußerst schwierig ist, Unterschiede zwischen freiwillig erbrachter Prostitution und erzwungener nachzuweisen (vgl. Jeffreys 1997: 295, 305 zit. n. BMFSFJ 2007b: 28).
4. Mit der Legalisierung und Akzeptanz von Prostitution werde diese dann „salonfähig" gemacht (Jeffreys 1997: 323 zit. n. BMFSFJ 2007b: 28). Dadurch würden „Schwellenängste" möglicher Sexkäufer reduziert, wodurch die Nachfrage nach Prostitution ansteigen könnte (BMFSFJ 2007b: 28).

Die liberal-feministische Haltung in der Sozialen Arbeit wird als ambivalent bezeichnet. Die Ausübung der Prostitution wird respektiert, jedoch werden die Folgen dieser Tätigkeit kritisch beleuchtet und beurteilt (vgl. Albert 2015: 21). Prostitution wird deshalb nicht als „Beruf wie jeder andere" gewertet (ebd.). Die Zielgruppe stellen hier nicht diejenigen dar, die der Prostitution gerne und selbstbestimmt nachgehen und keinen Ausstieg beabsichtigen, sondern jene die Unterstützung in Anspruch nehmen möchten. Ausstiegsmöglichkeiten werden zwar angeboten, das Verbleiben im Sexgewerbe wird jedoch auch respektiert. Interventionsmöglichkeiten und Hilfe entsprechen den Bedürfnissen der Klientinnen. Ein freiwilliger Einstieg in die Prostitution wird nicht grundsätzlich ausgeschlossen. Dennoch vertritt diese Position ebenfalls die Ansicht, dass unter diesen Umständen negative Folgeerscheinungen psychischer oder physischer Art auftreten können, die zu einem Ausstieg führen. Bei vorhandenen Ressourcen und Möglichkeiten wird der Ausstieg unterstützend begleitet (vgl. ebd.).

Persönliches Fazit

> Die bisherige Sicht, die in diesem Bereich arbeitenden Frauen nur als ‚Opfer' krimineller Organisationen zu sehen, ist einseitig und voreilig. Dennoch können Fakten nicht darüber hinwegtäu-schen [sic!], dass die in der Sexindustrie arbeitenden Frauen weitgehend unter menschenunwürdigen Bedingungen arbeiten und in vieler Hinsicht ausgebeutet werden, unabhängig davon, ob sie genötigt oder freiwillig dort arbeiten (Han 2003: 205).

Prostituierte sollten nicht als handlungsunfähige Personen stigmatisiert und somit entmündigt werden. Dennoch sollte ebenfalls nicht verdrängt werden, dass Sexualität u. a. aufgrund eines ökonomischen Ungleichgewichts kommerzialisiert wird. Dabei sind diejenigen im Vorteil, die die finanziellen Mittel besitzen, um sich sexuelle Zuneigung zu erkaufen, und jene im Nachteil, die sich gezwungen sehen, unter prekären Bedingungen zu prostituieren (vgl. Artikel Carina Angelina: 33ff.; vgl. Artikel Elvira Niesner und Encarni Ramirez: 155ff.). Hier kann man von Ausnutzung eines Menschen aufgrund seiner Notlage sprechen. Deshalb sollte an die Nachfrageseite appelliert und diese in die Verantwortung genommen werden.[37]

---

37 Als Beispiel hierfür kann eine Kampagne aus Stuttgart angeführt werden, die Freier sensibilisieren soll: „Mit der Plakatkampagne ‚Stoppt Zwangs- und Armutsprostitution' will die Stadt eine Wertediskussion zum Frauenbild in der Gesellschaft, zu Sexualität und Partnerschaft anstoßen. Die Menschenwürde steht im Mittelpunkt der Kampagne" (Landeshauptstadt Stuttgart: 2016).

Sozialarbeiter/-innen sollten Prostituierten, die meist von verschiedenen Akteuren stigmatisiert werden, mit Respekt und Toleranz begegnen (vgl. Artikel Deborah da Silva: 127ff.). Dabei sollten Unterstützungs- sowie Ausstiegsangebote Teil der Beratung sein. Um den Ausstieg derjenigen zu fördern, die diesen Wunsch artikulieren, sollten Hilfsangebote sowie Therapiemöglichkeiten verstärkt staatlich gefördert werden. Da ein Ausstieg nicht erzwungen werden darf und sollte, muss ein gewünschtes Verbleiben in der Prostitution gleichfalls respektiert werden. Auch hier ist es dringend erforderlich, entsprechende Mittel und Angebote, die auf Wunsch freiwillig und kostenlos in Anspruch genommen werden können, zur Verfügung zu stellen, um den betroffenen Personen in ihrer Lebenswelt unterstützend zur Seite zu stehen.

Literatur

Albert, M. (2015). Soziale Arbeit im Bereich Prostitution. Strukturelle Entwicklungstendenzen im Kontext von Organisation, Sozialraum und professioneller Rolle. In: Albert, M., Wege, J. (Hrsg.): Soziale Arbeit und Prostitution. Professionelle Handlungsansätze in Theorie und Praxis. Wiesbaden: Springer VS, S. 9–26.

Bastian, N. (2010). Prostitution im Kontext feministischer Debatten. In: Bastian, N., Billerbeck, K. (Hrsg.): Prostitution als notwendiges Übel? Analyse einer Dienstleistung im Spannungsfeld von Stigmatisierung und Selbstermächtigung. Marburg: Tectum-Verlag, S. 27–40.

BMFSFJ (Hrsg.) (2005). Untersuchung „Auswirkungen des Prostitutionsgesetzes". Abschlussbericht. Freiburg. Zugriff am 07.03.2018 unter http://bit.ly/2mfaMCc.

BMFSFJ (Hrsg.) (2007a). Bericht der Bundesregierung zu den Auswirkungen des Gesetzes zur Regelung der Rechtsverhältnisse der Prostituierten (Prostitutionsgesetz - ProstG). Berlin. Zugriff am 07.03.2018 unter http://bit.ly/2lznCOD.

BMFSFJ (Hrsg.) (2007b). Reglementierung von Prostitution. Ziele und Probleme. Eine kritische Betrachtung des Prostitutionsgesetzes. Berlin. Zugriff am 07.03.2018 unter http://bit.ly/2v8Kbyf.

Europäisches Parlament (2014). Die Freier bestrafen, nicht die Prostituierten, fordert das Parlament. Zugriff am 07.03.2018 unter http://bit.ly/2I9sEdd.

Gerheim, U. (2011). Die Produktion des Freiers. Macht im Feld der Prostitution. Eine soziologische Studie (1. Aufl.). Bielefeld: transcript (Gender Studies).

Grenz, S. (2007). (Un)heimliche Lust. Über den Konsum sexueller Dienstleistungen (2. Aufl.). Wiesbaden: VS, Verl. für Sozialwissenschaften.

Han, P. (2003). Frauen und Migration. Strukturelle Bedingungen, Fakten und soziale Folgen der Frauenmigration. Stuttgart: Lucius & Lucius Verlag.

Hydra e.V. (Hrsg.). Unsere Ziele. Zugriff am 07.03.2018 unter http://www.hydra-berlin.de/verein/unsere_ziele/.

Schmackpfeffer, P. (1999): Frauenbewegung und Prostitution. Über das Verhältnis der alten und neuen deutschen Frauenbewegung zur Prostitution. Zugriff am 07.03.2018 unter http://bit.ly/2oVNxQh.

Schulze, E. (2014): Sexuelle Ausbeutung und Prostitution und ihre Auswirkungen auf die Gleichstellung der Geschlechter. Zugriff am 07.03.2018 unter http://bit.ly/2tmPDy6.

Landeshauptstadt Stuttgart (2016): Die Kampagne: „Stoppt Zwangs- und Armutsprostitution". Zugriff am 28.02.2018 unter http://stuttgart-sagt-stopp.de/kampagne/.

Sozialarbeiterische Perspektiven im Umgang mit von Gewalt betroffenen Frauen in der Prostitution

Deborah da Silva

Abstract

There is a high risk for women in prostitution to become victims of violence. Violence in this context is referred to as physical, sexual and psychological abuse. Therefore, it is important for social workers to engage with the topic of violence and to identify the appropriate opportunities for taking action in support of the affected women. Using qualitative research and literature review, four essential factors for social workers dealing with women in prostitution were identified:

1. *Many women in prostitution have a high acceptance of violence. They believe that violence is an inevitable part of prostitution and so they need to endure it. Social workers can raise awareness about violence as that which violates human dignity. This way they can empower women to not accept violence easily.*

2. *The affected women can be encouraged to perceive and respect their personal limits. Particularly women who are affected by pimp violence and partner violence need to find help to develop their self-esteem and autonomy in order to find the courage to walk out of such relationships.*

3. *If there is a situation of acute violence, a crisis intervention should quickly be made. In this case, immediate measures, such as finding a shelter for the woman and if necessary also for her children, should be taken.*

4. *Counselling centres need to develop a network with interdisciplinary professionals and authorities. To prevent discrimination by the police, doctors or psychotherapists, advice centres need contacts who are informed about the prostitution milieus.*

Social workers are able to provide support possibilities for women in prostitution after traumatic experiences and give them hope. The social worker and the affected woman can work out a new life perspective together.

Einführung

Frauen[38] in der Prostitution gelten „[...] in Bezug auf Gewalt [als] hochgradig gefährdete Gruppe" (BMFSFJ 2004a: 26). Das hohe Gewaltrisiko bezieht sich sowohl auf Beziehungspartner/-innen als auch auf Täter/-innen im Arbeitskontext. So zeigen sich männliche Beziehungspartner[39] als die größte und Freier als die zweithäufigste Tätergruppe (vgl. ebd.: 26).

Die überdurchschnittlich hohe und massive Gewaltbetroffenheit bei einer beachtlichen Anzahl von Frauen in der Prostitution, die im Folgenden herausgestellt wird, macht deutlich, dass Sozialarbeiterinnen und Sozialarbeiter, die in Beratungsstellen für Frauen in der Prostitution tätig sind, einer Sensibilität im Umgang mit von Gewalt betroffenen Frauen bedürfen. So weist das Bundesministerium für Familie, Senioren, Frauen und Jugend (BMFSFJ) darauf hin, dass das Augenmerk künftig nicht mehr einzig auf den schlechten hygienischen und gesundheitlichen Rahmenbedingungen in der Prostitution liegen darf. Erfahrungen von Gewalt sollten – besonders nach Erkenntnissen verschiedener Studien – auch im Bereich der sogenannten freiwilligen Prostitution als belastender Faktor wahrgenommen werden (vgl. BMFSFJ 2007: 10).

---

38 Die ausschließliche Verwendung der weiblichen Form bietet sich an, da der Schwerpunkt des Artikels auf der weiblichen Prostitution liegt. Frauen stellen unumstritten den größten Teil der Prostituierten dar. Dennoch soll darauf hingewiesen werden, dass es auch männliche Prostituierte gibt (vgl. Löw u. Ruhne 2011: 22).

39 Da es sich in der folgenden Studie (BMFSFJ 2004b) fast ausschließlich um männliche Beziehungspartner handelt, wird im Folgenden nur die männliche Sprachform verwendet.

Im Folgenden wird zunächst anhand einer Studie des BMFSFJ auf die Gewalterfahrungen von Frauen in der Prostitution in Deutschland eingegangen sowie auf die Gewaltfolgen. Für die Soziale Arbeit wirft dies die Frage auf, wie mit in der Prostitution tätigen Frauen, die in unterschiedlichen Lebensbereichen von Gewalt betroffen sind, umgegangen werden kann.

Zur Beantwortung der Frage beziehe ich mich auf bereits vorhandene Literatur sowie auf die Ergebnisse von drei qualitativen Interviews mit Sozialarbeiterinnen, die ich in verschiedenen Beratungsstellen in Deutschland durchgeführt habe.

Gewalterfahrungen und Gewaltfolgen

In Anlehnung an die umfassendste deutsche Prävalenzstudie des BMFSFJ von 2004, welche Gewalt gegen Frauen in Deutschland untersuchte, wird der Gewaltbegriff im Folgenden in sexuelle Belästigungen, psychische Gewalt und Aggressionen sowie körperliche und sexuelle Gewalt unterteilt. Neben der repräsentativen Studie wurden auch spezifische Gruppen befragt, u. a. Frauen in der Prostitution. Im Unterschied zur Hauptstudie erzielte diese Befragung keine Repräsentanz. Dennoch wird durch die Stichprobe ein Einblick in die Gewalterfahrungen möglich gemacht. Die erlebten Handlungen beziehen sich auf Erlebtes nach dem 16. Lebensjahr und umfassen Gewalterfahrungen inner- und außerhalb des Arbeitskontextes (vgl. BMFSFJ 2004b: II 26). Es folgt an dieser Stelle ein kurzer Einblick in die genannte Studie, welche die Relevanz der Gewaltthematik verdeutlicht.

Gewaltbetroffenheit

89 % aller befragten Frauen in der Prostitution gaben konkrete Formen **sexueller Belästigung** an, welche häufig als mehrmals erlebt benannt wurden. Viele der genannten Formen sind bedrohliche Formen mit der Tendenz zu Körperkontakt oder zur Erpressung sexueller Hand-

lungen (siehe Tabelle). Alle Erscheinungsformen wurden deutlich häufiger von Frauen in der Prostitution genannt, als in der repräsentativen Studie (vgl. BMFSFJ 2004b: II 29ff.).

Eine Handlung **psychischer Gewalt und Aggressionen** haben mindestens 81 % der befragten Frauen in der Prostitution erlebt. Darunter fallen zum Beispiel Demütigungen oder Drohungen (siehe Tabelle). Aus diesem Teil der Studie ergibt sich nicht, ob die genannten Handlungen im Kontext der Prostitutionstätigkeit erfahren wurden. Diese Vermutung liegt allerdings nahe, da die Werte sehr viel höher liegen, als in der repräsentativen Studie (vgl. ebd.: II 32).

Mindestens eine Form **körperlicher Gewalt** durchlebten 83 % der Frauen (siehe Tabelle). Allerdings wurden fast alle Handlungen mehrmals erlebt (vgl. ebd.: II 33). Die Täter/-innen der körperlichen Gewalt sind bei 77 % der Frauen die (Ex-)Partner und zu 48 % jemand aus dem Arbeitsumfeld, am häufigsten Freier und Zuhälter. 40 % der Frauen nannten Personen aus der Familie und 30–34 % der Täter-/innen sind den Frauen unbekannt oder flüchtig bekannt, was auch Personen im Arbeitskontext miteinschließen kann. Fast alle Frauen erlitten die körperliche Gewalt durch männliche Täter.

Unter **sexueller Gewalt** werden hier alle sexuellen Handlungen verstanden, die gegen den Willen durch Drohung oder körperlichen Zwang erbracht wurden. 56 % der Frauen hatten mindestens eine Form sexueller Gewalt erfahren (vgl. ebd.: II 35f., siehe Tabelle). 64 % der Täter/-innen sexueller Gewalt sind aus dem Arbeitskontext der Frauen. Mit Abstand werden am häufigsten Freier genannt. 60 % der Täter/-innen sind (Ex-)Partner, 30 % Unbekannte, 23 % flüchtig bekannte Personen, 20 % Freunde und Bekannte, Nachbarn und Familie (vgl. ebd.: II 40ff.).

Abbildung 1: Erlebte Gewalthandlungen nach dem 16. Lebensjahr (vgl. BMFSFJ 2004b: II 29ff.)

	% von Befragten, die mindestens eine Situation erlebt haben	Häufige Formen (% von Befragten, die folgende Situationen mindestens einmal erlebt haben)
sexuelle Belästigung	89 %	Nachpfeifen, schmutzige Bemerkungen oder Angestarrt-Werden (74,5 %), ungutes Gefühl durch sexuelle Anspielungen (65,3 %), gegen den eigenen Willen betatscht oder geküsst werden (55,1 %), u. a.
psychische Gewalt und Aggressionen	81 %	Lächerlich gemacht, gehänselt, abgewertet oder gedemütigt (67,4 %), schwere Beleidigungen, Einschüchterungen oder aggressives Anschreien (66,3 %), massive Drohungen oder Angst eingejagt bekommen (59,6 %), Erpressungen oder der Zwang etwas gegen den eigenen Willen zu tun (52,8 %), u. a.
physische Gewalt	83 %	Wütendes Wegschubsen, leichtes Ohrfeigen und schmerzhaftes Treten (57–63 %), Bedrohung durch eine Waffe (34 %), gewürgt werden (28 %), verprügelt oder mit Fäusten geschlagen werden (jeweils 39 %), Morddrohungen (37 %), u. a.
sexuelle Gewalt	56 %	Erlebte Vergewaltigung (46 %), Versuch einer Vergewaltigung (33 %), Zwang zu intimen Körperberührungen (33 %) oder zu anderen sexuellen Praktiken (29 %), u. a.

Risikofaktoren

Die Straßenprostitution ist häufig mit einem besonders hohen Risiko verbunden. Das Erbringen sexueller Dienstleistungen an abgelegenen Orten führt dazu, dass die Frauen hilflos ausgeliefert sind, wenn Gewalt von einem Freier ausgeübt wird. Sie stehen in der Gefahr, dass sie um ihr Geld betrogen, misshandelt oder sogar vergewaltigt werden (vgl. Dortmunder Mitternachtsmission 2016: 39). Aber auch Geschäftsführende in der Indoorprostitution wie z. B. Bordellbetreiber/-innen wissen um ein hohes Risiko. Sie berichten von Frauen, die z. B. im Zimmer festgebunden wurden oder massiven Gewaltakten bis hin zu Tötungsdelikten durch Freier ausgesetzt waren (vgl. Büschi 2011: 108). Migrantinnen, Minderjährige und drogenabhängige Frauen in der Prostitution sind zusätzlich besonderen Gefahren ausgesetzt (vgl. Albert u. Wege 2011: 17). Migrantinnen mit mangelnden oder fehlenden Sprachkenntnissen kennen oftmals ihre Rechte nicht und können ihre Grenzen gegenüber Freiern nur schwer durchsetzen (vgl. Wege 2015b: 25). Zudem stellt die soziale Isolation und Ausgrenzung vieler Frauen ein weiteres Gewaltrisiko dar (vgl. Hornberg 2008: 40). Drogenabhängige Frauen haben aufgrund des Beschaffungsdrucks ein immenses Risiko Opfer von Freiergewalt zu werden (vgl. Schrader 2015: 59). Die mangelnde Lebenserfahrung, Gutgläubigkeit und Lenkbarkeit Minderjähriger und junger Frauen treibt sie häufig in emotionale Bindungen zu Zuhältern, die sie stark kontrollieren. Es besteht zudem die Gefahr, in emotionale Abhängigkeiten von sogenannten *Loverboys* zu geraten, welche junge Mädchen durch eine Liebesbeziehung in die Prostitution führen, um schließlich finanziell von ihnen zu profitieren (vgl. Dortmunder Mitternachtsmission 2016: 57f.).

Gewalt in unterschiedlichen Kontexten

Es wird zwischen Gewalt im Arbeitskontext und Gewalt außerhalb der Prostitution unterschieden (vgl. BMFSFJ 2004b: II 37).

Unter Gewalt im Arbeitskontext wird die Gewalt, die von Freiern ausgeht, definiert, aber auch von Zuhältern, Arbeitskolleginnen sowie Betreiberinnen und Betreibern von Prostitutionsstätten (vgl. BMFSFJ 2004b: II 72).

In Bezug auf Freiergewalt gibt es „[...] *offensichtlich einen Nachfragemarkt, auf dem Menschen ihre sexuellen Machtfantasien ausleben [...]*" (Schrader 2015: 62) und die Vulnerabilität der Frauen ausnutzen (vgl. ebd.).

Häufig haben die Frauen Lebenspartner, Freundinnen und Freunde, Bekannte oder Zuhälter, welche eine vermeintliche Schutzfunktion einnehmen, um die Frauen vor gewalttätigen Freiern zu schützen. Problematisch ist allerdings, dass diese nicht selten vom Lohn der Frauen profitieren und zudem Druck ausüben, um eine höhere Arbeitsbereitschaft der Frauen zu erzielen. Häufig wird dabei psychische Gewalt angewendet, wie z. B. die Androhung von Schlägen, Liebesentzug oder auch direkte körperliche Gewalt (vgl. Dortmunder Mitternachtsmission 2016: 40; Interview 3, Z.129ff. zit. n. da Silva 2017: 7). Beinahe zwei Drittel der Täter/-innen sexueller Gewalt kamen aus dem Arbeitskontext der Frauen. Fast die Hälfte der erfahrenen körperlichen Gewalt wurde ebenso im Arbeitskontext erlebt (vgl. BMFSFJ 2004b: II 67).

Für Außenstehende, dazu zählen auch Fachkräfte der Sozialen Arbeit, ist es äußerst schwierig zu definieren, ab wann ein Partner auch eine Zuhälterfunktion einnimmt (vgl. Brückner 2002: 49; BMFSFJ 2004b: II 5; Interview 1, Z. 400ff. zit. n. da Silva 2017: 8).

Partnerschaften von Frauen in der Prostitution sind durchschnittlich häufiger und schwerer gewaltbelastet als von Frauen außerhalb des Prostitutionsmilieus. Ein möglicher Zusammenhang zur Prostitutionstätigkeit könnte darin bestehen, dass Partner aufgrund der körperlichen Verfügbarkeit ihrer Partnerin für andere Männer aggressiv, eifersüchtig und gewalttätig werden. Aber auch besondere Abhängigkeits- und Ausbeutungsverhältnisse können dabei eine Rolle spielen (vgl. BMFSFJ 2004b: 541). Aus dem Bereich der häuslichen Gewalt ist bekannt, dass verschiedene Phasen in einer Misshandlungsbeziehung durchlebt werden. In einem Wechselspiel baut sich zunächst eine Spannung auf, daraufhin wird akute Gewalt ausgeübt und schließlich kommt es zu einer ‚liebevollen' Versöhnung. Es entsteht eine psychodynamische Verstrickung, welche dazu führen kann, dass die betroffenen Frauen in der gewaltvollen Beziehung bleiben. Wird dieser Zyklus wiederholt durchlaufen, entstehen Selbsthass und Hilflosigkeit (vgl. Fliß u. Igney 2008: 310).

Von Sozialarbeiter/-innen wird zudem als großes Problem die strukturelle Gewalt in Bordellen wahrgenommen, dies sind etwa unrechtmäßige Vorgaben, wie z. B. das Bordell nur auf Erlaubnis verlassen zu dürfen (vgl. Interview 1, Z. 232ff. zit. n. da Silva 2017: 8; Niesner 2014: 7).

Gesundheitliche und soziale Folgen

Die gesundheitliche und psychische Verfassung vieler Frauen in der Prostitution zeigt sich als äußerst prekär (vgl. BMFSFJ 2004a: 26). Die Frauen stehen aus mehrfachen Gründen unter hohen Belastungen, welche auch im Zusammenhang mit der Prostitutionstätigkeit auftreten (vgl. Wege 2015b: 24). Traumatisierungen, Gewalterfahrungen, mangelnde soziale Beziehungen und Netzwerke begünstigen ebenso die Verschlechterung des Gesundheitszustandes (vgl. Albert u. Wege 2011: 12). Die physischen und psychischen Gewalterfahrungen stellen dementsprechend neben weiteren Belastungen einen zusätzlich beschwerlichen Umstand dar.

Sozialarbeiterische Perspektiven im Umgang mit von Gewalt Betroffenen

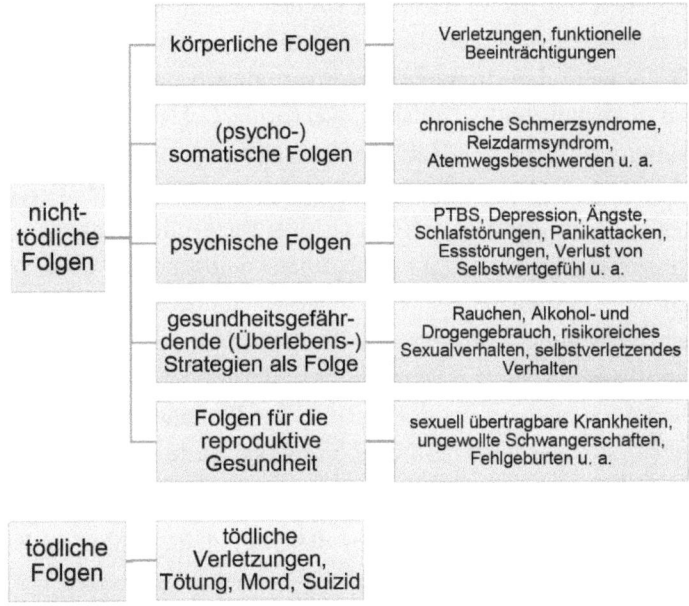

Abbildung 2: Gesundheitliche Folgen von Gewalt gegen Frauen
(Gig-net 2008: 51)

Folgen körperlicher Gewalt können körperliche Verletzungen und Beeinträchtigungen sein. Gewaltbetroffene Frauen leiden durch psychische Anspannung, Angst und Verunsicherung häufig unter somatischen Folgen (vgl. Gig-net 2008: 51f., siehe Abbildung). Diese Beschwerden bestätigen sich auch in der genannten Studie. Besonders häufige somatische Beschwerden, welche die Befragten in den vorherigen zwölf Monaten erlitten hatten, waren Kopfschmerzen, Bauchschmerzen, Magen-/Darmprobleme, übermäßiges Schwitzen, Kraftlosigkeit, Atemprobleme und Hautprobleme bzw. Allergien (vgl. BMFSFJ 2004b: II 63). Folgen von körperlicher und sexueller Gewalt können zudem Unterleibsschmerzen, eingeschränktes Lusterleben, schmerzhafte Menstruationsprobleme sowie Menstruationsstörungen sein (vgl. Gig-net 2008: 59). Die Auswirkungen auf die psychische Gesundheit durch Stress und Gewalttraumata können sich in besonders gravierendem Maße ausdrücken: Depressionen, Angst- und Panikattacken, traumatische und posttraumatische Belastungsstörungen, selbstverletzendes Verhalten und Suizidalität, Nervosität, Schlafstörungen, Konzentrationsschwäche, Verlust von Selbstachtung und Selbstwertgefühl (vgl. Gig-net 2008: 52, siehe Abbildung). Die Hälfte aller befragten Frauen in der Prostitution hatte häufig oder gelegentlich Anzeichen für Depressionen, ein Viertel der Frauen hatte Selbstmordgedanken, fast ein Drittel Angstanfälle oder Panikattacken und jede siebte Frau hatte Selbstverletzungsabsichten (vgl. BMFSFJ 2004b: II 65). Nach einer in neun Ländern durchgeführten Studie, darunter auch Deutschland, erfüllen 68 % aller befragten Frauen in der Prostitution Kriterien einer posttraumatischen Belastungsstörung (vgl. Farley et al. 2003: 44).

Wenn eine Frau mit Gewalt konfrontiert wird, kann dies auch zu Bewältigungsstrategien führen, welche die Gesundheit gefährden. Beruhigende, berauschende oder realitätsverändernde Substanzen wie Nikotin, Alkohol, Medikamente und Drogen können dem Verdrängen oder Vergessen der Erfahrungen dienen (vgl. Gig-net 2008: 52, siehe Abbildung). Tatsächlich weist ein nicht geringer Teil der Frauen in der Prostitution Merkmale von Alkoholismus und Suchtgefährdung auf. Medikamente, Schmerzmittel und Psychopharmaka werden sehr oft, Drogen wie Haschisch, LSD, Heroin oder Ecstasy seltener zur Bewältigung der Prostitutionstätigkeit konsumiert (vgl. BMFSFJ 2004b: II 66).

Die Beziehung zum eigenen Körper kann darüber hinaus durch Gewalterfahrungen grundlegend gestört werden. Wenn Grenzen regelmäßig überschritten werden, können diese nicht mehr formuliert werden und ein Gespür für die eigenen Grenzen geht verloren (vgl. Gig-net 2008: 52).

In der letzten Konsequenz kann Gewalt bis hin zum Tod führen, als Folge von physischen Verletzungen, Tötung, Mord oder Selbsttötung (vgl. Gig-net 2008: 52f., siehe Abbildung).

Psychische, soziale und berufliche Beeinträchtigungen können außerdem zu einem sinkenden Lebensstandard führen. Das Risiko erneut in Lebensumstände zu gelangen, die einer von Gewalt betroffenen Frau eine Opferrolle zuschreiben, steigt (vgl. Dutton, 2002: 87).

Trauma, PTBS und posttraumatische Reaktionen

Ein Trauma entsteht, wenn eine bedrohliche Situation die individuellen Bewältigungsmöglichkeiten übersteigt. Das Gefühl der Hilflosigkeit bewirkt eine *„dauerhafte Erschütterung von Selbst- und Weltverständnis"* (Fischer u. Riedesser 1998 zit. n. Igney 2008: 19). Ob und wie intensiv eine Gewalterfahrung ein Trauma auslöst, hängt von der Brutalität der Gewalthandlung als auch von inneren und äußeren Ressourcen der Betroffenen ab (vgl. Lehmann 2016: 30).

„Um das Bewusstsein für das traumatische Erleben oder dessen Folgen abzuschwächen [...]" (Dutton 2002: 93), entstehen Vermeidungsreaktionen. Die Geschehnisse werden verharmlost, verleugnet oder gezielt Situationen vermieden, die zur Verbalisierung der Erlebnisse auffordern. Eine weitere Vermeidungsreaktion ist die Affektverflachung. Erlebnisse werden distanziert, mit eingefrorenen Gefühlen oder aus einer Sicht geschildert, als hätten sie eine andere Person betroffen (vgl. Dutton 2002: 93). Während der traumatischen Erfahrung kann es zu peritraumatischen Dissoziationen als Strategie in einer unentrinnbaren Situation kommen. Die Person kann „[...] *sich von der Wirklichkeit eines psychischen und somatischen Unerträglichkeitserlebens [ablösen]."* (Fiedler 2008: 61). Sie spaltet die Erlebnisse aus ihrem Bewusstsein ab (vgl. ebd.: 61). Dies kann einerseits zu der Vorstellung führen, das Trauma nicht real erlebt zu haben und andererseits sich entweder an das gesamte Traumageschehen oder nur an einzelne Anteile nicht erinnern zu können (vgl. ebd.: 65).

Posttraumatische Belastungsstörungen (PTBS) entstehen als *„eine verzögerte Reaktion auf belastende Ereignisse mit außergewöhnlicher Bedrohung oder katastrophenartigem Ausmaß"* (ebd.: 117). Kennzeichnend ist das Wiedererleben traumatischer Ereignisse in Form von Flashbacks, Nachhallerinnerungen oder Träumen. Die betroffenen Personen erleben ein anhaltendes Gefühl von Betäubtheit und emotionaler Stumpfheit gegenüber anderen Menschen. Sie sind häufig teilnahmslos gegenüber ihrer Umgebung und vermeiden Aktivitäten und Situationen, die Erinnerungen an das Trauma hervorrufen könnten (vgl. ebd.: 117).

Umgang mit einer von Gewalt betroffenen Frau

Haltung gegenüber einer betroffenen Frau

Für eine von Gewalt betroffene Frau ist es überaus bedeutsam, dass ihrer Schilderung Glauben geschenkt und sie in ihrer Einschätzung der Situation ernstgenommen wird (vgl. Gig-net 2008: 151). Wer einen Bericht traumatischer Erlebnisse hört, kann von Gefühlen wie Ohnmacht, Hilflosigkeit, unterdrückter Wut und Angst betroffen sein, die sich z. B. durch Zweifel an der Aussage der betroffenen Frau oder einer wahrnehmbaren Verunsicherung äußern können (vgl. Heynen 2000: 191). Aus diesem Grund ist es für Berater/-innen äußerst wichtig, sich mit Gewalt, den eigenen Bewältigungsstrategien und einer Reflexion der eigenen Geschlechtervorstellungen auseinanderzusetzen (vgl. Gig-net 2008: 151).

Eine Beraterin oder ein Berater sollte eine parteiliche Position gegenüber der betroffenen Frau einnehmen, um sie in ihrer Selbstbestimmtheit zu stärken (vgl. ebd.: 152; Interview 2, Z. 207ff. zit. n. da Silva 2017: 17). Unabhängig davon, was der Gewalt vorausgegangen ist, sollte eine klare Stellungnahme gegenüber Gewalt als Unrecht deutlich werden (vgl. Gig-net 2008: 152; Interview 1, Z.100f. zit. n. da Silva 2017: 17). Eine Haltung der Akzeptanz dessen, welche Schritte die Frau gehen möchte, ist auch dann vonnöten, wenn sie in einer bedrohlichen Situation bleiben möchte (vgl. Interview 2, Z. 64ff. u. Interview 3, Z.54f. zit. n. da Silva 2017: 17; Gig-net 2008: 154). Die Unterstützung ist darüber hinaus nicht davon abhängig, ob sich die Klientin für einen Ausstieg aus der Prostitution entscheidet (vgl. Interview 2, Z. 212 zit. n. da Silva 2017: 17).

Herausforderung der Verbalisierung/Auseinandersetzung mit Gewalt

Obwohl Sozialarbeiterinnen und Sozialarbeiter bemerken, dass einige Frauen offensichtlich Gewalt erleben, verbalisieren die betroffenen Frauen diese Problematik nur selten gegenüber den Beraterinnen und Beratern (vgl. Interview 1, Z. 76f., 655ff. u. Interview 2, Z. 41f., Z. 61 zit. n. da Silva 2017: 17). Viele sind einen gewissen Gewalttenor in ihrer Umwelt gewohnt (vgl. Interview 2, Z. 278 zit. n. da Silva 2017: 17). Sie empfinden die Gewalt als normal und akzeptieren sie (vgl. Interview 1, Z.659f. und Interview 2, Z. 278 zit. n. da Silva 2017: 17). Wenn eine Frau kein Unrechtsempfinden hat, ist es ihr zunächst nicht möglich, sich mit dem Erlebten auseinanderzusetzen (vgl. Heynen 2000: 175). Zudem dient die Dissoziation als Überlebensstrategie (siehe Abschnitt *Trauma, PTBS und posttraumatische Reaktionen*, S. 137f). Für viele Betroffene bleibt nur die Möglichkeit einer Verdrängung der Erlebnisse, um nicht an sie erinnert zu werden und den Alltag zu überstehen (vgl. Heynen 2000: 176; siehe Artikel Angelina „Motive und Ursachen für die Ausübung der Prostitution": 33ff.). Es besteht außerdem die Vermutung, dass die von außen nur schwer definierbaren Zusammenhänge zwischen Zuhälter und Partner ebenso zu einem Verschweigen beitragen (vgl. Interview 1, Z. 656ff. zit. n. da Silva 2017: 17).

Umgang bei Anzeichen von Gewalt ohne Verbalisierung

Wenn Anzeichen von Gewalt wahrnehmbar sind, die Betroffene aber nicht darüber spricht, hat sie ihre Gründe dafür (vgl. Interview 2, Z. 111 und Interview 3, Z. 81 zit. n. da Silva 2017: 18). Es ist die Entscheidung der betroffenen Frau, ob sie darüber sprechen möchte und diese Entscheidung muss von der Beraterin oder dem Berater akzeptiert werden (vgl. Gabriel 2004: 74). Dennoch ist auch aus dem Bereich der häuslichen Gewalt bekannt, dass zwar die wenigsten Frauen von sich aus über ihre Gewalterfahrungen sprechen, jedoch zu einem Gespräch bereit sind, wenn sie z. B. von medizinischen Fachkräften darauf angesprochen werden. Die Frauen öffnen sich, wenn ihnen Verständnis für ihre Situation entgegengebracht wird (vgl. BMFSFJ 2003: 14). Da Frauen in der Prostitution einer vulnerablen Personengruppe angehören (vgl. Wege 2015b: 418), muss in dieser Hinsicht behutsam vorgegangen werden.

Wurde die betroffene Frau durch ihre Gewalterfahrung traumatisiert, kann sie ein Eingeständnis der Erfahrung vorübergehend noch mehr belasten und die Befürchtung hervorrufen, den Alltag nicht mehr selbst bewältigen zu können (vgl. Heynen 2000: 235). Dies geschieht vor allem bei unsicheren Lebensumständen (vgl. Glowatzki u. Düver-Glawe 2008: 243). Dazu gehört zum Beispiel die existenzielle Unsicherheit durch einen unrechtmäßigen Aufenthaltsstatus oder eine fehlende Arbeitserlaubnis (vgl. Interview 1, Z. 272 zit. n. da Silva 2017: 18).

Nehmen Sozialarbeiter/-innen Anzeichen wahr, die auf Gewalterfahrungen hindeuten, muss zunächst ein Vertrauensverhältnis aufgebaut werden. Besteht dieses, können sie sensibel nachfragen, ob alles in Ordnung sei. Sie können auf Wahrnehmungen eingehen, z. B. dass sie traurig wirke (vgl. Interview 1, Z.172ff. u. Interview 2, Z. 95ff. zit. n. da Silva 2017: 18).

Ein direktes Ansprechen auf Gewalt sollte vermieden werden (vgl. Interview 2, Z. 92f. zit. n. da Silva 2017: 19). Neben der Gefahr, dass eine Frau ein Wiedererleben des traumatischen Ereignisses erfahren kann, muss in der Arbeit mit Frauen in der Prostitution die Gegebenheit Beachtung finden, dass Sozialarbeiter/-innen häufig nicht wissen, wer dem Gespräch zuhört; selbst eine Beraterin oder ein Berater weiß nicht immer, ob es sich um Zwangsprostitution handelt und ein Zuhälter im Nebenraum mithört, welcher sie daraufhin in eine andere

Stadt bringt. In diesem Fall wäre der Betroffenen nicht geholfen (vgl. ebd.: Z. 92ff.).

Bewusstseinsbildung

Frauen in der Prostitution können einer Personengruppe mit niedrigem Status zugeordnet werden, welche die eigenen Gewalterfahrungen nur eingeschränkt als Unrecht anerkennen und sich selbst eine hohe Mitschuld zuschreiben. Dies trifft besonders auf junge, zurückhaltende Mädchen zu, aber auch auf selbstbewusste Frauen, die sich trotz Warnungen auf eine spätere Täterin bzw. einen späteren Täter in irgendeiner Form einlassen (vgl. Heynen 2000: 278). Viele Frauen in der Prostitution haben ein sehr negatives Selbstbild und leben in der Annahme, dass Gewalterfahrungen zur Prostitutionstätigkeit dazu gehören und sie diese hinnehmen müssten (vgl. Interview 1, Z. 218ff. zit. n. da Silva 2017: 19). Die Beraterinnen und Berater können sowohl durch eine kontinuierliche Stärkung des Selbstbildes der Frauen als auch durch die Ermutigung, keine Gewalt hinnehmen zu müssen, erreichen, dass eine betroffene Frau an ihrem negativen Selbstbild zweifelt und sich an eine Beratungsstelle wendet (vgl. ebd.: Z. 127ff.). Ein elementarer Bestandteil in der Arbeit mit von Gewalt betroffenen Frauen, als auch allgemein mit Frauen in der Prostitution, besteht darin, die Frauen darin zu bestärken, ihre Grenzen zu wahren und auf ihre Bedürfnisse zu achten (vgl. Heynen, 2000: 225; Interview 1, Z.180ff. zit. n. da Silva 2017: 19). Wenn einer Frau bewusst wird, dass sie sich nicht mit der Gewalt abfinden muss, ist bereits ein erster großer Schritt getan (vgl. Interview 3, Z.170 zit. n. da Silva 2017: 19).

Psychosoziale Beratung

In psychosozialen Beratungen wird auf die individuellen Fragen und Probleme der betroffenen Frau eingegangen. Es können verschiedene Handlungsoptionen aufgezeigt werden. Bei Angst vor Nachstellungen kann über Schutzplätze gesprochen werden. Ein wesentlicher Aspekt bildet sich vor allem in stabilisierender, verstehender Unterstützung ab. Der Betroffenen soll ermöglicht werden, wieder neue Kraft zu finden (vgl. Gabriel 2004: 79).

Krisenintervention

Bei einer akuten Gewaltsituation bedarf es einer Krisenintervention. Befindet sich die betroffene Frau in einer akuten Bedrohung oder wirkt sehr verängstigt, sollte sie und gegebenenfalls ihre Kinder zunächst an einen sicheren Ort begleitet werden, bevor weitere Schritte folgen (vgl. WIBIG 2004: 317). Einen Schutzraum können die Beratungsstellen für Frauen in der Prostitution bieten, welche oftmals nur von Frauen betreten werden dürfen (vgl. Interview 3, Z. 166f. zit. n. da Silva 2017: 20). Den Frauen werden Informationen zum Platzverweis und dem Gewaltschutzgesetz (GewSchG) aufgezeigt (vgl. WIBIG 2004: 43). Das GewSchG bietet seit 2002 innerhalb und außerhalb des Hauses einen zivilgerichtlichen Schutz vor Gewalt. Nach §1-4 GewSchG haben Nachstellungen, Verfolgung, Drohung, Telefonterror usw. für die Täter/-innen Konsequenzen, auch wenn es sich um nahestehende Personen wie Ehepartnerinnen und Ehepartner handelt. Nach §1-2 GewSchG kann die Täterin oder der Täter der gemeinsamen Wohnung verwiesen werden sowie ein Näherungs- oder Kontaktverbot erhalten. Darüber hinaus hat die Beruhigung der Betroffenen und eine erste Stabilisierung Priorität (vgl. Gig-net 2008: 163).

Je früher eine Kontaktaufnahme nach der erfahrenen Gewalt geschieht, z. B. zu einer Beratungsstelle, desto höher ist die Wahrscheinlichkeit, dass der Bewältigungsprozess positiv verläuft (vgl. Gig-net 2008.: 164f.).

Stärkung der betroffenen Frau

Langjährige Opfer von Gewalt sind oft verunsichert und haben ein instabiles Selbstbewusstsein (vgl. Gig-net 2008: 153). Die besondere Problematik bei von Gewalt betroffenen Frauen, die zudem in der Prostitution tätig sind, liegt darin, dass viele – darunter speziell sehr junge Frauen – sich selbst durch häufige Erfahrungen der Ablehnung nicht akzeptieren (vgl. Interview 3, Z.100ff. zit. n. da Silva 2017: 21). Das Vertrauen in die eigene Wahrnehmung kann wachsen, wenn die betroffene Frau darin bestärkt wird, ihren Erinnerungen, Wahrnehmungen und Empfindungen zu vertrauen und danach zu handeln. Vor allem bei Partner-, aber auch bei Zuhältergewalt ist es von enormer Bedeutung, ihre Autonomie zu fördern und sie in aktiven Ansätzen zu bestärken (vgl. Hagemann-White 2016: 25f.). Dabei kann es eine Hilfe sein, die betroffene Frau das Beratungsziel selbst bestimmen zu lassen. Das Aufzeigen der Stärken und Kompetenzen ist ein weiterer entscheidender Faktor, um eine neue Handlungsfähigkeit zu gewinnen. Einer Betroffenen kann es bereits helfen, wenn ihr signalisiert wird, dass die Beraterin oder der Berater weiß, was für eine Überwindung es kostet, über die Gewalterfahrungen zu sprechen und dass sie damit bereits einen enorm wichtigen Schritt geleistet hat (vgl. Gabriel 2004: 75). Eine außerordentlich wichtige Aufgabe der Sozialarbeiterin bzw. des Sozialarbeiters besteht darin, die Klientin in ihrem Handeln positiv zu bestärken (vgl. Interview 3, Z.121ff. zit. n. da Silva 2017: 21).

Selbstschutz

> Es macht immer Sinn den Männern zu zeigen, ich kann mich wehren. [...] ich habe oft die Erfahrung gemacht, dass die Männer durchaus da mal einen Schritt nach hinten tun, weil sie dann merken, oh das hat ja Konsequenzen für mich, die durchaus gravierend sein können (Interview 1, Z. 287ff. zit. n. da Silva 2017: 22).

Beraterinnen und Berater können die betroffenen Frauen darin bestärken, dass sie etwas bewirken können, wenn sie sich gegen Grenzverletzungen wehren (vgl. Gabriel 2004: 79; Interview 1, Z. 287ff. zit. n. da Silva 2017: 22).

Frauen, die bereits länger im Kontakt mit Beratungsstellen stehen, können zur Teilnahme eines Selbstverteidigungskurses der Polizei und an Sportverbände vermittelt werden. Diese helfen, neben nützlichen Verteidigungsstrategien auch Selbstbewusstsein aufzubauen (vgl. Interview 3, Z. 274ff. zit. n. da Silva 2017: 22). Dieses Angebot kann auch für Frauen hilfreich sein, die bereits von Gewalt betroffen waren, um sich Selbstbehauptungs- und Selbstverteidigungskompetenzen anzueignen (vgl. Heynen 2000: 278).

Zudem empfiehlt es sich den Klientinnen nahezulegen, ohne Zuhälter zu arbeiten. Befindet sich eine Frau bereits in Zuhälter-Strukturen, ist dies allerdings schwierig (vgl. Interview 2, Z. 241ff. zit. n. da Silva 2017: 23).

Eine Frau in der Straßenprostitution kann dazu angeregt werden, gegenüber einem Freier deutlich zu machen, dass sowohl sie als auch die Kollegin, sich sein Autokennzeichen eingeprägt haben. Potentielle Gewalttäter können so abgeschreckt werden (vgl. Dortmunder Mitternachtsmission 2016: 40). In der Wohnungsprostitution können Frauen über Kameras sehen, wer vor ihrer Tür steht. Sie sollten darauf achten, welchen Eindruck ein Freier macht; dieser Eindruck kann allerdings auch täuschen. Ein verlässlicher Schutz ist nicht gegeben (vgl. Interview 2, Z. 241ff. zit. n. da Silva 2017: 23).

Ressourcen

Wege bezeichnet Frauen in der Prostitution als „*Überlebenskünstlerinnen*" (2015b: 28). Sie sind häufig belastenden Situationen ausgesetzt, können ihre Ressourcen jedoch einsetzen, wenn sie von außen die Möglichkeit dazu bekommen. Als Beraterin oder Berater besteht die Aufgabe darin, den Frauen wieder Selbstbewusstsein und Würde für ihre Lebensumstände zu geben (vgl. Wege 2015b: 28). Dabei ist es von Bedeutung, in den Beratungsgesprächen die Ressourcen der betroffenen Frauen herauszufinden und mit diesen zu arbeiten. Negative Denkmuster und Erfahrungen können gemeinsam reflektiert und neu gedeutet werden (vgl. Wege 2016: 95).

Innere Ressourcen können sein, dass die betroffene Frau ihrer Fähigkeit vertraut, eine Lösung zu finden, dass sie in dem Glauben lebt, ein Recht auf ein Leben ohne Gewalt zu haben sowie das Vertrauen, eigene Ziele erreichen zu können (vgl. Dutton 2002: 116).

Zur Verarbeitung von traumatischen Erlebnissen ist neben den persönlichen Ressourcen das soziale Umfeld von zentraler Bedeutung (vgl. Heynen 2000: 186). Etwa 90 % der Frauen verheimlichen ihre Tätigkeit und so nehmen die Kontakte außerhalb des Prostitutionsmilieus stark ab (vgl. Wege 2015b: 25). Viele Klientinnen sind sozial isoliert und einsam (vgl. BMFSFJ 2004b: II 51), sodass Freundinnen im Prostitutionsmilieu für sie von essentieller Bedeutung sind (vgl. Interview 1, Z. 605ff. zit. n. da Silva 2017: 23). Besuche in der Heimat verhelfen zu neuer Energie (vgl. ebd.: Z. 602f.). Dennoch kann hinterfragt werden, inwiefern die Familie als Ressource wahrgenommen werden kann, wenn sie „[...] *das zulässt, dass eine Frau [...] ihre Kinder zurücklässt und ins Ausland geht, um ihren Körper zu verkaufen, um für ihre Familie Geld zu verdienen [...]*" (Interview 2, Z. 478ff. zit. n. da Silva 2017: 24).

Interventionen und Herausforderungen in unterschiedlichen Gewaltkontexten

Freiergewalt

Wenn Frauen Opfer von massiver Gewalt werden, hängt ihr weiteres Vorgehen stark davon ab, wer die Täterin oder der Täter ist: Handelt es sich um eine unbekannte Person, wenden sich Betroffene des Öfteren an Bekannte und Familienangehörige oder nehmen professionelle Hilfen in Anspruch (vgl. Heynen 2000: 220). Dementsprechend sind Frauen in der Prostitution bei Freiergewalt am ehesten bereit, Anzeige zu erstatten oder ggf. auch selbst die Polizei zu rufen (vgl. Interview 1, Z. 92ff., Z.187ff. zit. n. da Silva 2017: 24). Bei Freiergewalt handelt es sich z. B. um erzwungene sexuelle Handlungen bis hin zur Vergewaltigung oder um weitere Gewalttaten wie das Einsperren einer Straßenprostituierten (vgl. ebd.: Z. 225ff.). Obwohl die Bereitschaft sich zu wehren bei Freiergewalt am höchsten ist, gibt es viele Frauen, die z. B. nach einer Vergewaltigung eines Freiers nicht zur Polizei möchten, um das Geschehene nicht noch einmal aufrollen zu müssen (vgl. Interview 2, Z. 191f. zit. n. da Silva 2017: 25). Als wichtigste und am häufigsten gewünschte Intervention bei Freiergewalt zeigt sich eine Begleitung zur Polizei (vgl. Interview 3, Z. 247ff. und Interview 1, Z. 448ff. zit. n. da Silva 2017: 25).

Partnergewalt

Frauen, die durch ihren Partner Gewalt erfahren, leben zum Zeitpunkt der Kontaktaufnahme mit der Beratungsstelle häufig noch in einer nicht abgeschlossenen bedrohlichen Situation (vgl. Dutton 2002: 91). Wegen der großen Abhängigkeit der Frauen ist es für sie essentiell, dass die Trennung vom Partner keine Vorbedingung für eine Beratung darstellt (vgl. Gig-net 2008: 153). In einem Beratungsgespräch wird gemeinsam nach einer Lösung gesucht. In wenigen Fällen ist der Partner zu einer Paartherapie (vgl. ebd.: 173; Interview 1, Z. 333f. zit. n. da Silva 2017: 25) oder einer Therapie, um seine Aggressionen in den Griff zu bekommen, bereit (vgl. Interview 1, Z. 334f. zit. n. da Silva 2017: 25). Andernfalls muss mit der Klientin erarbeitet werden, ob sie sich trennen möchte. Eine Trennung ist nur möglich, wenn sie sich dazu bereit fühlt (vgl. ebd.: Z. 337ff.). Auch wenn die Betroffene keine Trennung wünscht, sehen die Sozialarbeiter/-innen bei einer dauerhaften Gewalttätigkeit des Partners, die Lösung in einer Trennung (vgl.

ebd.: Z. 352ff.). An dieser Stelle rückt die Stabilisierung und Stärkung der betroffenen Frau wieder in den Mittelpunkt. Eine Beraterin bzw. ein Berater kann durch Gesprächsführung die Klientin in ihrer Stabilisierung soweit unterstützen, bis sie bereit ist, sich von ihrem Partner zu trennen (vgl. ebd.: Z. 351f.; Gabriel 2004: 78). Dennoch muss es die Beraterin oder der Berater aushalten können, wenn sich die Klientin, selbst in lebensbedrohlichen Umständen, nicht trennen möchte (vgl. Interview 2, Z. 64ff. zit. n. da Silva 2017: 25) oder zu ihrem Partner zurückkehrt. Es ist von Bedeutung, ihr sowohl Akzeptanz entgegenzubringen als auch zu vermitteln, dass sie in der Beratungsstelle erneut Unterstützung finden wird, wenn sie doch von ihrem Partner weggehen möchte (vgl. Interview 1, Z. 348 zit. n. da Silva 2017: 25).

Möchte sich eine Klientin von ihrem Partner trennen, muss mit ihr besprochen werden, an welchem Ort sie unterkommen kann, ob sie in der Prostitution bleiben möchte oder nicht, und ob für sie eine Anzeige in Frage kommt (vgl. ebd.: Z. 373ff.). Besteht eine Ehe, kommen rechtliche Fragen zum Scheidungsverfahren und ggf. zum Unterhalt, Sorgerecht für die Kinder und Umgangsregelungen auf. Zudem sind die Informationen zu zivilrechtlichen Maßnahmen zum Schutz vor weiterer Gewalt sowie zu einer Strafanzeige wichtige Elemente der Beratung (vgl. Gig-net 2008: 156).

Zuhältergewalt

Ähnlich wie bei Partnergewalt, besteht auch bei Zuhältergewalt keine große Offenheit, gegen die Gewalt vorzugehen (vgl. Interview 1, Z. 467f. und Interview 2, Z. 200ff. zit. n. da Silva 2017: 26). Die Gewalt von Zuhältern liegt häufig in psychischer Form vor. Es wird viel Druck ausgeübt bis hin zu immensen Drohungen (vgl. Interview 1, Z. 257 und Interview 2, Z. 172f. zit. n. da Silva 2017: 26). Die betroffenen Frauen wollen ihren Zuhälter nur bei extremer Gewalt verlassen (vgl. Interview 1, Z. 96 zit. n. da Silva 2017: 26). Möchte die betroffene Frau in der Prostitution bleiben, kann die Beraterin bzw. der Berater sie beständig ermutigen, sich von ihrem Zuhälter zu lösen (vgl. Interview 3, Z. 133f. zit. n. da Silva 2017: 27). Will die Betroffene aus der Prostitution aussteigen, können Sozialarbeiter/-innen Möglichkeiten für ein neues Leben aufzeigen, welche der Klientin zuvor nicht bewusst waren (vgl. Wege 2015b: 28).

Unter Zuhältern bestehen häufig kriminelle Strukturen, die einen fließenden Übergang zum Menschenhandel sichtbar werden lassen (vgl. Interview 2, Z. 168ff. zit. n. da Silva 2017: 27). Dessen sollten sich Beraterinnen und Berater bei Zuhältergewalt bewusst sein, um angemessen reagieren zu können. Bei Verdacht auf Zwangsprostitution empfiehlt sich die Vermittlung an eine Beratungsstelle für Betroffene von Menschenhandel.

Strukturelle Gewalt in Bordellen

Bei struktureller Gewalt in Bordellen – dazu gehören unrechtmäßige Vorgaben wie etwa der Verzicht auf Kondome – versuchen Beraterinnen und Berater eine vermittelnde Position zwischen den Klientinnen und den Bordellbetreibenden einzunehmen. Ungeachtet dessen möchten die Klientinnen dies in den meisten Fällen nicht, weil sie Angst vor den Konsequenzen haben wie z. B., dass sie ihr dort gemietetes Zimmer verlieren (vgl. Interview 1, Z .241ff. zit. n. da Silva 2017: 27).

Weitervermittlung und Begleitung

Da Frauen in der Prostitution oftmals nicht über gesunde und selbständige Bewältigungsstrategien verfügen, laufen Weitervermittlungen an spezifische Angebote mit höheren Schwellen häufig ins Leere. Für einen positiven Verlauf eines Beratungsprozesses empfiehlt es sich, die Klientinnen über einen längeren Zeitraum von einer Sozialarbeiterin oder einem Sozialarbeiter begleiten zu lassen (vgl. Wege 2015a: 418).

Da viele Frauen in der Prostitution einen Migrationshintergrund haben, kennen sie sich mit rechtlichen Wegen in Deutschland nicht aus. Oftmals besteht auch ein allgemeines Misstrauen gegenüber dem System in Deutschland (vgl. Interview 2, Z. 192ff. zit. n. da Silva 2017: 27). Misshandlungserfahrungen verfestigen zudem diese Zweifel (vgl. Dutton 2002: 104). Auch von Seiten verschiedener Fachkräfte bestehen Unsicherheiten sowohl im Umgang mit Frauen in der Prostitution (vgl. Wege 2015a: 417) als auch mit Gewaltbetroffenheit (vgl. Hornberg et al. 2008: 42; Interview 3, Z. 203ff. zit. n. da Silva 2017: 27). Ein Netzwerk an interdisziplinären Fachkräften, die für die Thematik Prostitution sensibilisiert sind und sich auch mit der Gewaltthematik auskennen, sind für Beratungsstellen elementare Bausteine. So können Diskriminierung und Stigmatisierung vermieden werden und das Vertrauen zur Fachkraft kann aufseiten der Betroffenen leichter geweckt werden.

Dazu gehört ein/e Ansprechpartner/-in bei der Polizei um ggf. Strafanzeige zu erstatten oder auch, um sich erst einmal anonym beraten zu lassen (vgl. Interview 1, Z. 451f. und Interview 3, Z. 243f. zit. n. da Silva 2017: 27). Gleichzeitig ist die Kooperation mit Schutzunterkünften, wie z. B. Frauenhäusern sehr wichtig, sodass eine Betroffene ggf. Schutz finden kann. Andere Schutzunterkünfte, etwa Angebote von Kirchen, sind mancherorts eine weitere Möglichkeit, um Frauen zu unterstützen, die ohne Aufenthaltsgenehmigung auch bei massiver Gewalt keine Finanzierung eines Frauenhausplatzes erhalten (vgl. Interview 1, Z. 107ff. zit. n. da Silva 2017: 28).

Gewalterfahrungen können körperliche und somatische Beschwerden auslösen, die eine medizinische Versorgung erfordern. Kontakte zum Gesundheitsamt, zu Ärztinnen und Ärzten sowie zu Gynäkologinnen und Gynäkologen sind von großer Bedeutung. Auf die in vielen Fällen fehlende Krankenversicherung haben die befragten Beratungsstellen reagiert und sich erfolgreich für kostenlose Sprechstunden sowie kostenlose Medikamente eingesetzt (vgl. Interview 1, Z. 474f. und Interview 2, Z. 412ff. zit. n. da Silva 2017: 29).

Befindet sich eine Klientin in sicheren Lebensumständen und fühlt sich in der Lage ihre Gewalterfahrungen mit Hilfe einer Psychotherapeutin oder eines Psychotherapeuten zu besprechen, ist für Beratungsstellen die Zusammenarbeit mit psychotherapeutischen Fachkräften wichtig (vgl. Interview 1, Z. 297f. und Interview 2, Z. 295f. und Interview 3, Z. 190f. zit. n. da Silva 2017: 29). Jedoch sind lange Wartezeiten, die häufige Ausrichtung auf die Bedürfnisse der Mittelschicht (vgl. Wege 2015a: 417), mangelnde Sprachkenntnisse oder die fehlende Finanzierung einer Therapie ohne Krankenversicherung hohe Schwellen, die ein häufiges Scheitern der Weitervermittlung an psychotherapeutische Fachkräfte zur Konsequenz haben (vgl. Interview 1, Z. 524f. zit. n. da Silva 2017: 30).

Wege zeigt auf, dass einige Themen, die dem psychiatrischen Bereich zuzuordnen sind, durch Berufserfahrung im Beratungskontext, Weiterbildung in Gesprächsführung, aber auch den Mut, sensible Inhalte anzusprechen, auf einer sozialtherapeutischen Beratungsebene behandelt werden können (vgl. Wege 2015b: 417). Lebensgeschichten können durch Biographiearbeit oder künstlerische Malworkshops reflektiert und in die Gegenwart eingegliedert werden. Neue, ungewohnte Methoden bieten Zugang zum Ausdruck von Gefühlen und Erlebnissen und ermöglichen Betroffenen damit die Auseinandersetzung mit ihren traumatischen Erlebnissen, auch bei einer gescheiterten Weitervermittlung an psychotherapeutische Fachkräfte (vgl. Wege 2015b: 417).

Ausblick

Kontinuierliche Bestärkung in der Selbstfürsorge und der eigenen Grenzachtung sind wichtige Komponenten der aufsuchenden Arbeit. Eine Auseinandersetzung mit den eigenen Gewalterfahrungen wird vielen Betroffenen aufgrund des weiterhin bestehenden Gewaltrisikos in der Prostitution erst nach einem Ausstieg aus der Prostitution möglich.

Während sich die Klientinnen gegen Freiergewalt noch am ehesten zur Wehr setzen, stellen sowohl der Umgang mit Partnergewalt als auch Zuhältergewalt sowie die schwer definierbaren Zusammenhänge zwischen Partner und Zuhälter eine noch größere Herausforderung dar.

Die geringe soziale Einbindung vieler Frauen zeigt deutlich die Signifikanz der aufsuchenden Arbeit von sozialarbeiterischen Fachkräften im Prostitutionsmilieu und ihre Unterstützung in Krisensituationen. Beraterinnen und Berater können auf dem Weg zu einem neuen Selbstbewusstsein und einer neuen Würde für die Lebensumstände unterstützen. Soziale Arbeit im Bereich der Prostitution bedeutet die Auseinandersetzung mit der Gewaltthematik, selbst wenn diese seitens der Betroffenen selten verbalisiert wird. Sozialarbeiterinnen und Sozialarbeiter haben die Möglichkeit, Klientinnen zu bestärken, keine Gewalt zu akzeptieren. Sie können den Betroffenen nach traumatisierenden Erfahrungen neue Hoffnung schenken und mit ihnen gemeinsam neue Lebensperspektiven erarbeiten.

Literatur

Albert, M., Wege, J. (2011). Soziale Arbeit und Prostitution – Handlungsbedarf und Entwicklungsmöglichkeiten in einem tabuisierten Berufsfeld. In: Soziale Arbeit. Zeitschrift für soziale und sozialverwandte Gebiete (S. 8-18). 60. Jahrgang.

Albert, M., Wege, J. (Hrsg.) (2015). Soziale Arbeit und Prostitution. Professionelle Handlungsansätze in Theorie und Praxis. Wiesbaden: Springer VS.

Büschi, E. (2011). Sexarbeit und Gewalt. Geschäftsführende von Studios, Salons und Kontakt-Bars über Gewalt und Gewaltprävention im Sexgewerbe. Marburg: Tectum-Verlag.

Bundesministerium für Familie, Senioren, Frauen und Jugend (BMFSFJ) (Hrsg.) (2003). Handbuch zur Implementierung von Interventionsprojekten gegen häusliche Gewalt an Frauen: das S.I.G.N.A.L.-Programm. Zugriff am 28.08.2017 unter: http://bit.ly/2vO9nYv.

Bundesministerium für Familie, Senioren, Frauen und Jugend (BMFSFJ) (Hrsg.) (2004a). Lebenssituation, Sicherheit und Gesundheit von Frauen in Deutschland. Ergebnisse der repräsentativen Untersuchung zu Gewalt gegen Frauen in Deutschland. Kurzfassung. Zugriff am 28.08.2017 unter: http://bit.ly/2lzkTV8.

Bundesministerium für Familie, Senioren, Frauen und Jugend (BMFSFJ) (Hrsg.) (2004b). Lebenssituation, Sicherheit und Gesundheit von Frauen in Deutschland. Ergebnisse der repräsentativen Untersuchung zu Gewalt gegen Frauen in Deutschland. Teilpopulation 2 – Prostituierte. Zugriff am 28.08.2017 unter: http://bit.ly/2kRmhOX.

Bundesministerium für Familie, Senioren, Frauen und Jugend (BMFSFJ) (Hrsg.) (2007). Bericht der Bundesregierung zu den Auswirkungen des Gesetzes zur Regelung der Rechtsverhältnisse der Prostituierten (Prostitutionsgesetz – ProstG). Zugriff am 28.08.2017 unter: http://bit.ly/2lznCOD.

Brückner, M. (2002). Wege aus der Gewalt gegen Frauen und Mädchen. Eine Einführung. 2., aktualisierte Auflage. Frankfurt am Main: Fachholschulverlag.

da Silva, D. (2017). Sozialarbeiterische Perspektiven im Umgang mit von Gewalt betroffenen Frauen in der Prostitution. Wahrnehmen, analysieren, intervenieren. Bachelorarbeit (unveröffentlicht).

Dortmunder Mitternachtsmission e. V. (Hrsg.) (2016). Jahresbericht 2014/2015. Zugriff am 28.08.2017 unter: http://bit.ly/2xsCjGL.

Dutton, M. A. (2002). Gewalt gegen Frauen. Diagnostik und Intervention. Bern: Verlag Hans Huber.

Farley, M., Cotton, A., Lynne J., Zumbeck, S., Spiwak, F., Reyes, M., Alvarez, D., Sezgin, U. (2003). Prostitution and Trafficking in Nine Countries. An Update on Violence and Posttraumatic Stress Disorder. Zugriff am 28.08.2017 unter: http://bit.ly/1kboxdl.

Fiedler, P. (2008). Dissoziative Störungen und Konversion. Trauma und Traumabehandlung. 3., vollständig überarbeitete Auflage. Weinheim: Beltz Verlag.

Fliß, C., Igney, C. (Hrsg.) (2008). Handbuch Trauma und Dissoziation. Interdisziplinäre Kooperation für komplex traumatisierte Menschen. Lengerich: Pabst Science Publishers.

Fliß, C., Igney, C. (2008). Auswirkungen von und Umgang mit fortbestehendem Täterkontakt. In: Fliß, C., Igney, C. (Hrsg.): Handbuch Trauma und Dissoziation. Interdisziplinäre Kooperation für komplex traumatisierte Menschen (Seite 309-316). Lengerich: Pabst Science Publishers.

Forschungsnetz Gewalt im Geschlechterverhältnis (GiG-net) (Hrsg.) (2008). Gewalt im Geschlechterverhältnis. Erkenntnisse und Konsequenzen für Politik, Wissenschaft und soziale Praxis. Opladen und Farmington Hills: Verlag Barbara Budrich.

Gabriel, S. (2004). Gewalt in Ehe und Partnerschaft. Strategien und Konzepte in der Arbeit mit betroffenen Frauen. Berlin: Wissenschaftlicher Verlag Berlin.

Glowatzki, O., Düver-Glawe, I. (2008). „Meine Haare sind ganz weiß geworden." Zur Lebenssituation traumatisierter Frauen mit Migrationserfahrung. In: Fliß, C., Igney, C. (2008) (Hrsg.): Handbuch Trauma und Dissoziation. Interdisziplinäre Kooperation für komplex traumatisierte Menschen. Lengerich: Pabst Science Publishers.

Hagemann-White, C. (2016). Grundbegriffe und Fragen der Ethik bei der Forschung über Gewalt im Geschlechterverhältnis. In: Helfferich, C., Kavemann, B., Kindler, H. (Hrsg.): Forschungsmanual Gewalt. Grundlagen der empirischen Erhebung von Gewalt in Paarbeziehungen und sexualisierter Gewalt. Wiesbaden: Springer Fachmedien.

Helfferich, C., Kavemann, B., Kindler, H. (Hrsg.) (2016). Forschungsmanual Gewalt. Grundlagen der empirischen Erhebung von Gewalt in Paarbeziehungen und sexualisierter Gewalt. Wiesbaden: Springer Fachmedien.

Heynen, S. (2000). Vergewaltigt. Die Bedeutung subjektiver Theorien für Bewältigungsprozesse nach einer Vergewaltigung. Weinheim und München: Juventa Verlag.

Hornberg, C., Schröttle, M., Bohne, S., Khelaifat, N., Pauli, A., Horch, K. (2008). Gesundheitliche Folgen von Gewalt unter besonderer Berücksichtigung von häuslicher Gewalt gegen Frauen. In: Gesundheitsberichterstattung des Bundes. Heft 42.

Lehmann, K. (2016). Professionelles Handeln gegen häusliche Gewalt. Der Platzverweis aus der Sicht von Polizei, Beratung und schutzsuchender Frauen. Wiesbaden: Springer VS.

Löw, M., Ruhne, R. (2011). Prostitution. Herstellungsweisen einer anderen Welt. Berlin: Suhrkamp-Verlag.

Niesner, E. (2014). Stellungnahme FIM – Frauenrecht ist Menschenrecht e. V. Öffentliche Anhörung des Ausschusses für Menschenrechte und humanitäre Hilfe zu „Menschenhandel und Zwangsprostitution in Europa". Zugriff am 28.08.2017 unter: http://bit.ly/2IDF8kU.

Schrader, K. (2015). Drogengebrauchende Sexarbeiterinnen sind Dienstleisterinnen – Ein Perspektivwechsel in der Sozialen Arbeit im Kampf gegen sexualisierte Gewalt und Ausbeutung in der „Drogenprostitution". In: Albert, M., Wege, J. (Hrsg.): Soziale Arbeit und Prostitution. Professionelle Handlungsansätze in Theorie und Praxis (S. 57–72). Wiesbaden: Springer VS.

Wege, J. (2015a). Prostitution und Soziale Arbeit. Zwischen Ausstiegsberatung, Einzelfallhilfe und gesellschaftspolitischer Arbeit. In: Soziale Arbeit. Zeitschrift für soziale und sozialverwandte Gebiete (S. 410–419). 64. Jahrgang.

Wege, J. (2015b). Aus Schaden klug werden – Vom Umgang mit Scheitern aus einem prekären Milieu. In: DAJEB Info. Zeitschrift der Deutschen Jugend- und Eheberatung. Heft Nr. 230. S. 22–29.

Wege, J. (2016). Zwischen ökonomischen Tauschgeschäft und schwierigem Ausstieg – Soziale Arbeit mit Frauen in der Prostitution. In: Sozialmagazin. Ausgabe 10, S. 88–97.

Wissenschaftliche Begleitung der Interventionsprojekte gegen häusliche Gewalt (WIBIG) (Hrsg.) (2004). Gemeinsam gegen häusliche Gewalt. Kooperation, Intervention, Begleitforschung. Zugriff am 28.08.2017 unter: http://bit.ly/2wXYtCI.

Armutsprostitution und sozial(politische) Arbeit

Elvira Niesner und Encarni Ramirez

Abstract

FIM – Frauenrecht ist Menschenrecht e. V., is an intercultural counseling center for migrant women and their families. Since its establishment in 1980, it has been active in supporting women subject to (sexual) violence, exposed to precarious living conditions and in need of help. These include victims of domestic violence and violence in the name of honor as well as women affected by female genital mutilation. Also included are women who have no surety of obtaining residential permit or those under threatening financial situation. FIM has, from the start, supported migrant women in prostitution and is active in protection of victims in Human Trafficking.

The widespread phenomenon of poverty-related labour migration is especially associated with the EU eastward expansion and has, to an extent, increased the cases of prostitution that are connected to existential hardship. That is the reason why FIM has expanded the capacity and fields of work in poverty-prostitution.

In this article the situation in poverty-related prostitution is presented, followed by the basic concept of social work related to methodical working approaches (manner). Methods of street work, both in brothels and in streets, which provide counselling, help and support in cases of violence and exploitation right up to the moment when the women wish to leave prostitution, and the scope of opportunity thereafter, are presented. FIM views its work as providing concrete support in each individual case and at the same time as a socio-political mission. Along with further educational training, network and advocacy work, focus will be placed on the structural and overall societal background. And through FIMs working expertise, there will be demand for changes.

Einleitung

FIM – Frauenrecht ist Menschenrecht e. V. ist ein interkulturelles Beratungszentrum für Migrantinnen und ihre Familien in Frankfurt am Main. Seit Gründung im Jahr 1980 engagiert sich FIM für Frauen, die von (sexualisierter) Gewalt betroffen sind, sich in prekären Lebensverhältnissen befinden und Hilfe benötigen. Darunter sind u. a. Opfer von (häuslicher) Gewalt, von Gewalt im Namen der Ehre sowie von Genitalbeschneidung Betroffene. Darunter sind auch Frauen in einer aufenthaltsrechtlich prekären oder materiell bedrohlichen Situation. Schon immer unterstützt FIM Migrantinnen in der Prostitution[40] und ist im Opferschutz bei Menschenhandel aktiv.

In den Jahren des seit nunmehr bald vierzigjährigen Bestehens gab es verschiedene Phasen von Prostitutionsrealitäten, an die sich FIM in der eigenen Arbeitsweise und Organisationsentwicklung kontinuierlich und flexibel angepasst hat, FIM ist mit der Sozialen Arbeit den Wegen der Prostitution gefolgt (Albert 2015:15). Im Verlaufe dieser Zeit entstand aus einer ehrenamtlichen Initiative Frankfurter Frauen, die sich infolge des Sextourismus für thailändische Frauen in der Prostitution oder auch für sogenannte Heiratsmigrantinnen engagierten, ein professionelles Beratungszentrum mit Unterstützungspotential für Frauen aus aller Welt.

Vor allem seit der zweiten EU-Osterweiterung und dem damit einhergehenden Massenphänomen der armutsbedingten Arbeitsmigration hat sich – wie eingangs dargestellt – das Ausmaß von Prostitution aufgrund existenzieller Nöte stark vergrößert. Deshalb hat FIM eigene Kapazitäten und Arbeitsfelder im Bereich Armutsprostitution stark ausgeweitet.

---

40 Aus Gründen der Lesbarkeit wird in diesem Text von den Prostituierten/ den Frauen gesprochen, wissend, dass auch Jungen und Männer sexuelle Dienstleistungen anbieten.

So hatten die Streetworkerinnen im Jahr 2016 fast 5.000 verschiedene Kontakte zu Frauen in der Prostitution. Konkrete weiterführende Einzelfallhilfe erfolgte in nahezu 200 Fällen mit einer Anzahl von rund 1.500 einzelnen Beratungen oder auch Begleitungen. Es wurden insgesamt Frauen aus 16 verschiedenen Herkunftsländern beraten mit den deutlich stärksten Gruppen aus Rumänien und Bulgarien. Der Schwerpunkt dieser Arbeit liegt in Frankfurt/Main, aber auch im Rhein-Main-Gebiet und hessenweit ist FIM aktiv.

Grundsätzlich unterstützt FIM Frauen in der Prostitution aus den unterschiedlichsten Herkunftsländern und in den verschiedensten Lebenslagen, sowohl selbstbestimmt und professionell Tätige bis hin zu Opfern von Menschenhandel und Gewalt. Im Fokus der FIM Arbeit stehen allerdings die Frauen in der Armutsprostitution. Um ihre Lebens- und Arbeitsbedingungen und darauf bezogene Arbeitsansätze, Maßnahmen und sozialpolitische wie gesellschaftskritische Überlegungen soll es in diesem Artikel gehen.

Der Situationsbeschreibung in der Armutsprostitution folgen die konzeptionellen Grundlagen der Sozialarbeit und darauf bezogene methodische Arbeitsansätze und Haltungen. Es werden Streetwork – sowohl in den Bordellen als auch am Straßenstrich – dargestellt, die weiterführende Unterstützung/Beratung, die Hilfe bei Gewalt und Ausbeutung bis hin zu den Ausstiegshilfen und -möglichkeiten. FIM sieht in ihrer Arbeit verbunden mit der konkreten Einzelfallhilfe zugleich einen gesellschaftspolitischen Auftrag. Mit weiterführender Bildungs-, Netzwerk- und Advocacyarbeit werden die strukturellen und gesamtgesellschaftlichen Hintergründe fokussiert und mit der Praxisexpertise Veränderungen eingefordert.

Frauen in der Armutsprostitution

Politische Entscheidungen im Zusammenhang mit insbesondere der zweiten EU-Osterweiterung (Freizügigkeit bzgl. Aufenthalt und Arbeitsaufnahme) haben als Folge prekärer wirtschaftlicher Bedingungen in den Herkunftsländern dazu geführt, dass viele Menschen aus den neuen EU-Ländern auf Arbeitssuche nach Westeuropa kommen. Dazu gehören auch junge Frauen aus Bulgarien und Rumänien, die aufgrund großer wirtschaftlicher Not und weit verbreiteter Perspektivlosigkeit eine Erwerbstätigkeit in den Ländern Westeuropas suchen. Viele sind dazu bereit oder werden dazu gedrängt bzw. gezwungen, als Prostituierte ihren Lebensunterhalt zu sichern. Aus Armutsmigration ist Armutsprostitution geworden, eine aktuell am häufigsten anzutreffende Form der Prostitution in Deutschland. Die Perspektivlosigkeit in ihren Heimatländern macht die Frauen zu leichten Opfern von Händler-, Zuhälter-, Verwandtschafts- und sogenannten „Freundes"-Netzwerken. Kontrolle, Ausbeutung und Gewalt durch Dritte finden häufig statt. Der Mann an ihrer Seite stellt dabei oft eine Kombination aus Zuhälter, Liebhaber und Lebenspartner dar, der kontrolliert und auch Gewalt anwendet, wenn nicht alles nach seinem Willen verläuft (vgl. Artikel Deborah da Silva: 127ff.).

FIM beobachtet bei den Frauen in der Armutsprostitution spezifische Phänomene. Sie kommen nicht nur aus Lebenssituationen, die durch extreme Armut geprägt sind, sondern sie bringen oft bereits umfangreiche Gewalterfahrungen aus ihrer Familie mit. Viele von ihnen aus Bulgarien und Rumänien gehören zu den diskriminierten ethnischen Minderheiten der Roma und Türken.

Die Frauen aus den neuen EU-Ländern sind meist jung und unerfahren. In der Regel haben sie eine geringe Schulbildung und meist keine berufliche Bildung. Oftmals sind sie nicht alphabetisiert (vgl. auch Artikel Carina Angelina und Lisa Schreiter, S. 22). Kenntnisse zu den elementaren Körperfunktionen, zu Verhütungsmethoden und sexuell übertragbaren Infektionen sowie deren Übertragungswegen sind nicht oder nur unzureichend vorhanden. Ungewollte Schwangerschaften werden in Kauf genommen und durch (häufige) Abtreibungen beendet. Eine gesundheitliche Versorgung existiert nicht (vgl. auch Artikel Carina Angelina und Lisa Schreiter, S. 23). Auch die Wohnsituation ist meist prekär. Sie schlafen entweder im Bordell oder irgendwo auf einer Matratze und verfügen in der Regel über keinen eigenen Wohnraum. Auch Sozialversicherungen oder gar Altersvorsorge existieren nicht. Insgesamt ist die Situation der Frauen in der Armutsprostitution geprägt von fehlendem Selbstschutz und Selbstsorge. Die Frauen sind zwar in Deutschland aufenthaltsrechtlich legal tätig (Freizügigkeit), zugleich befinden sie sich jedoch auf einem informellen Arbeitsmarkt in relativer Unsichtbarkeit am Rande der Gesellschaft.

Bedingt durch die besonders vulnerable Situation der Frauen zeigen sich eine hohe Fluktuation und eine starke bundesweite und auch europaweite Mobilität auf dem Markt. Dieser ist geprägt von Dumpingpreisen und von Freiern, die ungeschützten Geschlechtsverkehr fordern. Es profitieren daher vor allem die Freier, die umfangreiche Leistungen für wenig Geld einfordern und (neue) völlig inakzeptable Formen beim käuflichen Sex durchsetzen wollen wie z. B. Gang Bang Partys oder Flatrate-Angebote. Es sind Freier, die manchmal nach besonders jungen Frauen oder Minderjährigen Ausschau halten.

Von der Armutsprostitution profitieren vor allem aber auch Zuhälter und Menschenhändler, die die vulnerablen Frauen abhängig machen, zur Prostitution drängen oder zwingen und ausbeuten. Die Profiteure sind zudem die Vermieter und Betreiber von ausgewiesenen Prostitutionsstätten und von wirtschaftlichen Mischbetrieben wie z. B. FKK-Clubs. Die ‚heimlichen' Kooperationen zwischen legalem, sichtbarem Geschäftsbetrieb und den kriminellen und unsichtbaren Geschäftemachern (Zuhälter und Menschenhändler) gehören erfahrungsgemäß dazu. Der Trend geht weg von den bekannten, seit Jahrzehnten etablierten Bordellen hin zu mehr durch Betreiber/Zuhälter organisierte und fluktuierende Wohnungs- sowie Hotelprostitution und erstreckt sich auch auf die in Wellness-Großbetriebe eingeflochtene Prostitution und auf Kontaktaufbau über das Internet. Die Straßenprostitution mit ihrem ganz besonderen Sicherheits- und

Gesundheitsrisiko ist am stärksten von Frauen in der Armutsprostitution geprägt.

Die vorherrschende strukturelle Problematik hat der Bundesrat treffend in den folgenden Worten zusammengefasst:

> Es besteht ein erhebliches strukturelles Machtgefälle zwischen Zuhältern und Bordellbetreibern auf der einen und Prostituierten auf der anderen Seite, welches sowohl die Bildung angemessener Marktpreise als auch zumutbarer Arbeitsbedingungen grundsätzlich verhindert (Bundesrat 2011: 1).

Konzeptionelle Grundlagen und Überlegungen

In dieser hochkomplexen Gemengelage ist FIM sozialarbeiterisch und auch sozial(arbeits)politisch aktiv und folgt dabei nicht den vorherrschenden ideologisch begründet und polarisierend wirkenden Maximen im (fach)öffentlichen Diskurs: Prostitution ist ein Beruf wie jeder andere (Sexarbeit) oder aber Prostitution ist per se Gewalt gegen Frauen (Viktimisierung).

FIM steht damit eher für eine liberal-feministische Tradition, die die Lebenssituation und Tätigkeit der Frauen respektiert, jedoch den Auswirkungen und den gesellschaftlichen Hintergründen kritisch gegenübersteht (vgl. Artikel „Sozialarbeiterische Perspektiven" Carina Angelina: 113ff.).

Für FIM als Frauenrechtsorganisation ist Prostitution keine Erwerbsarbeit oder gar ein Beruf wie jeder andere. „Die Vermarktung von Frauenkörpern und Sexualität drückt eine Asymmetrie zwischen den Geschlechtern aus und stützt sexistische patriarchale gesellschaftliche Strukturen. Dies ist die gesellschafts- und insbesondere geschlechterpolitische Ebene.

> Als Beratungszentrum besteht die Aufgabe von FIM allerdings darin, Frauen in Notlagen und schwierigen Lebens-

situationen zu stärken und zu unterstützen, sie in ihrer eigenen Entscheidung zur Existenzsicherung zu respektieren, egal um welche Form es sich handelt. Dazu gehören selbstverständlich auch die Frauen, die, mehr oder weniger, selbstbestimmt in der Prostitution arbeiten und dort auch, meist vorübergehend, verbleiben wollen (Niesner 2014: 149).

Dies bedeutet, FIM arbeitet grundsätzlich wertschätzend, Frauen erhalten Unterstützung, unabhängig davon, ob sie in der Prostitution verbleiben oder aussteigen wollen. Dies bedeutet aber auch, dass keine Einstiegsberatung in die Prostitution erfolgt.

Als Menschenrechtsorganisation orientiert FIM ihr Handeln an den angeborenen, unveräußerlichen Rechten und Grundfreiheiten eines jeden Einzelnen, die nicht aufgrund staatlicher Zugehörigkeit, sondern Kraft des Menschseins den Betreffenden zugehören. Die Würde eines jeden Menschen ist unantastbar, Diskriminierung und Ausgrenzung aufgrund von Herkunft, sozialem Status oder gesellschaftlich stigmatisierten/ausgegrenzten Lebenswelten sind nicht hinzunehmen.

Anti-diskriminierende, kultursensible bzw. auch sensibilisierende Bildungs- und Aufklärungsarbeit zur komplexen Lebensrealität der Frauen ist deshalb zentraler Bestandteil der FIM Sozialarbeit. Es geht einerseits darum, für strukturelle und gesellschaftlich verankerte Benachteiligungen zu sensibilisieren sowie bei Politik und Verwaltung für Veränderung zu werben. Ausgrenzung erfolgt nicht nur aus Gründen des sozialen Status als Prostituierte, sondern auch aus Gründen der Herkunft (Intersektionale Diskriminierung). Denn aus der Armut kommende osteuropäische Arbeitsmigranten/-innen erfahren keine Förderung zur gesellschaftlichen Integration, die Orientierung in der Politik der Europäischen Union liegt in der Wirtschafts-, jedoch nicht in einer Sozialunion.

Das Ziel der Anti-Diskriminierungsarbeit bei FIM besteht zugleich auch darin, ein Bewusstsein zu fördern für das Leben und die Bedingungen von ‚kultureller Armut', die sich wie folgt zeigt:

> Eine mit individueller Frustration und fehlender sozialer Organisation einhergehende gesellschaftliche Ausgrenzung, die [...] zu entsprechenden Reaktionen und Lebenseinstellungen bei den Betroffenen führ[t]. So sei die ‚Kultur der Armut' geprägt durch dauernde Geldknappheit, niedrige Qualifikation, Zuflucht im Alkohol, Neigung zur Gewalt, Fehlen von Zukunftsplanung, Misstrauen gegenüber Behörden, das Gefühl der Hilflosigkeit, Abhängigkeit, eine geringe gesellschaftliche Durchsetzungsfähigkeit sowie eine auf die eigene, unmittelbare Lebenswelt reduzierte Wahrnehmung von Gesellschaft (Salentin 2000: 116ff.).

Soziale Arbeit mit gesellschaftskritischem Auftrag muss Differenzierungen, Unterschiede und Vielfalt im Blick haben und die Probleme der marginalisierten Gruppen benennen können. Eine große Herausforderung, der sich auch FIM gegenübersieht, besteht jedoch darin, schwierige Verhältnisse damit nicht weiter festzulegen oder gar neu zu konstruieren. Deshalb ist es wichtig, dekonstruktive Ansätze zu reflektieren, in denen es nicht alleine darum geht,

> die ungleichen Lebenswelten, die Problemlagen und Bedürfnisse der Anderen (also der Obdachlosen, Frauen, Migranten und Suchtkranken) zu thematisieren und Konzepte zu entwerfen, die diesen gerecht werden. Vielmehr geht es ihnen darum, solche Ordnungen und Regulierungen zu problematisieren und zu hinterfragen, entlang derer Subjekte überhaupt erst als die jeweiligen Anderen produziert werden und die Effekte zu hinterfragen, die aus dem Engagement für die Anderen wiederum resultieren (Plößer 2010: 228).

Ganz konkrete aktuelle Herausforderungen leiten sich hier z. B. bezüglich der potentiellen Einbindung bzw. Einflussnahme von sozialarbeiterischer Praxis auf die Umsetzung des Prostituiertenschutzgesetzes in den Kommunen ab: verfestigt das Gesetz Ausgrenzung und Stigmatisierung, wie dies von Verbänden der Sexarbeiter/-innen befürchtet wird[41] oder werden die sozialen Randgruppen in der Prostitution gestärkt? Die Umsetzung von qualitativ hochwertigen Beratungssettings – im Rahmen der gesetzlich verpflichtenden Informations- und Gesundheitsberatung – birgt die Chance zur Stärkung von subjektiver Gestaltungskompetenz und damit folglich zur besseren Einbindung in gesellschaftliche Strukturen und Integration. Dies wäre z. B. dann der Fall, wenn sich mehr Frauen in der Armutsprostitution so organisieren würden, dass sie daraus später potentielle Leistungsansprüche erwerben, um größere Ausstiegschancen zu haben.

Entgegen eines defizitären Blickwinkels – und einer damit einhergehenden Fokussierung auf den grundsätzlichen Opferstatus der in der Prostitution Tätigen – konzentriert sich FIM methodisch auf den Empowerment-Ansatz: die Arbeit mit den Klientinnen zielt auf deren Kompetenzen und Ressourcen, es geht um Selbstbemächtigung, Selbstbefähigung und Stärkung von eigenständigem Handeln.

> Der Konsument sozialer Dienstleistungen wird hier nicht mehr (allein) im Fadenkreuz seiner Lebensunfähigkeit und Hilflosigkeit wahrgenommen. Im Zentrum stehen vielmehr seine (wenngleich oftmals verschütteten) Stärken und Fähigkeiten, auch in Lebensetappen der Hilflosigkeit und der Demoralisierung eine produktive Lebensregie zu führen und gestaltend die Umstände und Situationen des eigenen Alltags zu modellieren (Herriger 2014: 71).

Für FIM bedeutet dies in der Arbeit mit Frauen in der Armutsprostitution, sich sowohl auf die einzelnen konkreten Anliegen und deren Lösung zu konzentrieren, wie auch breiter und umfassender die Klientin mit ihrer Biographie, ihrem Lebensentwurf, ihren sichtbaren sowie vorerst verborgenen Ressourcen im Blick zu haben und sie in der Selbstorganisation ihrer Lebenswelt zu respektieren.

---

41 Laut Vorstand des Berufsverbandes für erotische und sexuelle Dienstleistungen ist die Anmeldepflicht diskriminierend, datenschutzrechtlich bedenklich und berge die Gefahr eines Zwangsoutings (BesD 2016).

In einer lebensweltorientierten Sozialen Arbeit wird auf Grundlage von Vertrauen im Rahmen eines niedrigschwelligen Zugangs das Zusammenspiel von Problemen und Möglichkeiten, von Stärken und Schwächen gesehen und gemeinsame Konstruktionen von Handlungsmöglichkeiten entwickelt (vgl. Thiersch, Grundwald u. Köngeter 2000: 161).

Lebensweltorientierte Soziale Arbeit geht über die klientinnen- und fallbezogenen Arbeitsweisen hinaus und

> nutzt ihre institutionellen und professionellen Ressourcen kritisch und selbstkritisch gegen die Eigenmacht von Institutionen und die Macht der Experten, um lebensweltliche Ressourcen zugleich zu respektieren und in ihren Möglichkeiten zu befreien. Sie agiert kooperierend und koalierend mit anderen Institutionen und Politiken [...], sie agiert so als Glied einer Kultur des Sozialen, die [...] ihr Profil im Ineinandergreifen lebensweltlicher und professioneller Ressourcen hat (ebd. 176).

Methodisches Arbeiten im Kontext von Armutsprostitution

Die Tatsache, dass FIM bereits seit 1980 kontinuierlich in der Streetwork aktiv ist, liefert einen umfassenden Fundus an Erfahrungswissen zur Arbeit mit Migrantinnen in der Prostitution, welches die Grundlage bildet für ein flexibles und innovatives Vorgehen, um neue Herausforderungen inhaltlich und methodisch professionell bewältigen zu können.

Das mediale und voyeuristische Interesse für die Lebensrealitäten in dieser Parallelgesellschaft sind einerseits hoch (vgl. Artikel Stefan Piasecki: 75ff.). Zugleich befindet sich das Arbeitsfeld in einer gesellschaftlichen Grauzone, die vornehmlich ethisch und moralisch abgelehnt und am Rande der Kriminalität verortet wird (vgl. Wege 2015: 75). Auch die Soziale Arbeit in dieser Welt ist wenig geachtet.

Für eine professionelle Sozialarbeit bedeutet das, dass persönliche Stärken wie Selbstsicherheit, Klarheit, Selbstreflektion und eine offene sowie wertschätzende Haltung, um sich in dieser ‚anderen' Lebenswelt gut bewegen zu können und nicht zu resignieren, unbedingt erforderlich sind.

Die Soziale Arbeit fußt auf mehreren Säulen. Die FIM-Mitarbeiterinnen haben fachliche Kompetenz und spezifisches Wissen zum Arbeitsfeld der Prostitution und den jeweiligen Themen- und Problemfeldern sowie den Hintergründen. Zu diesem lebensweltorientierten Wissen und den Kenntnissen über strukturelle Zusammenhänge und Benachteiligungen (Globalisierung, Diskriminierung, Existenzdruck etc.) gehört zudem die Kompetenz, auf sexuelle Gewalt, Ausbeutung und traumatische Erlebnisse professionell reagieren zu können.

Die klassischen Beratungskompetenzen sind sowohl systemisch wie auch personenzentriert verortet. Zu den Arbeitsstandards zählen beispielsweise wertfreies Auftreten, aktives und empathisches Zuhören oder die Fähigkeit zur Balance zwischen Nähe und Distanz. Es geht darum, eine konstruktive Arbeits- und Vertrauensbeziehung zwischen Beraterin und Klientin zu entwickeln.

Das übergeordnete Beratungsziel in der Armutsprostitution liegt darin, die Selbstsorge zu stärken in den verschiedensten Bereichen: Gewaltprävention, Stärkung der Handlungsfähigkeit bei Ausbeutung, Abhängigkeit, Gewalt und Ausstiegswunsch, Schutz vor sexuell übertragbaren Infektionen, Schwangerschaftsverhütung und Alterssicherung etc. Zugleich geht es um ein verbessertes Selbstmanagement, indem z. B. akzeptable Preise verhandelt werden können, eine freie Wahl von Kunden und angebotener Dienstleistungen erfolgt oder eine Krankenversicherung abgeschlossen wird.

Die niedrigschwellige Ansprache stellt für FIM ein zentrales Moment dar. Deshalb spielt die aufsuchende Sozialarbeit eine große Rolle, daneben aber auch die muttersprachliche Kommunikation.

Bei der Auswahl der Kolleginnen für dieses Tätigkeitsfeld achtet FIM vor allem auf biographische Hintergründe und sprachliche sowie interkulturelle Fähigkeiten. Es werden Kolleginnen aus den Herkunftsländern, aus denen die Prostituierten kommen, eingebunden, so dass eine muttersprachliche und kultursensible Beratung möglich ist. Da es oft schwierig ist, entsprechend empathische Muttersprachlerinnen mit sozialarbeiterischer Qualifikation zu finden, entscheidet sich FIM – mit ihrer eigenen interkulturellen Schwerpunktsetzung – dafür, auch fachfremde, jedoch sprachlich und interkulturell kompetente, Mitarbeiterinnen einzusetzen und für die soziale Arbeit im Bereich der Prostitution zu qualifizieren.

Bedarfsorientierte Soziale Arbeit

Da die Frauen in der Armutsprostitution mit Blick auf soziale Strukturen am Rande der Gesellschaft stehen, d. h. oft keinen eigenen Zugang zu Beratung, Behörden etc. finden, ist ein zentraler Baustein die niedrigschwellige aufsuchende Soziale Arbeit. Zentral ist hier die Streetwork auf der Straße oder aber auch in den verschiedensten Prostitutionsstätten. Weiterhin zentral ist eine den Bedürfnissen angepasste Einzelfallhilfe sowie Aufbau/Entwicklung/Förderung einer jeweiligen kommunalen Struktur der Institutionen und auch Hilfeeinrichtungen, die befähigt sind, den besonderen Anforderungen der Frauen in der Armutsprostitution sensibel und vorurteilsfrei zu begegnen und sie u. a. auch beim Ausstieg zu unterstützen.

Streetwork

Die Lebens- und Arbeitswelt der Frauen in der Prostitution, sei es die Straße, das Bordell, der Club oder die Tagesterminwohnung, ist für diese Teil ihres Alltags und somit sozialräumliche Normalität. Die Streetworkerin steht damit vor der Aufgabe, in gewisser Weise auch Teil dieser Lebenswelt zu werden, sich darin so orientieren zu können, dass sie weder als (geschäfts)störend noch als Eindringling empfunden wird. Zugleich geht es darum, ihren Arbeitsauftrag umzusetzen (vgl. auch Artikel Christiane Schurian-Bremecker: 104ff.).

Mit dem Ziel, Informationen zu geben, Kontakte herzustellen und Vertrauen aufzubauen, sind die Kolleginnen von FIM als Streetworkerinnen unterwegs. Sie informieren über Hilfsangebote bei Gewalterfahrungen, bei Zwang und Ausbeutung sowie über Möglichkeiten der Unterstützung beim Ausstiegswunsch. Wichtige Themen in den Gesprächen sind immer auch gesundheitliche Fragen und Aufklärung zu sexuell übertragbaren Krankheiten, Fragen zur selbständigen Tätigkeit, deren Versteuerung sowie zur Krankenversicherung und aktuell zum Prostituiertenschutzgesetz.

Die professionelle Rolle der Sozialarbeiterin steht fortlaufend vor neuen Herausforderungen, denn die konkreten Reaktionen der Frauen können – auch tagesabhängig – sehr unterschiedlich sein. Die Kontaktaufnahme *„erfordert ein hohes Maß an beraterischer Kompetenz, beruflichem Selbstbewusstsein und hoher Kommunikationsfähigkeit"* (Albert 2015: 17). Die Streetworkerinnen begegnen Frauen in unterschiedlichsten Lebens- und Arbeitsrealitäten: Es offenbart sich ein Feld zwischen einerseits Abhängigkeits- und Ausbeutungssituationen sowie andererseits eigenständiges und selbstbestimmtes, auch lukratives Arbeiten und oft fließenden Übergängen zwischen diesen Polen. Hinzu kommt die Gruppe der Frauen, die eindeutig zur Prostitution gezwungen werden und nie in Betracht gezogen hatten, selbst dort tätig zu sein.

Auf den ersten Blick ist für die Streetworkerin nicht zu erkennen, in welcher Situation sich die angetroffene Frau befindet. Daher gilt es mit ausreichendem Hintergrundwissen, milieusensibel, nicht stigmatisierend oder viktimisierend und dennoch opfersensibel unterwegs zu sein und den ‚richtigen Moment' für zentrale, tiefergehende Themen zu finden.

Den Frauen in der Armutsprostitution fällt es oft schwer, sich für die Verbesserung ihrer eigenen Situation einzusetzen. Da sie im Herkunftsland aus extrem prekären Lebenssituationen kommen, finden sie sich häufig mit ihrer aktuell desolaten Lage ab bzw. finden diese weniger gravierend als die Sozialarbeiterinnen. Denn trotz Ausbeutung und Dumpingpreise bleibt vielen Frauen in der Prostitution in Deutschland immer noch mehr Geld, als sie jemals in der Heimat verdienen konnten.Die Frauen sind nicht selten resigniert und oft nicht dazu bereit bzw. in der Lage, Hilfsangebote anzunehmen. Wir haben Opfer von Gewalt, Ausbeutung und Abhängigkeit, die sich aber nicht als Opfer zu erkennen geben (können) bzw. (noch) nicht dazu fähig sind, ihre Situation zu ändern. Diese Konstellation stellt die Streetworkerinnen vor große Herausforderungen und bringt spezifische Belastungen mit sich.

Professionelle Beraterinnen müssen die Diskrepanz akzeptieren bzw. ohne Resignation aushalten zwischen den Zielen des Empowerments und dem praktisch Realisierbaren (Ambiguitätstoleranz). Empowermentprozesse funktionieren meist auch nur partiell. Die Arbeit in der Lebenswelt der Armutsprostitution ist eine Arbeit der kleinen Erfolge. Für viele Frauen bedeutet der regelmäßige Kontakt zu den Streetworkerinnen auch einfach eine menschliche Begegnung, die einzige außerhalb des Milieus und der einzige Kontakt, der nichts einfordert (humanitäre Komponente).

Viele Frauen in der Prostitution sind mobil unterwegs. Gerade in den Tagesterminwohnungen wechseln die Frauen wochenweise ihren Tätigkeitsort. Aufsuchende Sozialarbeit kann in diesen Bereichen nicht auf regelmäßige Kontakte und vertrauensbildende Maßnahmen zurückgreifen, da Frauen meist nur einmal angetroffen werden. Um diesem Phänomen zu begegnen, hat FIM im Hessennetzwerk eine mehrsprachige Website für Frauen und Männer in der Prostitution[42] entwickelt, welche zentrale Informationen zu Gesundheit, Verhütung,

---

42 www.pia-hessen.de

Geburt, Aufenthalt, Arbeitsrecht, Sozialleistungen und Anlaufstellen bzw. Hilfssysteme digital zugänglich macht.

Weiterführende Beratung

Die Einzelfallhilfe bzw. Case Management findet auf verschiedenen Ebenen statt:

=>*Problemlösungen im Einzelfall*

Zum einen gibt es die konkreten, dringenden Anliegen, die es zu unterstützen gilt. Hierzu gehören z. B. Schuldenregulierung, Schwangerschaft und Geburt ohne Krankenversicherung, Schwangerschaftsabbruch, akute gesundheitliche Beschwerden, Hilfe beim Schriftverkehr mit Behörden.

Zum anderen besteht ein umfassender Informationsbedarf z. B. zum Prostituiertenschutzgesetz, zu steuerlichen Fragen, zu kommunalen (humanitären), gesundheitlichen Angeboten.

=>*Empowerment*

Diese weiterführende Beratung richtet sich auf ein gutes Selbstmanagement und eine verbesserte Selbstsorge, innerhalb oder auch außerhalb der Prostitution. In dieser Beratung spielen Themen der Prävention vor Krankheit, der Schwangerschaftsverhütung, der Lebensgestaltung und Zukunftsplanung eine Rolle.

Die Erfahrungen von FIM zeigen, dass die Frauen offen sind für die Unterstützung im Einzelfall, dass jedoch die eher nachhaltig und perspektivisch positiv wirkende Empowermentarbeit nur in wenigen Fällen angenommen wird und diese Arbeit von den Beraterinnen mit viel Kontinuität und Ausdauer zu verfolgen ist. Massiv verhindernd kommt hinzu, dass es für die Frauen kaum konkrete Erwerbs-, Wohnungs- und damit auch Lebensalternativen gibt. Damit sind den Unterstützungsmöglichkeiten von FIM enge Grenzen gesetzt.

Ausstiegslos

Frauen in der Armutsprostitution haben sich ihre Tätigkeit in der Prostitution meist nicht gezielt ausgesucht, sondern sind selbstbeschreibend oft irgendwie mangels Erwerbsalternativen ‚hineingeraten'. Damit fehlt auch ein Bewusstsein für ein geplantes und sich damit selbstschützendes Vorgehen wie: Beginn und Ende der Arbeit, akzeptable Arbeitsbedingungen herstellen, eigene Zukunft nach der Tätigkeit in der Prostitution absichern. Deshalb sowie mangels Erwerbsalternativen sind bei vielen Frauen ein Ausstiegswunsch oder eine realisierbare Zukunftsplanung nicht vorhanden.

Ausstiegswünsche entstehen konkret dann, wenn aus psychischen/emotionalen und gesundheitlichen Gründen die Tätigkeit in der Prostitution nicht mehr möglich ist, wenn Frauen zu ihrer Familie in das Herkunftsland und zu dort lebenden Kindern zurückkehren wollen, wenn sie versuchen wollen, ihre Kinder nach Deutschland zu holen und ein geregeltes Leben aufzubauen, wenn sie schwanger sind (oft vorübergehender Ausstieg, denn Kinder werden ins Herkunftsland verbracht), wenn sie einen festen Freund haben (oft ein ehemaliger Freier), der den Ausstieg fördert, wenn sie (oft auch aus Altersgründen) einfach viel zu wenig Geld verdienen können.

Die Hürden für einen Ausstieg sind hoch. Der Teufelskreis besteht darin, dass viele Frauen in der Armutsprostitution weder einen Wohnsitz angemeldet haben noch über eine Steuernummer bzw. Identifikationsnummer verfügen. Weil sie sich nur ‚informell' und nicht offiziell als Erwerbstätige oder als in Deutschland dauerhaft Wohnende bewegen, ist es für sie nur schwer möglich, eine reguläre, alternative Erwerbsarbeit zu finden. Auch besteht für sie – trotz oft jahrelangen Aufenthaltes in Deutschland – in den meisten Fällen kein Anspruch auf finanzielle staatliche Leistungen.

Grundsätzlich gibt es zwei Möglichkeiten, um einen Ausstieg formal zu organisieren. Lebt eine Frau schon über fünf Jahre in Deutschland und kann dies nachweisen, so hat sie beim Jobcenter einen Anspruch auf Arbeitslosengeld II, auch wenn sie nicht die gesamten fünf Jahre einen formalen Freizügigkeitsgrund erfüllt hat[43]. Hat sie diesen Anspruch nicht, kann sie den Ausstieg nur über eine alternative Erwerbsarbeit (zumindest eine geringfügige Beschäftigung) erreichen. Die meist nicht vorhandene Meldeadresse erschwert jedoch die Arbeitssuche und ohne Arbeit finden die Frauen kaum einen Wohnraum außerhalb des Milieus. Dieser Kreislauf ist schwer zu durchbrechen. Dennoch finden Frauen mit Unterstützung durch FIM den Weg aus der Prostitution. Dazu gehören eine psychosoziale Stabilisierung, die Begleitung bei der Suche nach alternativer Erwerbsarbeit, Hilfe bei der Durchsetzung von Leistungsansprüchen und die Klärung bzw. Unterstützung bei Unterbringungsbedarf. Vielfach führt ein Zusammenspiel begünstigender Faktoren, wie ein neuer Partner, erworbene Deutschkenntnisse, Behörden, die ihren Ermessensspielraum weitreichend nutzen, etc. dazu, dass ein Ausstieg aus der Prostitution erfolgreich verlaufen kann.

Die aufenthaltsrechtlich bedingten Probleme bestehen für die Frauen unabhängig von den für sie grundsätzlich sehr schlechten Chancen auf dem Arbeitsmarkt. Finden sie überhaupt eine alternative Erwerbsarbeit, handelt es sich um eine Tätigkeit im Niedriglohnsektor und sie stehen vor der Herausforderung, plötzlich mit sehr viel weniger Geld auskommen zu müssen und dann z. B. ihre Familie im Herkunftsland nicht mehr unterstützen zu können. Eine weitere Herausforderung kann das veränderte soziale Umfeld, die neue Lebenswelt sein. Die Regeln und Bedingungen im Milieu sind nicht zu vergleichen mit regulären Arbeitsverhältnissen und den sich daraus ergebenden Anforderungen wie Pünktlichkeit, Zuverlässigkeit, feste Arbeitszeiten etc.

---

43   Siehe §7 SGB II, § 4a Freizügigkeitsgesetz/EU.

Hilfe bei Gewalt

Zu Opfern von Gewalt in der Prostitution erhält FIM Kontakt über die Polizei, die Streetwork oder über Freier.

Mit Blick auf Menschenhandel bestehen für Hessen gefestigte Kooperationsbeziehungen, sodass die Frauen mit Unterstützung der Polizei regelmäßig Kontakt zu FIM als Hessischer Koordinierungs- und Fachberatungsstelle für Opfer von Menschenhandel bekommen.

Auch über die Streetwork wenden sich immer wieder Frauen mit Gewalterfahrungen an FIM. Die Kontaktaufnahme muss nicht direkt während der Streetwork stattfinden, sondern ergibt sich häufig erst im Nachhinein telefonisch.

Freier kontaktieren FIM häufig dann mit der Bitte um Unterstützung, wenn sich zwischen ihnen und der betreffenden Prostituierten in Not/ Gewaltverhältnissen eine Beziehung aufgebaut hat.

Der umfassendste Opferschutz ist dann möglich, wenn die Betreffenden dazu bereit sind, in einem Strafverfahren gegen den Täter auszusagen, und wenn ihre Zeugenschaft für die Staatsanwaltschaft von strafrechtlicher Bedeutung ist. In diesen Fällen erhalten die Frauen eine sichere Unterkunft und haben Anspruch auf finanzielle Unterstützung. Sie können einen Deutschkurs besuchen und berufsbildende Maßnahmen ergreifen.

FIM unterstützt die Opfer von Menschenhandel bzw. von Zuhälterei und Ausbeutung zudem durch psychosoziale Beratung, Sicherstellung von medizinischer und psychologischer Versorgung, Information über Möglichkeiten von Rechtsbeistand und Nebenklagevertretung sowie durch Vorbereitung, Begleitung und Nachbereitung bei Gerichtsprozessen. Im Weiteren geht es um die Hilfe zur Sicherstellung der materiellen Existenz und bei der Arbeitssuche, Integration in die deutsche Gesellschaft bzw. Unterstützung bei der Rückkehr und bei der Reintegration in das Herkunftsland.

Nicht zwingend steigen Frauen aus der Prostitution aus, wenn sie sich einmal erfolgreich gegen eine Gewaltsituation gewehrt haben. Es gibt Frauen, die einen solchen ‚Bruch' und die ihnen gegebene Unterstützung für sich nutzen, um ihr Leben und ihren Lebenskontext vollständig umzustellen. Andere jedoch ‚halten nicht durch' und kehren in alt bekannte Strukturen zurück bzw. verschwinden plötzlich und brechen den Kontakt zur Beratungsstelle unbegründet ab.

Politisches Arbeiten in der Sozialarbeit

Auf der praktischen Ebene der Sozialen Arbeit bleiben der Empowerment- und lebensweltorientierte Ansätze zentral, soll das subjektive Selbstbestimmungsrecht eines/r jeden respektiert werden. Der Mensch handelt jedoch im Rahmen bestehender Möglichkeiten, die stark von außen, dem Umfeld, den Strukturen, den glücklichen oder unglücklichen Umständen der Geburt bestimmt sind. Mit dem Profil eines menschen- und frauenrechtlich orientierten Beratungszentrums ist bei FIM deshalb die Soziale Arbeit unabdingbar mit sensibilisierender, gesellschaftskritischer Bildungs- und Advocacyarbeit verwoben. Hierbei werden ausgrenzende und diskriminierende Strukturen sowie für den Markt der Armutsprostitution verantwortliche Mechanismen in den Blick genommen.

FIM engagiert sich vielseitig, dies sowohl in der breiten Öffentlichkeit wie auch in der Fachöffentlichkeit und im Kontext von Kooperationsbeziehungen.

Zu dieser Arbeit gehören die aktive Beteiligung an Runden Tischen, das Initiieren von interdisziplinären Arbeitskreisen und die umfassende Vernetzungsarbeit mit Kooperationspartnern.

Im Kontext Armutsprostitution ist FIM aktuell insgesamt an neun verschiedenen kontinuierlich tagenden Gremien, z. T. als Organisatorin und Moderatorin, auf Landes- sowie auf kommunaler Ebene beteiligt.

Hinzu kommt ein von FIM verantwortetes, mehrfach jährlich stattfindendes Treffen der Streetworkerinnen in Hessen.

Eine konkrete und auf die Zielgruppe der Freier zugeschnittene Ansprache wird seit 2006 verantwortet: Die Website www.stoppt-zwangsprostitution.de sensibilisiert Freier in ihrer Verantwortung als Akteure auf dem Markt der Armutsprostitution und liefert eine niedrigschwellige und anonyme Möglichkeit, sich bei Verdacht auf Gewalt und Menschenhandel zu melden bzw. Frauen zu unterstützen. Diese Form der Kontaktaufnahme zu FIM wird immer wieder von Freiern genutzt.

Hinsichtlich des neuen Prostituiertenschutzgesetzes engagiert sich FIM für eine Umsetzung des Gesetzes, die vor allem die politischen Ziele – den Schutz und die Stärkung der Prostituierten – im Blick hat. In Frankfurt am Main beteiligt sich FIM aktiv an einem vom Magistrat eingesetzten Fachbeirat, der Vorschläge zur kommunalen Umsetzung unter Berücksichtigung der spezifischen Situation in Frankfurt (hohe Prostituiertenzahl, darunter viele Armutsprostituierte, besonders prekäre Wohnsituationen) erarbeiten soll.

Auf Landesebene hat FIM für Behördenmitarbeiterinnen und -mitarbeiter, die für die Informations- und die Gesundheitsberatung im Rahmen des gesetzlichen Anmeldeverfahrens für Prostituierte zuständig sein werden, eine zweitägige Fortbildung konzipiert und mehrfach erfolgreich durchgeführt. Diese Personengruppe, die bisher kaum Berührungspunkte mit dem Themenfeld ‚Prostitution' hatte, wurde hierbei u. a. zu den Problematiken der Armutsprostitution informiert und sensibilisiert.

In der Advocacyarbeit von FIM

> ist es von entscheidender Bedeutung, dass die reale Vielfalt der Lebens- und Arbeitsbedingungen von Frauen in der Prostitution im Mittelpunkt steht. Denn jede ideologische Diskussion geht an den Problemlagen der Frauen und an deren Bedürfnissen vorbei (FIM 2014: 11).

Im Ausschuss für Menschenrechte und humanitäre Hilfe der Bundesregierung zu „Menschenhandel und Zwangsprostitution in Europa" konnte FIM 2014 im Rahmen einer Anhörung dieser großen, besonders benachteiligten Gruppe in der Prostitution Gehör verschaffen, einer Gruppe, die bislang in keinem der bestehenden Lobbynetzwerke der Sexarbeiterinnen vertreten ist.

Wichtig ist es, die Meinungspolarisierungen zwischen erzwungener Prostitution einerseits und selbstbestimmter Prostitution andererseits zu überwinden, denn erst dann können die verschiedensten Zwischenformen zwischen Zwang und Freiheit sichtbar werden und damit auch die Bindung der Prostitution an ein asymmetrisches Geschlechterverhältnis, in dem Frauen für Männer ‚da sind' (vgl. FIM 2006: 5)[44].

Im Rahmen einer ehrlichen Auswertung und Evaluation der Ergebnisse und Praxiserfahrungen durch das Gesetz, wünscht sich FIM einen breiten gesellschaftlichen Diskurs, in dem Fragen von Geschlechterbeziehung wie auch Ausgrenzung und Diskriminierung kritisch reflektiert werden. Das Prostituiertenschutzgesetz sollte nicht nur dazu beitragen, dass sich kommunal Verantwortliche und Verwaltungen mit einem ungeliebten und bislang weitgehend ignorierten Phänomen aus ordnungspolitischen Gründen irgendwie beschäftigen müssen. Es braucht einen weiterführenden Impuls in unserer Gesellschaft für eine offene und tiefgehende Wertediskussion, die menschenrechtlich orientierte Normen reflektiert und die Beziehung zwischen den Geschlechtern sowie (internationale) existenzbedrohende Ausbeutungsstrukturen einschließt. Das Prostituiertenschutzgesetz bietet einen guten Anlass für neues gesellschaftliches Bewusstsein und Handeln, darin liegt jetzt die Chance.

---

44 Eine sozialhistorische Einordung hierzu nimmt Kontos vor: „Vor dem Hintergrund eines liberalen Umgangs mit Sexualität ... (ist Prostitution) ... nicht mehr die Schattenseite der bürgerlichen Ehe- und Liebesverhältnisse, die als deren latente Bedrohung eingehegt und ausgesperrt werden müsste, sondern sie wird (für Männer) zur leicht zugänglichen Entlastung von den wachsenden Herausforderungen und Risiken des neoliberalen Alltags" (Kontos 2009: 390).

Literatur

Albert, M. (2015). Soziale Arbeit im Bereich Prostitution–Strukturelle Entwicklungstendenzen im Kontext von Organisation, Sozialraum und professioneller Rolle. In: Soziale Arbeit und Prostitution. Wiesbaden: Springer Fachmedien.

Albert, M., Wege, J. (2015). Einleitung. In: Soziale Arbeit und Prostitution. Wiesbaden: Springer Fachmedien.

BesD – Berufsverband erotische und sexuelle Dienstleistungen e. V. (2014). Berufsverband der Sexarbeiter_innen erwartet mit Besorgnis weitere Ergebnisse zur geplanten Prostitutionsregulierung. Berlin: Pressemitteilung vom 09.09.2014.

Bufas – Bündnis der Fachberatungsstellen für Sexarbeiterinnen und Sexarbeiter e. V. (2015). Stellungnahme zum Entwurf eines Gesetzes zur Regulierung des Prostitutionsgewerbes sowie zum Schutz von in der Prostitution tätigen Personen. Berlin: September 2015.

Bundesrat (2011). Entschließung des Bundesrates – Stärkere Reglementierung des Betriebs von Prostitutionsstätten, Drucksache 314/10, 11.02.2011.

FIM – Frauenrecht ist Menschenrecht e. V. (2014). Menschenhandel und Zwangsprostitution in Europa. Eine Stellungnahme zu Öffentlichen Anhörung des Ausschusses für Menschenrechte und humanitäre Hilfe, Deutscher Bundestag, Ausschussdrucksache 18(17)28.

FIM – Frauenrecht ist Menschenrecht e. V. (2006). Prostitution: Zwang oder Beruf? – Tagungsdokumentation, Schwalmstadt (Eigenveröffentlichung).

Follmar-Otto, P., Rabe, H. (2009). Menschenhandel in Deutschland: die Menschenrechte der Betroffenen stärken. Deutsches Institut für Menschenrechte. DEU.

Herriger, N. (2014). Empowerment in der Sozialen Arbeit – Eine Einführung, 5. Erweiterte und aktualisierte Auflage. Stuttgart: Kohlhammer.

Kontos, S. (2009). Öffnung der Sperrbezirke. Zum Wandel von Theorien und Politik der Prostitution. Königstein/Taunus: Ulrike Helmer Verlag.

Niesner, E. (2014). Armutsprostitution – eine gesellschaftliche Herausforderung. In: Zeitschrift für Menschenrechte, 2014 (2), 144–158, Schwalbach: Wochenschau Verlag.

Plößer, M. (2010). Differenz performativ gedacht. Dekonstruktive Perspektiven auf und für den Umgang mit Differenzen. In: Differenzierung, Normalisierung, Andersheit – Soziale Arbeit als Arbeit mit den Anderen. Wiesbaden: Verlag für Sozialwissenschaften.

Salentin, K. (2000). „Kultur der Armut" oder nur Niedrigeinkommen? – Armut und die Bewältigung finanzieller Probleme. In: Soziale Probleme – Zeitschrift für soziale Probleme und soziale Kontrolle, 11. Jahrgang, Heft 1/2.,116–140.

Thiersch, H., Grunwald, K. und Köngeter, S. (2000). Lebensweltorientierte Soziale Arbeit. In: Grundriss Soziale Arbeit, Opladen.

Wege, J. (2015). Soziale Arbeit im Kontext der Lebenswelt Prostitution – Professionelle Handlungsansätze im Spannungsfeld unterschiedlicher Systeme und Akteure. In: Soziale Arbeit und Prostitution. Wiesbaden: Springer Fachmedien.

Rising up to a new life. Talita's 15-year experience supporting women exploited in prostitution, pornography and human trafficking for sexual purposes

Megan Donevan

Abstract

Dieses Kapitel stellt die schwedische Nichtregierungsorganisation Talita vor, die Frauen ein umfangreiches Ausstiegsprogramm anbietet, welche in der Prostitution, Pornographie oder im Menschenhandel ausgebeutet wurden. Talita betreibt Schutzhäuser und Beratungseinrichtungen in Schweden, der Mongolei und in Rumänien – dieses Kapitel bezieht sich insbesondere auf Talitas Aktivitäten in Schweden. Beginnend mit einem kurzen Überblick über den Werdegang der Organisation wird nachfolgend die Diskussion der wichtigsten Vorbedingungen für einen erfolgreichen Ausstieg aus der Sexindustrie erörtert. Diese Ausstiegsstrategie wird illustriert anhand einer holistischen und langfristig angelegten Perspektive, die sich individuell an die betroffenen Frauen anpasst. Abschließend werden Kooperationen mit unterschiedlichen Partnern vorgestellt. Auch sie tragen dazu bei, dass Talitas Klientinnen erfolgreich und sicher in die schwedische Gesellschaft reintegriert werden können.

History

Talita was established in 2004 in response to a need observed by the founders, Anna Sander and Josephine Appelqvist. The two had been involved in outreach work among prostituted women in downtown

Stockholm during the 1990s. At that time, while women in prostitution suffering from an alcohol or drug addiction could access support at rehab centres, those without addictions wanting to exit prostitution had little access to support measures. In response, Anna and Josephine became certified trauma therapists specialized in sexual abuse and developed a long-term exit program designed to meet the fundamental needs of women exiting the sex industry. The program was launched in 2012 when Talita founded its safe house in Stockholm. Since then, Talita has become established in Ulaanbataar, Mongolia (2013), Gothenburg, Sweden (2016), and most recently Bucharest, Romania (2017) where Talita's program is offered in partnership with the local organization Asociatia F.R.E.E. An evaluation of Talita's program in 2016 by Malmö University (Grönvall and Holmström, 2016) shows how it effectively facilitates a woman's exit from the sex industry.

A Successful Exit

What is a "successful" exit?

For Talita, a successful exit does not simply mean that a woman no longer sells her body. An exit is considered *successful* only when the woman:

- has experienced healing from trauma and a reorientation that facilitates positive personal development for the future;
- understands that she is worthy to be loved and treated with dignity, and
- has her fundamental needs met – the physical, mental, practical, psychological, social, intellectual and spiritual.

Talita's vision is that each woman and girl who has been exploited in the sex industry can rise up to a new life.

What elements contribute to a successful exit?

In Talita's experience, there are several crucial prerequisites that facilitate a woman's exit from the sex industry. In Talita's experience, a woman's motivation to leave the sex industry and dedication to work through her traumas are prerequisites to a successful exit. Talita has witnessed the necessity of motivation for persisting through the arduous efforts required to deal with past traumas and form a new future. Since the organization began offering their long-term program, not one of Talita's 33 clients who completed the program have re-entered prostitution. However, it was evident that women who either decided not to enter Talita's program, or entered but left within the first few months, were not at a place in their lives where they could truly commit to the trauma therapy and other aspects of the program. If the woman seeking help falls within Talita's target group, motivation to exit the sex industry is the only condition required to partake in Talita's program.

From the perspective of the support provider, Talita considers the following four principles key to creating the conditions necessary for a successful exit:

- Addressing a woman's multifaceted needs;
- Providing support for her the entire way
- Supporting her regardless of whether her placement at Talita is funded
- Helping her regardless of where in the world she has been exploited

Below, each of these principles are described.

Talita's Approach

Addressing a woman's multifaceted needs

When Talita was first founded, Anna and Josephine began by providing trauma therapy on a weekly basis to women within Talita's target group. However, it was not long before they realized that trauma therapy alone was not sufficient. Returning to an unstable environment made it impossible to exploit all the benefits that trauma therapy has to offer. Clients also expressed their frustration in navigating through the labyrinth of governmental agencies, healthcare providers and other professionals. They felt neither heard, nor seen, nor understood – never treated as an individual with a diversity of needs. There was a lack of comprehensive understanding of their situation from the side of the authorities. Anna and Josephine thus began working towards developing a long-term program that takes a holistic approach to clients' multifaceted needs. The method of rehabilitation and integration that was formed consists of the following:

1. Safe housing
2. Trauma therapy
3. Psychoeducation
4. Planning for the future
5. Transition to independent living and integration

1. Safe Housing

Talita's safe house consists of three rooms dedicated to women undertaking Talita's program and a fourth room intended for crisis accommodation when emergency placements are made. For women facing imminent threats from their traffickers and pimps, a safe house is a crucial prerequisite for a successful exit. Living in constant fear makes it virtually impossible for clients to work through their traumas. Yet even for those who do not face the same level of threat, a safe and stable social environment is necessary to foster healing from trauma and promote personal growth. This is why Talita employs a *therapeutic community approach*[45], whereby the organization sees all aspects of its

---

45 This method was developed in England during the 1940s for the rehabilitation of war veterans. It was later adopted in Sweden in the 1980s and has

work as therapeutic. In the evaluation of the program in 2016, clients reported how the safe house meant much more than merely having a roof over their heads: "*It was a feeling of 'home' for the first time for many*" (Grönvall and Holmström, 2016: 12). Some clients described how the feeling of belonging to a family was the most important factor in their rehabilitation. Indeed, the need for safety and freedom is not just physical, but also mental and emotional.

2. Trauma therapy

Although the path to prostitution and pornography varies from individual to individual, there is an element common to all women who have partaken in Talita's program and been placed acutely at Talita by the police: trauma. Seeing trauma as both a pre-condition and a result of prostitution, the founders of Talita became trauma therapists and began offering trauma therapy as an integral part of the long-term program.

Prior to their entrance into the sex industry, many women experience a multitude of traumatic environments and experiences. These include exposure to childhood sexual abuse, homelessness and poverty, substance abuse, domestic violence or mental illness in the home, or physical and/or emotional abandonment. Prostitution is often a cruel convergence of these traumas, an "*intersectional form of oppression where multiple disadvantages converge*" (Waltman, 2014).

International research demonstrates the link between entering the sex industry and earlier sexual trauma – a finding supported by Talita's many years of experience. It is a particularly common and sinister form of trauma affecting Talita's target group, instilling shame, guilt, and self-blame in its victims. For women who have suffered from earlier sexual trauma, entrance into prostitution or pornography has more

---

become a popular form of therapy used in services for drug addicts, at-risk youth, and people living with disabilities.

to do with an "inner coercion"; a type of self-harm that stems from feelings of worthlessness, self-loathing, and abhorrence of one's own body, combined with an unconscious effort to regain control (Hall and Hall, 2011). In Talita's experience, most of the women who appear to "freely choose" prostitution or pornography are those who have been sexually abused in their childhood and suffer from the most severe PTSD-related symptoms and disorders.

Women are further exposed to trauma in the sex industry. One of Talita's clients wrote:

> Having sex with a total stranger, when you are in an inferior position, is the furthest thing from fun. You can get killed. Swedish johns are said to be relatively nice, but many have hidden aggression they take out on women as soon as they get the chance, in my experience. They are aggressive and violent, and when you tell them to be gentler, they thrust even harder until you get bruises. Sex buyers are all the same, even if they are rich and Swedish. – Talita's client

Talita meets the direct effects of the violence and brutality of the prostitution and pornography industries. In order to possibly cope with the violence they are exposed to, women adopt a variety of survival strategies, including emotional shutdown and dissociation – coping mechanisms victims of childhood sexual abuse would have already learned.

A life-long build-up of trauma and exposure to violence means that exiting the sex industry is one of the most difficult journeys a person can embark on. Talita's clients fight with shame and extremely low self-esteem. They are haunted by PTSD symptoms like flashbacks, anxiety, depression, and suicidal thoughts – perfectly normal responses to the severe violence they have been exposed to. The trauma therapy in Talita's program allows clients to work through their traumas and receive the tools necessary to experience freedom from its effects.

> Therapy was something I had never done before. Anna and Josephine told me it wasn't my fault; that it wasn't my shame

and guilt to bear on my shoulders. If I had heard that when I was little, everything would have been different. Therapy was a chance to share everything I felt, a chance to scream out all of the pain. – Talita's client

3. Psychoeducation

Deeper knowledge of trauma and its consequences is an integral part of a client's healing process. As a complement to the trauma therapy, psychoeducation[46] is offered in a group setting. The education includes a series of self-strengthening lessons comprised of topics such as child development, shame, 'the inner child', the brain and memories, healthy relationships, boundary setting, dissociation, self-destructive behaviour, and self-image. The teaching leads to an increased understanding of the emotions, behaviours, and reactions stemming from trauma, which in turn increases self-esteem and reduces anxiety. The group setting also allows clients to recognize their shared experiences.

4. Practical planning for the future

Talita takes an individualized approach to each woman's situation. Support workers meet with clients each week to assist them in practical planning. This involves activities like: creating a budget and planning finances, contacting governmental authorities, arranging legal and medical assistance, applying for vocational or school programs; seeking out job opportunities; and other measures necessary for clients to become integrated into Swedish society. Clients develop independence and confidence as they pursue their goals and gain the life skills necessary to meet the challenges of everyday life.

---

46 Talita's psychoeducation combines education and other activities with the aim of increasing a client's knowledge about the causes and symptoms of trauma. It is an important complement to the trauma therapy offered.

This planning process may look very different for a Swedish client compared to a Third country-national who was trafficked to Sweden. In the latter case, building up the evidence needed to attain the right to live and work in Sweden, learning skills that will help them gain access to employment, and learning Swedish for successful integration into Swedish society, are top priorities. For a woman who grew up in Sweden planning would involve assisting her in applying for studies or a job, finding an apartment, and so on. Regardless of the clients' spectrum and degree of needs, their experience in the sex industry often leaves them without a strong social network. Indeed, the longer a person is in the sex industry, the more they have — intentionally or unintentionally — distanced themselves from conventional connections. In this sense, having staff who understand the Swedish system gives clients a greater sense of both reassurance and confidence to take the necessary steps to achieving their goals for the future.

5. Transition and integration phase

After the twelve-month program, continued integration into Swedish society, securing independent living, and helping the client take steps towards financial independence are prioritized. Significant steps are taken during the first year of the program to facilitate integration and ensure a smooth transition into the following phase. Due to the difficulty of finding accommodation in Stockholm, and in response to meeting the extra needs that some of the clients have, Talita owns several transition apartments that clients can live in for an additional year after finishing the program. Talita's partnerships with a variety of NGOs and companies helps to ensure that the target group can access high school or university education, vocational training, apprenticeship programs, and income-generating activities. In Talita's experience, one year of trauma therapy is a minimum to fulfil this mission. Trauma therapy is therefore offered even after the first year, when the client has moved out of the safe house and into a transition apartment. Talita's mission is only complete when a client has somewhere to live, can provide for herself, and has the tools needed to live a well-functioning, fulfilling life.

Providing support for her the entire way

Equally important as seeing the person's multifaceted needs is being prepared to offer long-term support—the "entire way". Healing from trauma requires an extensive amount of time and energy. The attitude "we can help you but only in the short-run" creates considerable insecurity for those seeking help, and does not provide the time needed for the support provider and client to build the trust necessary for effective rehabilitation. If the guarantee of long-term support is not present, few would be willing, and have the strength, to face their past and work through their traumas.

> Talita changes lives. I have a very broken background and have previously never experienced people who say they care, and don't later abandon you. Others have just given up when working with individuals with a problematic childhood – but people do not get to choose what kind of family they are born into. – Talita's client

Talita's goal for each client over the course of the program is not dependence, but rather empowerment and resilience, and this is achieved in part through *practical planning for the future* to help clients take the next steps toward independence and integration. Moreover, as clients undergo the arduous work of facing past traumas, they not only begin to understand their worth, but they also (re-)discover their passions, dreams, and interests, and in turn rekindle a longing to be a part of and give back to the community.

Supporting her regardless of whether her placement at Talita is funded

Talita has deliberately chosen to heavily invest in building a wide network of sponsors in the form of private donors, companies, foundations, and other organizations. While compensation for placements through Social Services and other actors is welcomed, "addressing a woman's multifaceted needs" and "supporting her the entire way" would not be possible if Talita was completely dependent on state funding. Whether a woman enters Talita's program is solely contingent on her motivation and desire for a transformed life.

This financial flexibility is particularly important for supporting undocumented women exploited in human trafficking for sexual purposes. For these women a reflection period entailing a six-month temporary residence permit is only possible if the victim partakes in a police investigation. However, many victims, especially Nigerian women, are too fearful to collaborate with the police. It is estimated that nine of ten Nigerian women and girls trafficked to Europe partake in a 'juju ritual' prior to coming to Europe, instilling profound fear in victims, who believe that any breach in this oath will result in great harm towards them and their families. This group is especially at risk of falling through the cracks of society as undocumented persons and seldom have any other access to support in Sweden or back in their home country. Financial freedom means that Talita is able to do everything in its power to provide the support these particularly vulnerable victims need. As several clients reported in the evaluation in 2016, Talita aims for clients to have the feeling that the staff are there for them unconditionally, regardless of money or other factors.

Helping her regardless of where in the world she has been exploited

Finally, a cornerstone of Talita's efforts is to extend support regardless of where the crimes against the client have been committed. Talita considers each woman they meet equally deserving of society's assistance and support. After having been subject to such traumatic experiences, client's fear and distrust would exacerbate if they were to be sent back and forth between countries without knowing whether they will end up receiving help. Many women exploited in human trafficking for sexual purposes risk being subject to the Dublin Regulation, which states that asylum seekers can only seek asylum from the first European country they entered. This leads to great risks of being re-trafficked. Talita does everything in its power to ensure that these risks are minimized and that clients can stay where Talita's program is being offered, for instance by involving migration case officers who are experts in human trafficking and thus understand the significant risks associated with the Dublin Regulation.

Case Study: Klara's journey

Last year, the Human Trafficking department of the Swedish police brought Klara[47] to Talita. Klara had grown up in what would appear to be a perfectly normal Swedish family, but as a child, Klara was sexually abused by an adult family member. The perpetrator even began selling her to other men from when she was 11 years old. When she tried to confide in others about the abuse she had been subject to, Klara received a cold shoulder; no one believed her. From 15, she began selling sex as a self-destructive behaviour. She harmed herself "so that no one else could" and attempted to reduce the internal pain that haunted her. At the age of 23, Klara says that her life began to fall apart. She couldn't bear the pain any longer. She began to seek out help from different governmental authorities, but all the while feeling like she was neither heard, nor seen nor understood. Finally, after coming into contact with the police, Klara arrived at Talita and enrolled in Talita's program.

In the beginning, Social Services paid for Klara's placement at Talita. About half-way through the program, long before Klara had fully worked through her traumas and experienced a transformed life, they were no longer able to pay for her placement. Talita's financial freedom meant that Klara could remain in the program.

There were moments during participation in Talita's program when Klara faced despair and was ready to give up. Working through trauma

---

47   Fictitious name.

is probably the hardest thing a person can undergo. It requires motivation, determination, patience, and all the support one can get. The staff at Talita reminded Klara that they were there for her in the long run, supporting her through these difficult epochs. After Klara completed Talita's one-year program, she moved into Talita's transition home where she continued to receive therapy until she felt that she had acquired all the necessary tools for her future.

Through Talita's program, Klara received the holistic support she needed to leave behind the self-destructive behaviour, to begin to understand her worth and to regain her dignity. Thanks to Klara's determination and strength, she was successfully able to leave prostitution.

"Talita cares. They don't just see a person as an object. They see the person, and they say, 'We will help you.'" – Klara, Talita's client

Other contributing factors

Beyond Talita's four principles, *collaboration* and the *Swedish prostitution laws* are further reinforcing factors that greatly contribute to Talita's work in the Swedish context.

Collaboration

For a person to experience a transformed life, collaboration between private individuals, NGOs, and authorities is crucial. Talita cooperates with a variety of stakeholders in Sweden and abroad. One such collaboration has proved particularly beneficial; namely, Talita's close collaboration with Stockholm Police's Prostitution Group. This police unit's main task is to arrest sex purchasers. However, with the help of their own social worker responsible for the initial contact with victims, the police are able to transfer victims who are motivated to leave prostitution and willing to receive support to Talita.

Talita's emergency room in their safe house allows emergency placements to be made on a 24/7 basis. When a woman arrives, Talita's ambition is to welcome her with loving, open arms and care for her most acute needs like food, hygiene articles, clothing, and a room where she can unwind and feel safe. Shortly thereafter, the County Board of Stockholm, who serves as the national coordinator and contact point for cases involving prostitution and human trafficking for sexual services, is contacted. The national coordinator provides operative and strategic support in these cases, facilitating the collaboration between the police, Social Services, the Migration Agency, and other relevant actors (Länsstyrelsen i Stockholm, 2016). Social Services also have county and regional coordinators in many of the main Swedish counties who step in and link together the different actors in question.

In Sweden, if an individual with experience in prostitution wishes to access support, the Social Welfare Board initiates an investigation[48] to assess the individual's needs.[49] Both Swedish and EU/EES citizens in this situation are entitled to several different social benefits. These include, but are not limited to, counseling, financial assistance[50], support for relatives, support for legal proceedings, drug rehabilitation, temporary accommodation, and a contact-person to other relevant authorities and NGOs.

Talita also receives placements through a variety of other actors, including the County Government, the Migration Agency, Social Services, other safe houses, outreach groups, churches, organizations, or individuals. These stakeholders refer clients to Talita when they recognize

---

48 An investigation requires the person in question's consent if that person is over the age of 18.
49 The rights that individuals with experience of prostitution are entitled to in Sweden are established by the National Board of Health and Welfare (*Socialstyrelsen*), which is a government agency under the Ministry of Health and Social Welfares.
50 The assessment of the individual's right to financial assistance is based on their own income and on their ability to achieve a reasonable level of living. The prerequisite for entitlement to financial assistance is that the need cannot be met in another way. Source: https://www.socialstyrelsen.se/Lists/Artikelkatalog/Attachments/19950/2015-12-4.pdf

the client's need for the specialized, long-term support that Talita offers its target group. Depending on the person's perceived threat and right to receive compensation, The Migration Agency and Social Services at times pay for a client's placement. For these placements, Talita receives a certain level of compensation per day, and maintains dialogue with the client's social worker(s) who are assigned by Social Services.

In most cases, the woman placed at Talita partakes in a police investigation and may eventually take part in a criminal trial. Each woman is offered a place in Talita's long-term program – the only criterion being her motivation to leave the sex industry. Women who wish to return home may apply for the *Assisted Voluntary Return and Reintegration* program developed by the County Government in Stockholm in collaboration with the International Organization for Migration (Länsstyrelsen i Stockholm, 2010). The purpose of this program is to assist individuals exploited in prostitution and human trafficking for sexual purposes to safely return to their home country and access the support needed to help them leave prostitution and become reintegrated in society. For women who wish to remain in Sweden but are not eligible for support from the municipality they live within, the Swedish Platform Civil Society against Human Trafficking offers a program called the *National Support Program*[51] to provide further support and protection. Beyond the collaboration with these governmental and civil society actors, Talita collaborates with NGOs and companies which, among other things, provide Talita's clients the opportunity for vocational training and income-generating activities.

For the women from outside of the EU who have been trafficked for sexual purposes and want to participate in Talita's program, staff assist them in applying for asylum (often, as soon as their 6-month reflection period comes to an end). Unfortunately, being a victim of human trafficking does not necessarily guarantee the right to be granted asylum in Sweden, although it does increase a victim's chances. Asylum-seek-

---

51   In Swedish, the *Nationellt stödprogram*.

ers have the right to work while they wait for a decision regarding their status. Talita's partnerships with companies and NGOs allow clients to build up skills necessary for their future. It also means that even if their asylum application is denied, they have greater chances of receiving a work permit. In sum, Talita does everything in its power to ensure a client's rehabilitation and long-term well-being.

The Swedish prostitution laws

In Sweden, it is prohibited to receive compensation for promoting or benefiting from a person selling sexual services (for example, pimping or operating a brothel). While it is legal to sell sex in Sweden, the so-called 'Nordic Model', or the Swedish Sex Purchase Act, introduced in 1999 made it illegal to buy sex. It is thus, according to the Swedish legislation, the purchaser of prostitution and not the seller who commits the criminal act. The law is a result of many years of research demonstrating how the overwhelming majority of women in prostitution come from marginalized backgrounds of poverty, homelessness, sexual abuse, and neglect, making it unreasonable to further criminalize the vulnerable party. The accountability, instead, is placed on the buyer, with the Swedish government officially recognizing prostitution as a form of men's violence against women. The argument is that without the demand, there would be no supply. The Swedish Sex Purchase Act was thus implemented as a means of accounting for the power imbalances in prostitution.

The Sex Purchase Act is a normative law; it conveys the message that it is not okay to buy another human being, and that society cannot achieve social equality, gender equality, and the enjoyment of human rights when humans in general, and women and girls in particular, can be bought, sold, and traded. The law has changed attitudes and mentalities to the extent that buying sex has become one of the most shameful crimes in Sweden.

An evaluation of the model conducted on behalf of the Swedish Government in 2008 showed very positive outcomes, including reduced demand for prostitution and changed perceptions about prostitution, from being less to more in favor of the law.[52] These positive results have led to widespread international interest, inspiring several countries to adopt the model[53] and many others to consider it.[54]

It is important to note that the Nordic Model is more than just a piece of legislation; it ensures 1) the protection and support of individuals wishing to leave prostitution, 2) the retraining of police officers, and 3) public education. With the mission of reducing sexual exploitation in all its forms, Talita sees Sweden's prostitution laws as a facilitating factor in achieving this mission and assisting women exiting the sex industry. The Swedish Model extends support, protection, and resources to all individuals bought and sold for sex, regardless of what sort of coercion (inner or outer) has brought them into the sex industry.

Criminalizing the buyer, and not the seller, sends a clear message about who the police and other authorities side with. Indeed, a key aspect of the Nordic Model is education among police officers – efforts that have led to very positive results. By changing mentalities through legislation and education, women exploited in the sex industry are perceived as victims who are entitled to society's full support and deserve to be treated with dignity and respect. For women who come from societies where police corruption and brutality are the norm, a police's respectful and considerate attitude is imperative to even consider accepting help.

---

52 See, e.g., Swedish Institute. (2010). Selected Extracts of the Swedish Government Report SOU 2020:49: *"The Ban against the Purchase of Sexual Services. Av evaluation 1999–2008"*. Acessed on 09.04.2018 at https://ec.europa.eu/anti-trafficking/sites/antitrafficking/files/the_ban_against_the_purchase_of_sexual_services._an_evaluation_1999-2008_1.pdf.
53 Including Iceland (2009), Norway (2009), Canada (2014), Northern Ireland (2015), and France (2016).
54 Including Israel and South Africa.

Above all, Talita is convinced that laws are meant to protect the most vulnerable in society. The following quote attests to the Swedish Model fulfilling that purpose:

> The sex buyer had power over me in all other ways—money, status, physical strength. The only power I had in that situation was this: I knew that if I called the police, they would immediately come to my aid, and they would be on my side, not his. – Klara, Talita's client

Conclusion

In order to respond to the multifaceted needs of women exiting the sex industry, Talita has developed a long-term and holistic program which is now implemented in Sweden, Mongolia, and Romania. Talita's program has a 100 % success rate because it effectively addresses the root factors of vulnerability to sexual exploitation (e.g. poverty and sexual abuse) through safe housing, trauma therapy, psychoeducation, practical planning for the future, and integration into society. The success of the organization stems from its focus on addressing each woman's multifaceted needs, providing long-term support ("the entire way"), providing help regardless of whether her placement in the program is paid for, and helping the woman regardless of where in the world she has been exploited.

Thanks to Klara's perseverance her joy and love for life have returned. She has completed her studies, lives in her own apartment, and has found a job she enjoys. Klara says, "I have always wanted to live, and now I'm finally doing it."

References

Grönvall, Y. and C. Holmström. (2016). "Stödinsatser till kvinnor i prostitution eller som utsatts för människohandel för sexuella ändamål: En brukarutvärdering av ett behandlingsprogram vid ett skyddat boende." Malmö Högskola: Fakulteten för hälsa och samhälle.

Hall, M., & Hall, J. (2011). The long-term effects of childhood sexual abuse: Counselling implications. Retrieved from: http://counselingoutfitters.com/vistas/vistas11/Article_19.pdf.

Länsstyrelsen i Stockholms Län. (2010). Ett tryggare återvändande för personer utsatta för prostitution och människohandel, 2016. Rapport 2010:03. Retrieved from: http://www.lansstyrelsen.se/stockholm/SiteCollectionDocuments/Sv/publikationer/2010/rapport-2010-3.pdf

Länsstyrelsen i Stockholm. (2016). Manual vid misstanke om människohandel. Retrived from: http://www.nmtsverige.se/sites/default/files/Manual%20vid%20misstanke%20om%20manniskohandel.pdf.

Waltman, M. (2014). "Assessing evidence, arguments, and inequality, in: Bedford v. Canada." Harvard Journal of Law and Gender, Vol. 37:459–544.

Jenseits von Theorie und Wissenschaft – Stimmen und Stimmungen aus der Praxis

Theorie, so Karl Popper bereits vor mehreren Jahrzehnten, ist das Netz, das wir auswerfen, um die Realität zu erklären. Die Realität von Menschen jedoch bedarf nicht nur der Theorie, sondern vor allem auch des *Verstehens*. Zu guter Letzt sollen daher in Erfahrungsberichten diejenigen zu Wort kommen, die sozialarbeiterische und traumapädagogische Hilfsangebote für Frauen in der Prostitution zur Verfügung stellen. Dies ist wichtig, denn diese Menschen schlagen den Bogen von erdachten Konzepten zu der praktischen Arbeit. Einer Arbeit, die, so viel wird anhand der Berichte deutlich, nicht selten geprägt ist von Elend, Alternativlosigkeit und Herausforderungen. Aber eben auch von Hilfe und Engagement, von Hoffnung und vom Aufbruch in ein neues Leben.

Die hier veröffentlichten Erfahrungsberichte beleuchten und betonen vor allem die Schattenseiten des Sexgewerbes und zeigen, wie wichtig helfende Eingriffe in diesem Milieu sind von Personen, die die Menschen ernst nehmen und ihnen in Situationen, die nicht leicht sind, zur Seite stehen.

Die Praxisberichte geben unter anderem Einblicke in die verschiedenen Lagen innerhalb der (Armuts-/Elends-)Prostitution sowie in inhärente Abhängigkeits- und Ausbeutungsverhältnisse; sie zeigen an Fallbeispielen exemplarisch die Lebenswelt und -umstände einiger Frauen in der Prostitution auf, verweisen auf Schwierigkeiten bei rechtlichem Vorgehen gegen Kriminalität und Ausbeutung und stellen Streetworkarbeit und weitere spezifische Hilfsangebote für Betroffene dieser tabuisierten Milieus vor.

Erfahrungen aus der täglichen und praktischen Arbeit im Milieu. Ein Bericht von SOLWODI Augsburg

Soni Unterreithmeier

Abstract

SOLWODI ist eine Abkürzung von "Solidarity with women in distress" (auf Deutsch: Solidarität mit Frauen in Not). Der Grundstein für diese Frauenrechts- und Frauenhilfsorganisation wurde in Mombasa, Kenia, im Jahr 1985 gelegt. Dort kam die Gründerin Lea Ackermann mit Frauen und Mädchen ins Gespräch, die sich aufgrund von bitterster Armut prostituieren mussten. Seit 1987 gibt es SOLWODI auch in Deutschland – derzeit mit 18 Fachberatungsstellen und acht Schutzwohnungen deutschlandweit. Dort werden Frauen, z. T. mit ihren Kindern, betreut als Betroffene von Frauenhandel und Zwangsprostitution, Zwangsverheiratung und Verfolgung im Namen der Ehre sowie besonderen Formen der Flucht, Gewalt, Traumatisierung.

---

30 Jahre Einsatz für Frauenrechte

Seit 30 Jahren engagieren wir uns nicht nur gegen Frauenhandel, sondern auch für eine Ächtung der Prostitution zum Schutz der Frauen. Denn wir erleben die Alternativlosigkeit, die ein Großteil der Frauen als vermeintlich einzigen Ausweg in die Prostitution führt. Wir erleben die Gewalt und Ausbeutung im ganz „legalen Job" mit den jahrelangen Traumafolgestörungen. Bis auf die wenigen gehobenen, gut bezahlten Segmente (Belle-jour, Escort-Service, Sadomaso, Domina Studio), in denen sich deutsche Frauen prostituieren, müssen ein Großteil der Frauen, meist ausländische, die prostitutive Tätigkeit wie am Fließband verrichten. Als besonders menschenverachtendes Beispiel sind die sogenannten FKK-Clubs zu nennen, in denen sie sich nonstop 13 Stunden täglich nackt Männern für sexuelle Dienste anbieten. Auf der Internetseite FKK-Tours (vgl. FKK-Tours 2018) kann man nachlesen, wie Männer per Shuttle-Tour durch Deutschlands Bordelle gefahren werden mit einem täglichen Angebot von neuen Frauen, die zur sexuellen Befriedigung von Männern zur Verfügung stehen. Der Gang zu einer Prostituierten wird für den Mann leichtgemacht, denn Sex ist einfach zu haben: wortlos, beziehungslos, unpersönlich. Ein Bordellbesuch, so meinte kürzlich ein Freier bei einem Kontakt mit unserer Streetworkerin, sei so, wie wenn er zu McDonalds ginge und einen Burger essen würde, wenn die Frau daheim nichts gekocht hätte.

Aufsuchende Milieusozialarbeit von SOLWODI in Augsburg

Im Rahmen unserer Streetwork Tätigkeit besuchen wir seit zwei Jahren einmal pro Woche die jungen Frauen in FKK-Clubs, Laufhäusern, Bordellen und Wohnungen. Wir sind sehr betroffen über die Situationen, die sich uns darbieten. Bei den 238 Kontakten im Jahr 2017 haben wir lediglich eine deutsche Frau angetroffen und nur wenige, die außer den einschlägigen Begriffen etwas Deutsch sprachen. Diese Sprachkenntnisse beschränken sich meist auf wenige auswendig gelernte Floskeln und Sexpraktiken mit den entsprechenden Preisen. Schätzungen nach beträgt der Ausländerinnenanteil in diesen Segmenten über 95 %. Laut Polizeiangaben der Kriminalpolizei Augsburg sind in Stadt und Landkreis Augsburg, einem Ballungsraum mit ca. 500.000 Einwohnern ca. 450–500 Prostituierte ständig präsent, verteilt auf zwölf Bordelle (u. a. zwei FKK-Clubs, drei Laufhäuser, drei SM-Studios) und ca. 90 Bordellwohnungen (Stand Oktober 2017 laut Kripo Augsburg).[55] Der Straßenstrich in Augsburg wurde mit der „Dritten Verordnung zur Veränderung über das Verbot der Prostitution in der Stadt Augsburg vom 09.01.2013" verboten.

---

55 Diese Zahlen entstammen der polizeilichen Ermittlungsarbeit (präventiv/repressiv).

Die Betreiber/-innen der Häuser werden normalerweise schriftlich informiert, dass Sozialarbeiterinnen von SOLWODI in Kooperation mit dem Gesundheitsamt Augsburg Frauen aufsuchen und beraten. Mit kleinen Give-aways (z. B. Süßigkeit, Kerze, Seife...) knüpfen wir Kontakt mit den Frauen. Nach anfänglichem Misstrauen ist die Bereitschaft zum Reden meist groß. Manche erwarten uns schon und freuen sich, wenn sie mit uns sprechen können.

Die Klientinnen

Die Frauen kommen fast immer – wie bereits mehrfach in diesem Band dargelegt – aus den Armenhäusern Europas, vielfach entstammen sie sozialen Randgruppen wie Sinti oder Roma, die in ihrem Land ausgegrenzt und geächtet sind. Das sind kollektive Gesellschaften, in denen nicht der Einzelne, sondern das Wohl bzw. Überleben der Großfamilie zählt. Und es sind patriarchale Gesellschaften, in denen Mädchen und Frauen von klein auf ihre Wertlosigkeit erleben. Ihre Erfahrungen sind Gewalt, Missbrauch, Demütigung, Ausbeutung, aber auch Ausweglosigkeit, Depression, Alkohol- und Drogenmissbrauch. Sie sind es gewohnt, zum Wohle des Mannes oder des Clans benutzt zu werden und zu tun, was man ihnen sagt. Damit sind sie eine unglaublich leicht zu beeinflussende, genügsame „Verfügungsmasse" auf dem deutschen Prostitutionsmarkt.

Fallbespiel

Auf Hinweis eines Freiers besuchten wir eine kleine, zierliche Frau, die, wie sich herausstellte, eine bereits 20-Jährige Bulgarin war. Sie sagte, sie fühle sich „sterbenselend, habe unerträgliche Kopf- und Rückenschmerzen, sei zum Sterben bereit." Ein Freier, der sich selbst als pädophil beschrieb, gab ihr Essen, Geld und brachte sie zum Arzt. Sie machte einen verlorenen Eindruck: eine kleine, verängstigte Frau, in einem Kinderkörper. Durch den Arztbesuch verstand sie, dass sie nicht todkrank sei, sondern ein akutes Rückensyndrom habe, unterernährt und depressiv sei. Da der Freier, der sie für sich „retten" wollte, ihr nicht wöchentlich 1000 Euro für die Familie in Bulgarien geben wollte bzw. konnte, ging sie zurück ins Bordell. Als wir sie das nächste Mal antrafen, fühlte sie sich wieder schlecht. Sie kündigte an, bald in eine andere Stadt zu gehen.

Selbstschutzstrategien und Abhängigkeitsverhältnisse

Viele der Frauen versuchen bei einem ersten Treffen mit uns eine Fassade aufrechtzuerhalten. Doch unser konsequentes Kommen spricht sich herum und es entsteht langsam Vertrauen. Die Frauen sind froh, mit jemandem sprechen zu können, den sie nicht als Bedrohung empfinden. Bedingt durch die Kontrolle der Zuhälter gibt es unter den Frauen nur selten Solidarität. Die Frauen sehen sich meist als Konkurrentinnen und sind extrem misstrauisch untereinander. Oftmals wechseln sie die Stadt in der sie tätig sind in kurzen Abständen von ein bis zwei Wochen. Da der Zuhälter nicht selten die einzige Bezugsperson ist, wird er im Laufe der Zeit immer wichtiger. Die meisten Zuhälter merken, wie bedürftig die Frauen sind. Eine Mischung aus psychischer und physischer Gewalt mit Liebesversprechen und Komplimenten verstrickt die Frauen in schier unentrinnbare Abhängigkeiten. Noch schwieriger ist es für Betroffene der sogenannten *Loverboy*-Methode. Diese Masche verbreitet sich immer mehr und auch deutsche Mädchen und junge Frauen fallen auf die raffinierten Liebesversprechungen von *Loverboys* herein.

Beispiele zweier Verfahren in Augsburg

Mitte November 2017 endete ein Verfahren am Augsburger Landgericht. Nachfolgend ein Zitat aus dem am 14. November erschienenen Artikel der Augsburger Allgemeinen:

> Im Juni vorigen Jahres wird Samy B., 23, dann verhaftet. Es zeigt sich, dass er mehrmals dieselbe Masche genutzt hat, um junge Frauen in die Prostitution zu bringen. Er spielte ih-

nen große Gefühle vor, sprach von einer gemeinsamen Zukunft und erzählte ihnen, wie leicht es sei, im Rotlichtmilieu viel Geld zu verdienen. Er schaffte es sogar, eine Studentin aus bürgerlichen Verhältnissen in das Bordell im Stadtteil Hochzoll zu locken. Die damals 19-jährige Janka W. warf ihr Studium der Wirtschaftswissenschaften hin. Wochenlang bediente sie Freier von vormittags an bis spät in die Nacht, bis sie dann doch wieder den Absprung schaffte. Die Männer standen teils vor ihrem Zimmer Schlange, weil junge, deutsch sprechende Frauen nur noch selten zu finden sind. […] Der Vorsitzende Richter Wolfgang Natale sagte: ‚Es hatte für die Frauen massive psychische Folgen. Der Angeklagte hat das in Kauf genommen, um sich zu bereichern'" (Augsburger Allgemeine 2017).

Bei einem anderen Prozess in Augsburg mit Verdacht auf Menschenhandel, der im Frühjahr 2017 zu Ende ging, stammten sowohl Täter als auch die Betroffenen aus Ungarn. Das Strafmaß für die Täter betrug drei Jahre und einige Monate. Angeklagt waren drei Männer und eine Frau aus Ungarn: Zuhälter/-innen von drei 19-Jährigen Ungarinnen, die sie mit gerade mal 18 Jahren nach Deutschland in die Prostitution gebracht hatten. Alle lebten zusammen in einer durch Prostitution finanzierten Wohnung, quasi in einem Minibordell. Die Frauen mussten 24 Stunden täglich für die Zuhälter bzw. die Zuhälterin und Freier erreichbar und verfügbar sein. Sie mussten 75–85 % ihres Verdienstes abgeben, und den Rest in Kleidung und Lebensmittel investieren. Sie wurden bedroht und bei Arbeitsverweigerung geschlagen, eine Krankheit wurde als Grund nicht akzeptiert. Die Zuhälter hatten keinerlei eigenes Einkommen, außer aus gelegentlichen Diebstählen. Doch wurde die Anklage wegen Menschenhandel fallen gelassen, da allen Vorgaben „freiwillig" nachgekommen worden war. Die Frauen hatten bei Vernehmungen angegeben, dass sie sich nicht ausgebeutet gefühlt hätten. Ob dem Einverständnis der Frauen tatsächlich eine freie Willensentscheidung zugrunde liegt, muss sehr bezweifelt werden, denn zur freien Willensentscheidung braucht es Alternativen.

Wenn Alternativen jedoch faktisch nicht vorhanden sind, kann kaum von frei gewählter Selbstbestimmung ausgegangen werden. Als wir von SOLWODI die jungen Frauen in unserer Obhut hatten, waren wir bestürzt darüber, wie felsenfest sie von der Chancenlosigkeit ihres eigenen Lebens überzeugt waren, und davon, dass mit 19 Jahren sowieso schon alles zu spät sei.

Mädchen, die in einer Umgebung der Gewalt, Demütigung, Missbrauch und Entwürdigung aufwuchsen, haben kein Vertrauen in ihre Selbstwirksamkeit. Als junge Frauen neigen sie zu glauben, dass ihre einzige Chance in der Rettung durch einen Mann liegt und im Verkauf ihres eigenen Körpers. Männer aus ähnlichem Milieu, mit vergleichbarer Geschichte wissen das. Sie bieten sich als Retter an, schwärmen von Liebe und sagen der unerfahrenen Frau, was sie zu tun hat. Das ist ein knallhartes Geschäft mit Zuckerbrot und Peitsche, das mögliche Reste von Vertrauen und Selbstachtung der jungen Frau in Kürze zerstört und menschliche Wracks hinterlässt. So haben wir die jungen Ungarinnen, nachdem sie von der Polizei aus ihrer „Arbeitsstelle" genommen worden waren, todunglücklich erlebt. Tagelang saßen sie meist an die Heizung gelehnt, „willenlose Hüllen in Warteposition", so die Beurteilung eines Polizeibeamten, lediglich beschäftigt mit gelegentlichem Rauchen, und dem Konsum von Kaffee, gezuckerten Getränken und Chips. Sie fühlten sich nicht als Opfer, sondern sehnten sich nach einem „ruhigen Familienleben". Selbst die verabreichten Schläge entschuldigten sie als berechtigt, denn schließlich hätten sie nicht arbeiten wollen, da sie krank waren. Dennoch glaubten sie den Versprechungen der Täter. Diese hatten vorgegeben, dass sie mit dem in der Prostitution erwirtschafteten Geld eine gemeinsame Zukunft aufbauen würden. Die Frauen waren nun fassungslos und entsetzt, als ihnen diese Hoffnung durch die Verhaftung der Täter genommen worden war. Gerichte können nur im Rahmen gesetzlicher Vorgaben Recht sprechen. Dass die Voraussetzungen für Menschenhandel juristisch nicht haltbar waren, nehmen wir als Organisation, die sich seit Jahrzehnten für die Opfer einsetzt, mit großem Bedauern zur Kenntnis.

In einem Gespräch mit unserer Streetworkerin drückte sie das wie folgt aus:

> Ausländische Frauen, die im Rotlichtmilieu arbeiten, sind Gefangene einer Parallelgesellschaft. Sie haben keine Außenkontakte, durch ihre (gewollte) Orientierungs- und Sprachlosigkeit sind sie völlig isoliert. Sie leben in ständiger Angst, Angst vor dem Zuhälter, dem Bordellbetreiber, dem Freier, der Polizei, Angst, dem Lover nicht zu genügen, Angst die Zimmermieten nicht zahlen zu können, nicht genug zu verdienen, Angst vor Krankheiten und der Zukunft.

Die wenigsten Mädchen glauben oder hoffen, dass sie selbst ihr eigenes Leben gestalten können.

Fallbeispiel Adina[56]

Die 19-Jährige Rumänien Adina schafft seit ihrem 18. Geburtstag in Deutschland an. Eigentlich war ihr ein Job als Zimmermädchen versprochen worden. Da dies in Deutschland angeblich nicht gleich geklappt hätte, sollte sie „vorübergehend" ihre Schulden, die dem Zuhälter entstanden seien, in der Prostitution abarbeiten. Vor einigen Monaten war sie zur Abtreibung gezwungen worden. Inzwischen glaubt Adina dass sich ihr Zuhälter in sie verliebt habe. Sie will von ihm schwanger werden in der Überzeugung, dass er mit ihr dann eine Familie gründen würde.

Familiäre Verstrickungen

Vielfach sieht die Großfamilie in der Tochter das Kapital ihres Körpers und opfert sie für die Versorgung der Gemeinschaft. Dann organisiert die Familie selbst die Prostitution in Deutschland und überwacht die Frau. Diese erzählt uns dann, dass sie freiwillig arbeite, denn sie habe Kinder und eine Mutter/Oma zu versorgen. Die einzig denkbare er-

---

56 Aus Gründen der Anonymität wurde der Name geändert.

strebenswerte Zukunft sehen die meisten Frauen dieser Kollektivgesellschaften in einer eigenen Familie. Sie wünschen sich einen Ehemann, Kinder – oder erst ein Kind.

Der intensive Kinderwunsch hat zwei Wurzeln. Einerseits die große Hoffnung, über ein Kind zu Mann und Familie zu kommen. Andererseits gibt es die Sehnsucht, über die Versorgung und Liebe zu dem Kind das eigene Trauma zu heilen. Doch die Realität ist leider meist die Wiederholung der eigenen negativen Erfahrungen. Der Kindsvater, ebenso halt- und beziehungslos aufgewachsen, will bzw. kann keine Verantwortung übernehmen. So wird die junge Mutter ihr Kind in der Obhut ihrer Familie lassen müssen – ein Teufelskreis, in dem Verwahrlosung und Lieblosigkeit vorprogrammiert sind.

Fallbeispiel Dalina[57]

Dalina ist 22 Jahre alt, sie stammt aus Bukarest. Ihre eigene Mutter hatte sie bei der Oma zurückgelassen, um in Deutschland zu arbeiten. Dalina selbst hat zwei Kinder, sechs und vier Jahre alt. Auch Dalina hat ihre Kinder ihrer Oma überlassen, d. h. sie werden von der Urgroßmutter betreut. Dalina erzählt, dass sie sich gerade von dem Mann getrennt habe, der ihr sog. *Loverboy* ist/war. Vor drei Jahren sei sie auf ihn hereingefallen. Sie habe ihm seine Liebe geglaubt, dass er sie heiraten wolle, einfach alles. Sie zog zu ihm und lebte in Rumänien als seine Geliebte. Da konnte sie beobachten, wie die Mädchen eingeteilt, je nach Alter und Schönheit sortiert wurden, um weiter nach Westen verschleppt zu werden. Sie selber musste in Rumänien nicht arbeiten, das passierte erst in Deutschland. In dieser Zeit machte er sie von sich abhängig, so dass sie für ihn anschaffen ging, in der Hoffnung auf eine gemeinsame Zukunft mit dem von ihr verdienten Geld. Es dauerte einige Zeit, bis sie feststellte, dass er auch mit anderen Mädchen schlief. Als er dann auch noch versuchte, sie vom Kontakt zu ihrer Oma und

---

57 Aus Gründen der Anonymität wurde der Name geändert.

ihren eigenen Kindern fernzuhalten, wurde es ihr zu viel. Sie schaffte es, zu fliehen und wandte sich an SOLWODI. Nun hat sie Angst und fühlt sich überfordert. Aber sie weiß, was sie will: endlich als Selbstständige zu arbeiten, um ihren Traum vom „Hausbau für die Kinder" zu verwirklichen. Nach drei Jahren in Deutschland hat sie weder Geld, noch hat sie die deutsche Sprache gelernt. Sie fragte, wieso sie so viel Aggressivität in sich tragen würde, sie wäre manchmal blind vor Wut und hätte sich dann nicht im Griff.

Gründe für die Prostitution

Die meisten Frauen geben an, dass sie sich für Geld prostituieren, für die vermeintliche Zukunft mit dem *Loverboy* oder die Unterstützung der Familie im Heimatland. Maximal 10 % der von uns besuchten Frauen können in die eigene Tasche arbeiten: Sie wollen etwas für sie in der Heimat Unerreichbares: ein Haus, ein Auto, etwas Luxus, eine Schönheits-OP. Das eingenommene Geld erleben die Frauen als Entschädigung für eine Tätigkeit, die sie verabscheuen, mit Männern, die sie verachten, auf Kosten ihrer Gesundheit.

Einblicke in die Arbeit als Prostituierte

Hier ein paar Aussagen von Frauen, die wir angetroffen haben: „Er (der Freier) hat mich für die Leistung bezahlt und nicht gekauft, aber er erwartet von mir, dass ich alles gebe. Ich hasse ihn."

Eine andere meinte: „Der Anfang in der Prostitution war ein Alptraum, die schlimmste Erfahrung meines Lebens. Die Freier werden immer anspruchsvoller, wollen mehr für weniger Geld und versuchen wie auf dem Flohmarkt zu handeln." Beispielsweise wurde ein Gespräch mit angehört, in dem der Mann sagte, er brauche nur 10 Minuten und dafür wolle er nur den halben Preis zahlen. Eine Frau berichtete, dass fast alle Männer fragen, ob sie es ohne Kondom haben könnten. Wenn sie dann eine Absage bekämen, zögen sie weiter, da es genug Mädchen gäbe, die das machen. Perverse Praktiken würden auch viel öfter gewünscht. An einem Wochenende wurde unsere Streetworkerin von einer verzweifelten jungen Rumänin angerufen. Sie könne aufgrund starker Schmerzen und Blutungen im Vaginalbereich keine Kunden mehr bedienen. In der Klinik wurde eine Wucherung festgestellt, die sofort ambulant operativ entfernt wurde. Sie erhielt eine Krankschreibung für eine Woche. Kurz nach ihrer Rückkehr ins Laufhaus rief sie wieder an und fragte, ob sie jetzt wieder Kunden bedienen könne. Das entsetzte „Nein" löste bei ihr Verzweiflung aus. Wie solle sie dann die Zimmermiete von täglich 100 Euro aufbringen?

Fallbeispiel Elli[58]

Elli aus Rumänien, 20 Jahre alt, rief wegen schrecklicher Erlebnisse an, die sie erlitten habe. Deswegen habe sie kein normales Schlaf- und Essverhalten mehr. Ein alter Freier um die 60 Jahre, wäre vor zwei Jahren auf ihr liegend gestorben. Kurz darauf habe sie sich gerade noch aus dem brennenden Zimmer retten können, das die drogenabhängige Kollegin in Brand gesteckt hatte. Das verfolge sie Tag und Nacht. Ihr Cousin und Zuhälter, ein junger offensichtlich innerlich verwahrloster Mann, hatte sich bei einem Autoverkauf verzockt und völlig überschuldet. Unsere Streetworkerin schildert: „Ich begegnete einem schmalen, kleinen, dunklen Mann, zu dem Elli voll Stolz aufblickte, einem Mann, der seine Geschäftstüchtigkeit immer wieder unterstreichen musste. Dieser Mann erzählte von seiner Tapferkeit, auch was das Bordell betrifft, wo er gerade mit fünf Mädchen wohne. Er würde nicht nur ‚sein Mädchen' verteidigen, sondern alle anderen auch, falls sie Probleme mit den Freiern bekommen würden. Das Gute in Deutschland sei das viele Geld, das man hier verdienen würde. 150 Euro in der Stunde, im Vergleich zu Rumänien mit nur 25 Euro in der Stunde." Elli ermutigte ihn tröstend und zustimmend: „Wir schaffen das schon." Dann sah ich plötzlich den verwahrlosten kleinen Jungen in

---

58 Aus Gründen der Anonymität wurde der Name geändert.

ihm, der sein Leben lang (als Roma) ums Überleben kämpfte. Mir kam der rumänische Spruch in den Sinn: „Saracia naste monstrii!" was auf Deutsch heißt: „Die Armut gebiert Monster."

Persönliches Fazit und Appell an die Gesellschaft

Wir als Menschen unserer Gesellschaft müssen wieder lernen, Verantwortung zu übernehmen. Entgrenzter Kapitalismus, das Diktat des Geldes, Egosucht und Machtstreben führen zu Entsolidarisierung. Folgen sind hemmungsloses Nehmen, Benutzen und Ausbeuten der Welt und ihrer Menschen wie z. B. der Frauen in der Prostitution.

In Deutschland wird Prostitution gesetzlich als Beruf verharmlost und es wird dadurch übersehen, wie viel Leid die Prostitution für einen Großteil der sich prostituierenden Frauen bedeutet. Wir als Gesellschaft müssen etwas tun, denn hinter der Fassade von Luxus und Glamour liegt das Elend der Frauen.

Literatur

Augsburger Allgemeine (2017). Prostitution: Wie ein Soldat vier Frauen ausnutze. Zugriff am 11.02.2018 unter www.augsburger-allgemeine.de/augsburg/Prostitution-Wie-ein-Soldat-vier-Frauen-ausnutzte-id43238766.html.

FKK-Tour (2018). FKK Tour Germany. Zugriff am 09.02.2018 unter www.fkktours.com.

Unsichtbar in Deutschland? Sexuelle Ausbeutung von Frauen am Beispiel der Arbeit von KARO e.V.

Cathrin Schauer-Kelpin und Anna Ciecior

Seit 1994 engagiert sich KARO e. V. gegen Zwangsprostitution, Menschenhandel und sexuelle Ausbeutung von Kindern. Ziel des Vereins ist es, Kindern, Jugendlichen und Frauen, die physische, psychische und/oder sexuelle Gewalt erfahren haben, Schutz und Hilfe anzubieten. Opfern steht psychosoziale, traumapädagogische und gesundheitliche Beratung zur Option. Exemplarisch ist die Streetworkarbeit in den Prostitutionsmilieus der deutsch-tschechischen Grenzregionen und in Plauen. Den Prostituierten werden Unterstützung, (Gesundheits-)Beratung und Ausstiegshilfen angeboten. Im Schutzhaus des KARO e. V. finden bis zu 20 Menschen Zuflucht und Hilfe – 241 Frauen und 117 Kinder konnten seit 2009 unterkommen. Der Verein unterhält Beratungsstellen und Schutzwohnungen in Plauen und Cheb, sowie seit 2008 eine Babyklappe in Plauen. Neun angestellte Mitarbeiter-/innen widmen sich den Aufgaben des Vereins.

Ungeborene Kinder auf dem Strich

Marcella[59] kam hochschwanger in die Schutzeinrichtung des KARO e. V. Zu Beginn verließ sie ihr Bett kaum, so anstrengend waren die Monate auf dem Straßenstrich für ihren Körper gewesen. Trotz Schwangerschaft war Marcella bei jedem Wetter auf dem Strich und schaffte Tag und Nacht an. Ihr Zuhälter hatte sie drogenabhängig gemacht. Ihre Schwangerschaft bemerkte sie erst im 6. Monat. Jegliches Gefühl für ihren Körper und ihre Bedürfnisse musste sie verdrängen.

---

59 Der Name der Frau wurde anonymisiert und Teile der Geschichte leicht verändert.

Die Gewalt und Kontrolle durch ihren Zuhälter sowie die fehlende Krankenversicherung erlaubten keine Vorsorgeuntersuchungen und keine Vorbereitung auf die Geburt und das Leben mit einem Kind. Als Marcella bei uns ankam, mussten wir als erstes mit ihr in die Rettungsstelle fahren. Sie berichtete von Schlägen ihres Zuhälters Diese waren überall auf ihren Körper sichtbar, auch auf den Bauch. Wegen ihres akuten behandlungsbedürftigen Gesundheitszustandes musste zunächst eine gynäkologische Untersuchung organisiert und bezahlt werden. Marcella hatte dort dann die erste Untersuchung während der Schwangerschaft und war erleichtert, dass bei dem ungeborenen Kind trotz des täglichen Drogenkonsums und der Gewalt zumindest vorerst alles in Ordnung schien. Sie war damals bereits im achten Schwangerschaftsmonat.

Dieses Schicksal steht beispielhaft für osteuropäische sich prostituierende Frauen in Deutschland. Marcella ist nicht die einzige schwangere Frau, die sich in Deutschland prostituieren muss. Einige Freier zahlen sogar mehr Geld für eine hochschwangere Frau.

In der Prostitution gibt es für einen Großteil der Frauen keine Trennung zwischen Arbeitsort und Wohnung. Dadurch ist es strukturell unmöglich, dass die Schwangere ihre Bedürfnisse und Rechte als werdende Mutter durchzusetzen vermag. Wir treffen regelmäßig Frauen, die keine Vorsorgeuntersuchungen erfahren haben, die Bedeutung des Mutterschutzes nicht kennen und auch nicht durchsetzen könnten oder die es für selbstverständlich halten, dass sie bis zur Geburt ihres Kindes anschaffen gehen. Meistens müssen sie sich auch kurz nach der Geburt des Kindes wieder prostituieren. Diese hohe körperliche Belastung hat langfristige gesundheitliche Folgen. Diese Kinder haben meist ebenfalls keine Krankenversicherung in Deutschland.

Streetwork und Ausstiegshilfen

Durch Streetwork in Form der aufsuchenden Sozialarbeit werden die Frauen in ihrem Lebensumfeld kontaktiert. Insbesondere sind die angemieteten Wohnungen für Prostituierte oder andere bordellähnliche Einrichtungen Ziele der Sozialarbeiter/-innen. Das Verteilen von Präventionsmaterialien wie Kondomen, Gleitgel, Spritzen und Schwangerschaftstests sowie mehrsprachigen Flyern, welche über unsere Beratungs- und Hilfsangebote informieren, ermöglicht einen ersten Zugang zu den Frauen in den Wohnungen.

Das Problem ist häufig nicht die Offenheit der Frauen, sondern deren meist engmaschige Kontrolle durch Verwandte, sog. Freunde oder Angehörige des Prostitutionsmilieus. Der Cousin, Neffe oder Partner kann zudem sehr brutal werden, wenn er Angst bekommt, dass seine Einnahmequelle abhandenkommen könnte. Aus Sicherheitsgründen führen wir die sozialarbeiterische Arbeit in Form von Streetwork daher immer mindestens zu zweit durch.

Bei Besuchen geht es anfangs darum, Vertrauen aufzubauen. Erfahrungsgemäß äußern beim ersten Kontakt nur wenige Betroffene konkrete Ängste, Zwangslagen oder den Wunsch nach Schutz. Ein Vertrauensverhältnis ist nur durch regelmäßige Kontakte möglich. Auf Grund der hohen Fluktuationsrate der Prostituierten in verschiedenen Clubs und Wohnungsbordellen in ganz Deutschland oder sogar im Ausland, ist die Verteilung von Notfallkarten ein Mittel, um jene zu erreichen, die nur kurze Zeit da sind. Dafür sind mehrsprachige Flyer und eben Notfallkarten sinnvoll. Regelmäßige Szeneanalysen und Recherchen über Prostitutionsstätten sind darüber hinaus notwendig. Doch nicht in jedes Bordell oder in jede Wohnung erhalten Streetworker überhaupt Eintritt.

Sozialarbeiter/-innen, die Frauen beim Ausstieg aus der Prostitution unterstützen, sind mit Menschen konfrontiert, welche häufig über gar keine Teilhabe an der Gesellschaft verfügen und zudem mit hohen persönlichen Belastungen zu kämpfen haben. Das bedeutet, dass eine Zielgruppe mit multiplen Belastungs- und Problemlagen angetroffen wird.

Fehlende Krankenversicherung sowie persönliche Faktoren wie Traumatisierungen, akute Gewalterlebnisse, ein fehlendes soziales Netzwerk, fehlende materielle Unterstützung, fehlende Freizeitaktivitäten und die vollständige Nicht-Teilhabe am gesellschaftlichen Leben in Deutschland machen die Frauen zu potentiellen Opfern von Ausbeutung und erschweren den Schritt in ein gewaltfreies Leben enorm.

Um schnelle Hilfe in Notsituationen 24 Stunden am Tag zu leisten, existiert ein ständig erreichbares Notruftelefon. Weiterhin werden regelmäßig Sprachmittlerinnen beim Streetworkeinsatz und in Beratungsgesprächen eingesetzt. Im Kontext der Selbstbemächtigung (vgl. Gahleitner et al. 2014: 263) wird versucht, die Prostituierten über Hilfsstrukturen, Behörden und sozialrechtliche Strukturen in Deutschland aufzuklären.

Durch Case Management und der grenzüberschreitenden Netzwerkarbeit werden Frauen bei Bedarf an Behörden, Polizei und Hilfseinrichtungen vermittelt, gegebenenfalls auch die Rückführung ins Herkunftsland vorbereitet.

Beratung und Betreuung beinhalten neben einer bedarfsmäßigen Krisenintervention und praktischer Unterstützung die Möglichkeit, die Betroffenen bei Ämter- und Behördengängen zu begleiten, Anträge zu stellen, sie bei einer alternativen Jobsuche zu unterstützen und andere Schritte zu tätigen, die notwendig sind, um ein gewaltfreies und selbstbestimmtes Leben zu beginnen.

Unterstützung für schwangere Frauen und Mütter mit ihren Kindern

Insbesondere schwangeren Frauen und Müttern wird nach der Geburt des Kindes eine unkomplizierte Aufnahme im Schutzhaus ermöglicht. So soll sichergestellt werden, dass diese sich in Ruhe um die Bedürfnisse ihres Körpers und ihres Babys kümmern können. Erkrankungen, Komplikationen und Kindesmisshandlung können so vorgebeugt werden. Dass dies nötig ist, zeigt sich u. a. darin, dass die Sozialarbeiter/-innen immer wieder schwer traumatisierte Kinder, die starke Entwicklungsverzögerungen aufweisen, betreuen.

Eine gewaltfreie und entwicklungsfördernde Erziehung der eigenen Kinder muss häufig von den Frauen erst erlernt werden. Viele Kinder sind ebenso traumatisiert wie ihre Mütter; Erziehungsprobleme sind vorprogrammiert. Niederschwellige Erziehungsberatung, spiel- sowie traumapädagogische Angebote für die Kinder und eine Entlastung der Mütter sind dann wichtig. Fast immer ist der Bedarf an Unterstützung und Alltagsbegleitung sehr groß. Umso dringlicher wäre eine schnelle und intensive zusätzliche Hilfe. Das zuständige Jugendamt sollte hier tätig werden. Leider ist dies jedoch unrealistisch, da ein Antrag auf Hilfen zur Erziehung in unserer Region in der Regel mehrere Wochen dauert.

Um das Kindeswohl zu gewährleisten, wird in der Schutzeinrichtung eine engmaschige Betreuung in einem relativ hoch strukturierten Arbeitsfeld mit klaren Grenzen und Regeln geleistet. Wird gegen Regeln wie Gewalt- oder Drogenfreiheit verstoßen und kann die Gefahr nicht sicher abgewendet werden, werden dahingehende Beobachtungen an das Jugendamt weitergeleitet. Manchmal ist eine Unterbringung in einem Heim oder einer Pflegefamilie leider der einzige Weg, die körperliche und seelische Unversehrtheit des Kindes zu gewährleisten. Doch auch danach wird den Müttern die Möglichkeit geboten, einen Weg zu finden, der das gemeinsame Leben mit ihrem Kind zum Ziel hat.

Regelmäßige Nahrungsaufnahme, geregelte Tagesstrukturen, Schlafzeiten und konstruktive Freizeitbeschäftigungen sind Dinge, die für viele Frauen in ihrer Vergangenheit undenkbar waren. Diese müssen völlig neu erlernt werden. Das erfordert eine zeitintensive Betreuung. Diese erfordert wiederum Personal, welches häufig knapp ist. Seelische Wunden, die sich z. B. in Misstrauen, emotionaler Verrohung und

Aggressionen äußern können, machen den Neuanfang schwer. Allein, ohne Familie, Freunde und gesellschaftliche Anbindung haben die Betroffenen die ersten Monate nur die Mitarbeiterinnen und die anderen Bewohnerinnen als Ansprechpartnerinnen für ihre vielfältigen Sorgen und Nöte. Zugang zu Entschädigung und Sicherung des Lebensunterhalts sind oft nicht gesichert. Trotz einer langen Aufenthaltsdauer in der Schutzeinrichtung ist, eine zeitlich unbegrenzte Nachsorge und Beratung sinnvoll. Seelische Krisen und Phasen emotionaler Niedergeschlagenheit, Bindungsstörungen und die Herausforderung, das mühsam aufgebaute stabile individuelle Leben zu erhalten, fordern das konstante Vorhandensein einer vertrauten Ansprechperson. Beratungen werden so über viele Jahre immer wieder regelmäßig oder unregelmäßig fortgeführt. Der Rückhalt und das entstandene Vertrauen in die Mitarbeiterinnen des Vereins sind für viele Frauen unglaublich wichtig.

Hintergrund: Armuts- und Elendsprostitution

Die Prostitution im sog. „grauen Bereich" (vgl. Gugel 2011: 14) kann – wie bereits mehrfach in diesem Band dargelegt – als Armuts- und Elendsprostitution beschrieben werden.

Selten ist die Entscheidung zur Prostitution wirklich „bewusst und rational". Denn welche langfristigen, gesundheitlichen Risiken auf körperlicher wie seelischer Ebene eingegangen werden, ist nur für wenige Frauen wirklich vorhersehbar. Viele können aufgrund von sexuellem Missbrauch in der Kindheit ihre körperlichen Bedürfnisse und Gefühle abspalten und sich somit emotional betäuben. Die 18-jahrige deutsche Prostituierte Anna[60] sagte einmal zu uns: „Für mich ist die Prostitution kein Problem, ich fühle sowieso nichts beim Sex". Sie wurde in der Schutzeinrichtung von KARO e. V. betreut, da ein Freier sie seit Monaten stalkte und Anna mehrfach verbalen und körperlichen

---

60 Aus Gründen der Anonymität wurde der Name geändert.

Übergriffen durch diesen ausgesetzt war. Zudem war sie hoch verschuldet. Außerdem hatte Anna eine massive Essstörung und musste aufgrund der Bedrohungen in ein Frauenhaus in eine andere Stadt vermittelt werden.

Bei Zwangsprostitution greift rechtlich gesehen das Opferschutzgesetz (vgl. Bundesgesetzblatt 1986). Laut diesem haben Betroffene zwar Anspruch auf Leistung, jedoch können sie oft die nötigen Nachweise wie Personalausweis oder Wohnsitz nicht erbringen und wenn doch, wird die Leistung erst nach einer langen Wartezeit gewährt.

In der Prostitution im *grauen Bereich* ist die rechtliche Situation weitaus problematischer, da sich hieraus keinerlei Anspruch auf Leistung nach dem Opferschutzgesetz ergibt, denn nach der aktuellen Prostitutionsgesetzgebung fallen sie in die Kategorie „freiwillige Prostitution". Somit sind die Betroffenen auf die Hilfe und Unterstützung von NGOs angewiesen, die sich jedoch meist rein über Spenden finanzieren müssen und deshalb nicht viel Geld zur Unterstützung dieser Frauen zur Verfügung haben.

Das spezifische Hilfeangebot von KARO e. V.

Für die Organisationen ergeben sich die Herausforderungen, den betroffenen Personen erstmals einen geschützten Ort außerhalb des Milieus zu ermöglichen, um mit ihnen in Ruhe ihre individuellen Beweggründe und Problemlagen vor dem Hintergrund von Lebenswelt und Biographie herauszuarbeiten und ihre rechtliche Situation abzuklären.

Daraus müssen nun sinnvolle Alternativen für ein existenzsicherndes und gewaltfreies Leben erarbeitet werden. Dies kann in Beratungsstellen wie KARO e. V. erfolgen.

Der Verein bietet Aufklärung und Beratung zu Themen wie Gesundheit, Strukturen und Abläufe in deutschen Behörden und die Darlegung möglicher Hilfsangebote durch den Verein oder andere Einrichtungen. Da viele Frauen nur bruchstückhaft oder gar nicht die deutsche Sprache beherrschen, bedarf es oft Sprachmittler-/innen, die auf die spezifischen Anforderungen der Frauen eingehen können.

Unsere Mitarbeiter/-innen vermitteln und begleiten die Betroffenen zu Ärzt/-innen, Anwält/-innen und Behörden und unterstützen sie bei der Beantragung von Dokumenten oder ggf. dem Stellen von Strafanzeigen. Ein weiteres Hauptziel ist es, den Frauen Sicherheit und Stabilität zu vermitteln. Hierfür ist häufig ein geschütztes Umfeld bspw. in einer Schutzeinrichtung notwendig, damit die Personen erstmals zur Ruhe kommen und Abstand gewinnen können. Da diese in der Regel nach dem Ausstieg aus der Prostitution über kein Einkommen oder Erspartes verfügen, gibt es die Option der Anmietung einer eigenen Wohnung oft nicht.

In der Schutzeinrichtung von KARO e. V. gibt es Beratungsgespräche, Angebote zur konstruktiven Freizeitgestaltung, traumapädagogische Angebote, Anleitung zum Erlernen hauswirtschaftlicher Kompetenzen, Begleitung zu Behördengängen sowie Unterstützung bei der Suche nach kostenfreien Sprach- und Integrationskursen. Außerdem ist die umfassende Unterstützung bei der Integration in den Arbeitsmarkt von großer Bedeutung. Arbeit ermöglicht den Betroffenen nicht nur finanzielle Unabhängigkeit und Kontrolle über ihr Leben. Sie sehen im Idealfall dadurch auch eine gewaltfreie Möglichkeit, außerhalb der Prostitution Geld zu verdienen um ihre Familien oder Kinder im Herkunftsland zu unterstützen.

Ziel ist es, eine „normale" Alltagsstruktur aufzubauen, zu festigen und die multidimensionalen Problemlagen wie auch die Ressourcen der Frauen zu erkennen und zielgerichtet zu intervenieren.

Ist dann der Neustart in eine eigene Wohnung mit einem regelmassigen Einkommen vollzogen, ist es wichtig, weiterhin als Ansprechperson in Kontakt zu bleiben. Alltägliche Belastungen des Lebens in Zusammenhang mit der Arbeitsstelle, der Herkunftsfamilie, dem

Wohnen, notwendigen Arzt- und Behördengängen sowie dem Aufbau sozialer Beziehungen bergen im Leben vieler Frauen ein Konfliktpotential, welches ihre Belastungsgrenze und ihre Bewältigungsmöglichkeiten schnell übersteigt. Dann ist rechtzeitige Beratung und praktische Hilfe erforderlich.

Literatur

Bundesgesetzblatt (1986). Erstes Gesetz zur Verbesserung der Stellung des Verletzten im Strafverfahren (Opferschutzgesetz). Zugriff am 08.02.2018 unter https://www.bgbl.de/xaver/bgbl/start. xav?start=%2F%2F*%5B%40attr_id%3D%27bgbl186s2496.pdf %27%5D#__bgbl__%2F%2F*%5B%40attr_id%3D%27bgbl186s2496. pdf%27%5D__1507815864200.

Gahleitner, S. B., Baierl, M., Hensel, T., Kühn, M., Schmid, M. (2014). Traumapädagogik in psychosozialen Handlungsfeldern. Ein Handbuch für Jugendhilfe, Schule und Klinik. Göttingen: Vandenhoeck & Ruprecht.

Gugel, R. (2011). Das Spannungsverhältnis zwischen Prostitutionsgesetz und Art. 3 II Grundgesetz: Eine rechtspolitische Untersuchung. Münster: LIT Verlag.

Autorinnen und Autoren

Carina Angelina

Carina Angelina, geboren 1992 in München, ist Sozialarbeiterin (B.A.) in der Kinder- und Jugendhilfe. Ihre Bachelor-Thesis verfasste sie zum Thema „Erklärungsansätze für die Motive und Ursachen der Ausübung der Prostitution und sozialarbeiterische Perspektive im Umgang mit Prostituierten". Sie ist Gründerin, Vorstandsvorsitzende und Bildungsreferentin von *lightup Germany e. V.* einer menschenrechtsbasierten Jugendarbeit bestehend aus jungen Menschen die Gleichaltrige für die Thematik Menschenhandel und die Umstände in der Prostitution in Deutschland sensibilisieren und zum kritischen Nachdenken anregen wollen. Mit Vorträgen, Info-Ständen, kreativen Projekten und lokalen Teams schafft die Jugendbewegung ein Bewusstsein für die Missstände und motiviert Andere wiederum aktiv zu werden. 2014 wurde sie mit dem Jugendpreis für engagierte Querdenker ausgezeichnet und mit lightup Germany e. V. (ehemals Freethem Deutschland e. V.) 2015 für den Deutschen Engagementpreis nominiert. www.lightup-movement.de

Anna Ciecior (KARO e. V.)

Anna Ciecior wurde 1987 in Dresden geboren. Sie absolvierte ein Studium der Sozialen Arbeit an der evangelischen Hochschule Dresden sowie eine Weiterbildung in der „Systemischen Traumapädagogik und Traumazentrierte Fachberatung" (DEGPT/BAG). Seit 2011 ist sie ehrenamtliche und seit 2013 angestellte Mitarbeiterin bei Karo e. V. Seit 2017 bildet sie sich im Master Studium der Klinischen Sozialarbeit an der Hochschule Coburg und an der Alice-Solomon-Hochschule in Berlin weiter. www.karo-ev.de

Deborah da Silva

Deborah da Silva schloss ein Studium der Sozialen Arbeit und Religions- und Gemeindepädagogik (BA) ab und befasste sich in ihrer Bachelor-Thesis mit dem Thema sozialarbeiterische Perspektiven im Umgang mit von Gewalt betroffenen Frauen in der Prostitution. Seit 2014 ist sie Aktivistin bei *lightup Germany e. V.* – einer Jugendbewegung, die junge Menschen über Menschenhandel informiert und für die Situation in der Prostitution sensibilisiert. Sie ist Sozialarbeiterin in einem Gesundheitsamt in Baden-Württemberg und in der gesundheitlichen Beratung nach dem Prostituiertenschutzgesetz tätig.

Meghan Donevan (Talita e. V.)

Meghan Donevan is a support worker and project manager at Talita. Talita is a NGO offering acute help and long-term support to women who have been exploited in prostitution, pornography or human trafficking for sexual purposes. Talita runs exit programs in Sweden and Mongolia, which consist of safe housing, trauma therapy, education, planning for the future, and reintegration into society. We take a holistic and longterm approach, tailored to each woman's situation and specific needs. Our mission is to combat the sex trade in all forms by offering our target group the possibility of experiencing inner healing and a transformed life. As a support worker, Meghan is experienced in needs assessments, assisting clients in facing and resolving challenges in their everyday lives, facilitating a client's integration into society, and providing clients both practical and emotional support. Meghan holds a master's in Economics and Political Science, and has conducted a variety of research projects in the areas of prostitution, sex trafficking and pornography in Sweden, Canada, and Romania. Her study with Dr. Magdalena Mattebo on the effects of pornography consumption among male youths in Sweden was recently published in the Journal of Sexual and Reproductive Medicine. www.talita.se

Elvira Niesner (FIM e. V.)

Elvira Niesner, geboren 1961, ist Diplom-Soziologin. Sie ist seit 2001 Geschäftsführerin von FIM – Frauenrecht ist Menschenrecht e. V. in Frankfurt am Main, eines Beratungs- und Informationszentrums für Migrantinnen und ihre Familien in prekären Lebenslagen sowie hessische Koordinierungsstelle in der Arbeit gegen Menschenhandel. Zuvor war sie sozialwissenschaftliche Mitarbeiterin am Frankfurter Institut für Frauenforschung (FIF) mit den Schwerpunkten Heiratsmigration, Frauenhandel und Zwangsprostitution. Zu ihren Veröffentlichungen gehören u. a. „Frauenhandel in Europa. Strafverfolgung und Opferschutz im europäischen Vergleich" (gemeinsam mit C. Jones-Pauly), 2001 und ein „Ein Traum vom besseren Leben. Migrantinnenerfahrungen, soziale Unterstützung und neue Strategien gegen Frauenhandel" (gemeinsam mit E. Anonuevo, M. Aparicio, P. Sonsiengchai-Fenzl), 1997. E. Niesner war Mitbegründerin der Arbeitsgemeinschaft gegen internationale sexuelle und rassistische Ausbeutung (agisra) in Frankfurt/Main im Jahr 1986 und ist Mitautorin der ersten umfassenden Studie zu Frauenhandel und Prostitutionstourismus in Deutschland (Eine Bestandsaufnahme, Hrsg. agisra, 1990). www.fim-frauenrecht.de

Stefan Piasecki, Prof. Dr. rer. pol. habil.

Stefan Piasecki ist Professor für Soziologie und Politikwissenschaften an der Fachhochschule für öffentliche Verwaltung des Landes NRW. Er habilitierte an der Universität Kassel in Religionspädagogik mit einer explorativen Studie zur Religion in Computer- und Videospielen (2015). In seiner Dissertation an der Universität Duisburg-Essen befasste er sich mit der öffentlichen Rezeption des Karikaturenstreits in Deutschland und den Reaktionen islamischer Gesellschaften (2008). Er ist Jugendmedienschutzprüfer bei der FSK (Wiesbaden), publiziert zu gesellschaftlichen und medienpolitischen Themen und ist hier zudem als Vortragender national und international tätig.

Encarni Ramirez Vega (FIM e. V.)

Encarni Ramirez Vega, 1976 geboren, ist Diplom-Pädagogin. Während des Studiums der Erziehungswissenschaften in Frankfurt am Main kam Encarni Ramirez Vega das erste Mal mit dem Thema Prostitution in Berührung. Seit 2014 arbeitet sie bei FIM – Frauenrecht ist Menschenrecht e. V. Als Streetworkerin für lateinamerikanische Frauen war sie jahrelang in den Frankfurter Laufhäusern unterwegs. Sie kennt die Prostitutionsszene daher sehr gut und hat die Veränderungen des letzten Jahrzehnts in Richtung Armutsprostitution selbst miterlebt. Heute ist sie Fachbereichsleiterin für die Psychosoziale Beratung und Expertin zu Hintergründen und Bedingungen in der (Armuts-)Prostitution. www.fim-frauenrecht.de

Cathrin Schauer-Kelpin (KARO e. V.)

Cathrin Schauer-Kelpin ist Geschäftsführerin von KARO e. V. sowie Vorstandsmitglied bei der Europäischen Bewegung Deutschland und bei ECPAT Deutschland e. V. Unter anderem wurde sie mit dem Preis „Frauen Europas – Deutschland" ausgezeichnet. Sie ist nominiert für den Friedensnobelpreis und den „Deutschen Engagement Preis". Zahlreiche ihrer Publikationen über die Arbeit von KARO e. V. sowie die Problemfelder Menschenhandel, Zwangsprostitution und sexuelle Ausbeutung von Kindern wurden bereits veröffentlicht. KARO e. V. wurde 2004 in Plauen gegründet und engagiert sich für Opfer von Gewalt und sexueller Ausbeutung und Streetwork in deutsch-tschechischen Grenzregionen. Betroffenen werden Unterstützung, Beratung und Ausstiegshilfen angeboten sowie kostenlos Präventionsmaterialien verteilt. Bei akuten Notfällen leisten Streetworker Krisenintervention, vermitteln Frauen in Einrichtungen oder bringen sie in unser Schutzhaus (für bis zu 25 Kinder, Jugendliche und Frauen). www.karo-ev.de

Manuela Schon

Manuela Schon wurde 1982 in Wittlich geboren. Sie studierte Soziologie und Ethnologie in Mainz. Von 2008–2016 engagierte sie sich in der ehrenamtlichen Beratung im Bereich SGB II und SGB XII (u. a. im Bereich Prostitution rumänischer und bulgarischer Migrantinnen). Sie ist Mitbegründerin von Abolition 2014 und Linke für eine Welt ohne Prostitution sowie Aktivistin bei der Initiative für Gerechtigkeit bei sexueller Gewalt.

Lisa Schreiter

Lisa Schreiter wurde 1994 in Roth geboren. Sie absolvierte ein Studium der Sozialen Arbeit (B.A.) in Regensburg. Ihre Bachelor-Thesis trägt den Titel „Zur vorgeblich freiwilligen Prostitution von Frauen in Deutschland. Ausgewählte Aspekte der Problematik unter besonderer Berücksichtigung der Anforderungen an die Soziale Arbeit".

Christiane Schurian-Bremecker, Prof. Dr. phil. habil.

Christiane Schurian-Bremecker ist Professorin für Methoden Sozialer Arbeit an der CVJM-Hochschule Kassel und Privatdozentin mit der Nomination „Ethnizität und familiale Sozialisation" an der Universität Kassel. Ihre Habilitationsschrift befasst sich mit „Kindlichen Einschlafritualen im Kontext sozialer und kultureller Heterogenität". Ihre Promotion hat sie im Fach Europäische Ethnologie geschrieben. Sie befasst sich mit dem deutschen Tourismus in Kenia unter besonderer Berücksichtigung des Sextourismus an der ostafrikanischen Küstenregion. Christiane Schurian-Bremecker widmet sich in ihren Forschungen besonders den Bereichen Kindheit, Familie und Rituale. Ihre Veröffentlichungen beschäftigen sich mit gesellschaftlichen und anthropologischen/ethnologischen Themengebieten und schlagen von dort aus einen Bogen zur Sozialen Arbeit.

Soni Unterreithmeier (SOLWODI Deutschland e. V.)

Soni Unterreithmeier Jahrgang 1949. Ihr Studium beendete sie 1976 als Dipl. Sozialpädagogin an der Stiftungsfachhochschule München. Anschließend arbeitete sie zwei Jahre als Beraterin an der Erziehungs- und Familienberatungsstelle Bad Tölz. Nach einer Erziehungspause war sie neun Jahre lang als Dozentin an der Fachakademie für Sozialpädagogik in Augsburg tätig, machte eine Ausbildung als NLP-Lehrtrainerin und Psychotherapeutin (HPG) und bot in der Erwachsenenbildung an unterschiedlichen Einrichtungen diverse Kurse an. 2002 gründete sie die SOLWODI-Fachberatungsstelle in Augsburg und leitet sie seitdem. www.solwodi.de